Ursi Breidenbach
Heike Abidi

GROSSELTERN SIND WIE ELTERN, NUR MIT ZUCKERGUSS

VOM GROSSEN GLÜCK, OMA UND OPA ZU HABEN, ZU SEIN ODER ZU WERDEN

PENGUIN VERLAG

MIX
Papier | Fördert gute Waldnutzung
FSC® C014496

Penguin Random House Verlagsgruppe FSC® N001967

3. Auflage

in der Penguin Random House Verlagsgruppe GmbH,
Neumarkter Straße 28, 81673 München
produktsicherheit@penguinrandomhouse.de
(Vorstehende Angaben sind zugleich
Pflichtinformationen nach GPSR.)

Redaktion: Katharina Rottenbacher
Umschlaggestaltung: bürosüd, München
Satz: Greiner & Reichel GmbH
Druck und Bindung: GGP Media GmbH
Printed in Germany
ISBN 978-3-328-10952-5
www.penguin-verlag.de

Inhalt

Teil 2: Eine neue Generation entsteht

Aus Kindern werden Eltern, aus Eltern Großeltern

Teil 3: Plötzlich Großeltern

Neue Rolle, neue Herausforderungen

Vorwort Ursi: Es waren ja doch vier Großeltern und nicht nur zwei

Als wir mit der Planung für dieses Buch begannen, dachte ich, auf den ersten Seiten würde ich von den sehr unterschiedlichen Erfahrungen mit meinen beiden Großmüttern erzählen. *Ganz nah und unglaublich fremd* sollte der Text heißen. Denn genau so habe ich die Beziehung zu den zwei Omas immer empfunden. Die Großväter hatte ich für dieses Herantasten an das Thema unseres Buches nicht im Visier. Ich war ein Kleinkind, als sie starben, und daher habe ich kaum Erinnerungen an sie.

Mit meiner Großmutter mütterlicherseits hatte ich achtundzwanzig Jahre meines Lebens eine unglaublich enge Bindung. Als Kind und Teenager verbrachte ich viel Zeit bei ihr ohne meine Familie, obwohl sie zwei Zugreisestunden von uns entfernt wohnte. Bei ihr fühlte ich mich genauso geborgen wie im Elternhaus, und zwischen uns stimmte die Chemie. Nicht selten dachte ich mir: »Ich bin wie sie!« Oma liebte es, Gesellschaft zu haben, und war neugierig auf die Geschichten der Menschen, die sie traf. Und wenn es ihr nicht gelang, auf mehreren Hochzeiten gleichzeitig zu tanzen, hatte sie das Gefühl, etwas zu versäumen. Das alles kenne ich von mir selbst.

Oma war die einzige Person in meinem Leben, die ich, obwohl ich ungern telefoniere, konsequent mindestens einmal in der Woche angerufen habe. Auch zwanzig Jahre später kann ich ihre Telefonnummer noch auswendig, auch wenn ich mir sonst eigentlich keine Zahlen merken kann. Sie war bis ins hohe Alter so wichtig für mich, dass ich sie bei meiner Hochzeit unbedingt als Trauzeugin wollte. Zu dem Zeitpunkt war sie neunzig und ging an Krücken. Drei Jahre später konnte ich ihr noch sagen, dass ich ein Baby erwartete. Meinen Sohn lernte sie nicht mehr kennen. Ihr Tod war der erste große Verlust in meinem Leben, und sie hat eine Lücke hinterlassen, die ich noch heute spüre.

Meine andere Großmutter wurde genauso alt und wohnte wenige hundert Meter von meinem Elternhaus entfernt. Es war mir immer ein Rätsel, warum wir keinerlei Bindung zueinander aufbauen konnten. Sie interessierte sich kaum für ihre drei Enkeltöchter und fast ebenso wenig für ihre Enkelsöhne, meine Cousins. Im Gegenzug mochte ich sie nicht wirklich. Als ich mit zehn ein einziges Mal bei ihr übernachten sollte, hatte ich die ganze Zeit schreckliche Angst. Diese Oma war mir fremd, ich konnte mit ihrer distanzierten Art nichts anfangen und nahm es ihr, als ich etwas älter wurde, auch übel, wie sehr sie mich ignorierte. Als sie ziemlich betagt ins Pflegeheim kam, besuchte ich sie nie, und ihrer Beerdigung blieb ich fern.

Bis heute sagen mir Leute, dass ich ihr ähnlich sei. Solche Kommentare haben mich lange richtiggehend schockiert. Denn ich sah mich nur als die Nachkommin meiner anderen Oma.

Sieben Jahre nach dem Tod der wenig umgänglichen Großmutter – ich hatte die ganze Zeit kaum einen Gedanken an sie verschwendet – wurde unser jüngerer Sohn geboren. Mit ihrer Nase. Ich erinnere mich, wie ich im Wochenbett saß, argwöhnisch mein Neugeborenes im Arm begutachtete und überlegte: »Das wird verdammt schwer mit diesem Baby!« Aber zum Glück wurde es dann nicht einmal ansatzweise schwer. Die Nase wurde in meinen Augen binnen weniger Stunden die Nase meines Kindes, ich dachte gar nicht mehr an die Ähnlichkeit mit seiner Urgroßmutter und konnte meinen Sohn ohne Probleme lieben.

Meine Großmüttererfahrungen sind so ambivalent, wie sie nur sein können. Und genau davon, dachte ich, würden die autobiografischen Teile dieses Buches handeln. Doch dann riefen die Gespräche, die ich mit den Interviewpartner*innen führte, Erinnerungen an meine Großväter wach. Die Arbeit an den Texten eröffnete mir somit eine ganz neue Großeltern-Welt.

Mein Großvater mütterlicherseits ist gestorben, als ich fünf Jahre alt war, und ich dachte eigentlich, ich hätte nur noch zwei Erinnerungen: als er einmal mit mir an der Hand auf einer Eisplatte ausrutschte und seine Beerdigung.

Doch als mir eine Interviewpartnerin erzählt, dass ihr Opa ihr immer Hüte aus Zeitungspapier gefaltet hat, fällt mir plötzlich ein, dass meiner das auch getan hat. Ich sehe seine am Schluss schon von Krankheit ausgezehrten Hände vor mir, wie sie über das Papier streichen und die Doppelseite zu Dreiecken zusammenschlagen. Noch heute könnte ich den Hut oder – mit einigen Griffen mehr – ein Schiff blind falten, und mir wird bewusst, dass ich das von ihm gelernt habe.

Neugierig geworden, grabe ich weiter. Eine alte Notiz meiner Mutter fällt mir in die Hände:

Juli 76 (Anm.: Da war ich ein Jahr und vier Monate alt): *Ursi verbringt allein zwei Wochen in Linz bei den Großeltern, weil wir den Maler im Haus haben. Dort wird sie vor allem von Opa sehr verwöhnt. Auch sprachlich macht sie große Fortschritte, und ich bin ganz erstaunt, was sie kann, als sie zurückkommt. OPA GUG, sagt sie, was so viel heißt wie: Opa kommt mit dem Zug.*

Als ich das lese, weine ich. Immer bin ich davon ausgegangen, dass Opas in meinem Leben überhaupt keine Rolle gespielt hätten. Aber da lag ich falsch. Wie alle anderen hatte auch ich vier Großeltern, und jede*r von ihnen hat mich irgendwie beeinflusst …

Liebe Leserin, lieber Leser, begleiten Sie Heike und mich auf dieser Reise! Hören Sie Geschichten von und mit Omas und Opas. Überlegen Sie mit uns, was richtig gute Großeltern ausmacht. Lassen Sie sich dazu inspirieren, sich an Ihre eigenen Großeltern zu erinnern. Vielleicht sind Sie selbst schon Oma oder Opa. Oder Sie werden eventuell irgendwann Enkelkinder haben. So oder so hoffen wir, dass dieses Buch für Sie jede Menge Anregungen bietet.

Wir wünschen Ihnen viel Freude beim Schmökern und Lesen!

Vorwort Heike: Warum meine Großeltern auch heute noch ein wichtiger Teil meines Lebens sind

Natürlich hat jeder Mensch – rein technisch gesehen – vier biologische Großeltern, auch wenn diese vielleicht nicht alle präsent sind. Rein praktisch haben die wenigsten Leute, mit denen wir darüber gesprochen haben, sämtliche vier Ahnen der zweiten Vorfahrengeneration (so die offizielle Definition) erlebt.

In meinem Fall war es nur ein Großelternpaar: nämlich die Eltern meiner Mutter. Die meines Vaters starben früh, sodass ich den Opa gar nicht kennengelernt habe und die Oma zu kurz, um noch Erinnerungen an sie zu haben.

Umso mehr an Omaopa. So nannten wir die Großeltern mütterlicherseits immer – ohne »und« in der Mitte, weil sie wie eine untrennbare Einheit erschienen. Zwar wohnten sie nicht gerade um die Ecke, aber es fühlte sich fast so an. Nicht nur an Festen wie Weihnachten und Geburtstagen sahen wir sie, sondern sie besuchten uns regelmäßig, ob mit oder ohne Anlass. Oder meine Eltern fuhren mit uns Kindern zu ihnen in die Pfalz, und natürlich verbrachten meine Brüder und ich oft die Ferien dort – mal einzeln, mal gemeinsam. Und als junge Erwachsene zog ich mit meinem Mann sogar kurzerhand bei Omaopa ein …

Obwohl mein Opa nun schon seit fast dreißig Jahren tot ist und meine Oma seit zwanzig, sind die Erinnerungen an sie noch sehr lebendig. Wenn ich an meinen Opa denke, sehe ich ihn in seiner Werkstatt vor mir, in der er immer irgendetwas baute, bastelte oder reparierte. Er im grauen Kittel, die Utensilien wie Schrauben, Muttern und Nägel ordentlich in leere Zigarrenkisten einsortiert. Oh, natürlich habe ich auch noch den Geruch ebenjener Zigarren in der Nase. Und ich höre sein Lachen – oft über seine eigenen Scherze, die ich nicht immer verstand.

Ich sehe ihn am Steuer seines weißen VW-Käfers. Und am Tisch mit einem schönen Glas Wein in der Hand (»Der schmeckt, als würden einem Engel auf die Zunge pinkeln«). Oder schnarchend im Lehnstuhl, sich von der Nachtschicht als Techniker im US-Radiosender AFN erholend.

Und wenn ich mich an Oma erinnere, dann nicht zuletzt an ihren Streuselkuchen, die Vanillekipferl, Spitzbuben und das Spritzgebackene. Aber auch an ihre Bilder – meist Blumen oder Landschaften –, die sie in Öl oder Ölkreide malte. Und ihre Geschichten und Gedichte. Letztere verfasste sie überwiegend im pfälzischen Dialekt und trug sie bei Veranstaltungen vor. Ich denke an die Pullis und Jäckchen, die sie für uns Kinder strickte, und sehe sie an ihrer Nähmaschine. Oder wie sie mit ihrem simplen Bügeleisen – ohne Dampf oder sonstigen Schnickschnack – am Küchentisch auf einer speziellen Wolldecke Opas Hemden in Rekordzeit so plättete und perfekt zusammenlegte, dass sie aussahen wie neu gekauft. Oder wie sie uns Enkel mit Pfannkuchen und rostigen Rittern verwöhnte …

Angeblich soll ich als Kind einmal verkündet haben, dass ich später mal im Haus meiner Großeltern wohnen würde. »Nur das Badfenster muss geändert werden«, lautete wohl meine einzige Bedingung – es war nämlich nicht aus Milchglas, sondern höchst durchsichtig und befand sich direkt neben der Toilette. Jeder, der sich im Hof aufhielt, hatte also freie Sicht darauf.

Nun, wie von mir als Kind vorhergesagt, wohne ich inzwischen mit meiner Familie tatsächlich hier, und das seit mittlerweile über dreißig Jahren. Seit wir eingezogen sind, wurde nicht nur das erwähnte Badfenster ersetzt, sondern noch so einiges andere im Haus. So ließen wir beispielsweise sämtliche Leitungen erneuern, außerdem wurden diverse Wände eingerissen, Türen entfernt und Böden verlegt.

Doch wir waren nicht die Ersten, die diesem Haus einen Stempel aufdrückten. Seit meine Urgroßeltern es 1918 gekauft haben, hat es schon allerhand Metamorphosen mitgemacht. Aus der ehemaligen Scheune wurden ein Elektrowarenlager und ein Tankstellen-Kassenhäuschen, woraus später dann ein Wintergarten und eine Werkstatt entstanden. Das Ziegenställchen verschwand, ebenso die Außen-Toilette. Als mein Opa das erste Bad im Haus installierte, war das für meine Uroma wohl der Inbegriff von Dekadenz. Sie soll die Hände über dem Kopf zusammengeschlagen und gerufen haben: »Jetzt schnappen sie endgültig über!« Das war Ende der Fünfzigerjahre.

Mein Opa, gelernter Elektriker, verfügte über ein sehr ausgeprägtes handwerkliches Geschick. Trotz unzähliger Veränderungen in den letzten Jahrzehnten ist allerhand im Haus noch so, wie er es hinterlassen hat. Die Garage beispielsweise, die ein bisschen schräg steht und für Autos der heutigen Generation etwas zu klein ist, dafür aber ein prima Lager für Autoreifen, Werkzeuge, Fahrräder und Schubkarre darstellt. Oder die Zentralheizung, die er eigenhändig eingebaut hat, bevor wir hier eingezogen sind. Frei nach Pippi Langstrumpfs Motto: »Das hab ich ja noch nie gemacht, das wird bestimmt super.« Wie gesagt – mein Opa war Elektriker, kein Heizungsbauer. Was ihn aber nicht davon abhielt, sich diesem Mammutprojekt zu stellen. Er las bergeweise Fachliteratur, dann machte er sich an die Arbeit. Von der Wärmebedarfsrechnung über die Verlegung der Rohre bis zum Anschluss der Heizkörper und des Brenners – er erledigte jeden einzelnen Schritt eigenhändig und allein. Als der tief beeindruckte Schornsteinfeger schließlich die Heizung abnahm und die Betriebserlaubnis erteilte, war Opa wahnsinnig stolz – und wir ebenso.

Ich muss mich nur umschauen, um in unmittelbarer Umgebung überall Spuren zu entdecken, die Oma und Opa hinterlassen haben. So hängt direkt über meinem Schreibtisch meine absolute Lieblingskreidezeichnung von Oma – sie zeigt eine Schafherde, die durch eine Allee getrieben wird, im Hintergrund Weiden und ein Bauernhof. Und den Wandschrank, in dem ich die Briefumschläge und das Druckerpapier lagere, hat mein Opa in einen stillgelegten Kamin eingebaut.

In der Adventszeit lege ich gerne eine der Tischdecken auf, die Oma weihnachtlich bestickt hat. Und an der Außenwand im Hof hängt noch der Nagel mit dem Bierflaschenöffner daran, den mein Opa dort hinterlassen hat.

In meinem Kopf heißt unser Hauswirtschaftsraum nach wie vor »Opas Werkstatt«, und das Zimmer, in dem in den letzten zwei Dekaden nacheinander mein Büro, das Schlafzimmer und die Bibliothek untergebracht waren, ist im Grunde immer noch »Omas Küche«.

Vor einiger Zeit wurde übrigens der Sendemast des AFN, der schon seit Jahren nicht mehr in Betrieb war und nur Unterhaltungskosten verursachte, gesprengt. Opas Sender!

Die Erinnerung daran, wie ich dort mit meinen Großeltern die große Sommer-Grillparty besuchte und zum ersten Mal im Leben mit amerikanischen Kindern Ball spielte, lässt sich zum Glück nicht zerstören. Wie überhaupt alles, was ich mit Oma und Opa erlebt habe, hat es sich fest in meinem Gedächtnis eingebrannt und mich in vielerlei Hinsicht geprägt. Wie sehr, wird mir erst jetzt bewusst, da ich an diesem Buch arbeite.

Vielleicht geht es Ihnen beim Lesen ebenso, dass plötzlich eine Erinnerung nach der anderen aufploppt? Doch wir schreiben ja nicht nur darüber, wie es ist, Großeltern (gehabt) zu haben, sondern auch darüber, wie es ist, die eigenen Eltern zu Großeltern zu machen. Und dann irgendwann selbst Großeltern zu werden. Letzteres liegt für Ursi und mich noch in der Zukunft. Nicht, dass ich es ungeduldig herbeisehnen würde, doch ich finde, die Aussicht, eines Tages »Oma« genannt zu werden, ist einer der schönsten Gründe, sich aufs Älterwerden zu freuen …

Wir wünschen Ihnen viel Spaß beim Lesen – ganz gleich, in welcher Großeltern-Phase Sie sich gerade befinden!

Teil 1

Oma und Opa haben

Unvergesslich:
Es gibt nichts Schöneres,
als ein Enkelkind zu sein

Verwöhnen oder erziehen? – Großeltern sind wie Eltern, nur mit Zuckerguss

Ursi

Von klein auf war ich wahnsinnig gern bei meiner Oma. Ich wusste, was sich in jeder ihrer Schubladen befand, und durfte überall herumkramen. Viele der Dinge, die da zutage kamen, übten einen ganz besonderen Reiz auf mich aus: eine Spanschachtel mit uraltem Christbaumschmuck, darunter ein aus Flugzeugblech gestanztes Tannenbäumchen. Ein Keramikbehälter auf der Toilette, in dem in Vierecke geschnittenes Zeitungspapier steckte. Eine Schublade voller Strumpfgürtel. Nichts davon kannte ich von zu Hause. Und während meine Mutter uns stets klarmachte, dass wir Kinder in gewissen Schränken nichts zu suchen hatten, gab es bei Oma keine Tabus. Bei ihr durfte ich einfach alles: uneingeschränkt naschen, bis zum Anschlag aufbleiben und in ihrem bequemen Sessel sitzend dauerfernsehen. Und wenn wir einen Ausflug machten, geschah nur das, was ich wollte. Zwischendurch fragte sie immer wieder: »Gefällt es dir?« Ein Besuch bei meiner Oma fühlte sich an wie Schlaraffenland und Himmel auf Erden gleichzeitig. Ich überlege gerade, ob ich das jemals danach in dieser Intensität erlebt habe. Vermutlich nicht, denn mit den Zutaten Vertrautheit, Behüten, bedingungslose Liebe und Verhätscheln kochen in diesem Ausmaß nur Großeltern.

In der ersten Hälfte des 20. Jahrhunderts hatten sie deshalb in der psychologischen und pädagogischen Fachwelt kein gutes Image (darauf gehe ich im Kapitel *Großeltern im Laufe der Jahrhunderte* näher ein). Man glaubte, Omas und Opas würden Kinder irreparabel verderben.

Klar, Verwöhnen kann eindeutig ein unerträgliches Ausmaß annehmen, wenn es ohne Gespür oder gar mit Zwang geschieht.

Meine Freundin Katrin erzählt, dass ihr Opa zum Frühstück immer Honigbrote mit zentimeterdick Butter und dazu Kakao mit Sahne zubereitete. Ganz nach dem Motto: Für mein Enkelkind nur das Allerbeste. Auch wenn sie wusste, dass ihr danach auf dem gesamten Schulweg schlecht sein würde, brachte sie es nicht übers Herz abzulehnen.

Günter Heisterkamp schreibt in seinem Buch *Vom Glück der Großeltern-Enkel-Beziehung. Wie die Generationen sich wechselseitig fördern*, dass Verwöhnen auch in Foltern ausarten kann, wie man an der Redewendung »Zucker in den Arsch blasen« ablesen kann. Er hat recht, das Ganze kann durchaus umschlagen.

Aber in den meisten Fällen erzählen meine Gesprächspartner*innen nur von Schönem: Da ist die Rede von Bettdecken, die extra auf der Heizung vorgewärmt werden, von Cola, die zu Hause verpönt ist, und von mehreren Speisen pro Mahlzeit, damit jedes Enkelkind das Lieblingsessen bekommt.

»Bei meinen Großeltern durfte ich die Füße auf den Couchtisch legen«, erzählt Katrin. »Das wäre daheim nie erlaubt worden. Und Oma hat noch ein Kissen untergelegt, damit mir die Tischkante nicht in die Waden drückte.« Sie lacht über die Erinnerung. »Bei ihr durfte ich allen

Unarten frönen. Ihr einziger Daseinszweck schien zu sein, es mir besonders schön zu machen, wenn ich bei ihr war. Sie wusste zum Beispiel, dass ich gern Milchreis esse. Also stand wie von Zauberhand immer ein Schälchen im Kühlschrank.«

»Hast du den Eindruck, dieses Verhätscheln hätte dich in irgendeiner Weise verdorben?«, frage ich sie.

»Aber nein! Als Kind weiß man ja, dass das alles nur bei den Großeltern geht und dass die Dinge zu Hause anders laufen. Ich wäre nie auf die Idee gekommen, dasselbe von meinen Eltern zu fordern.«

Die Meinung, nichts von der großelterlichen Wohlbehandlung könne schaden, vertreten übrigens fast alle Interviewpartner*innen. Nur Dieter wiegt den Kopf und sagt: »Verdorben haben mich die Großeltern bestimmt nicht mit ihrem Verwöhnprogramm. Aber ich habe heute Diabetes und denke manchmal darüber nach, ob die Süßigkeitenflut in ihrem Haushalt dafür vielleicht einen Grundstein gelegt hat. Natürlich kann man das nicht wissen, doch gesund waren die regelmäßigen Zuckerschocks sicherlich nicht.«

Eines ist auffällig: Gerade die Kriegsgeneration, aber auch die der Kriegskinder drückte und drückt Zuneigung gern kulinarisch aus.

Meine Großmutter erzählte mir einmal, dass 1944/45 das Essen so knapp war, dass sie unglaublich erfinderisch sein musste. Sie sammelte Bucheckern, um daraus eine Nusstorte zu backen. Und die Nachbarin gab ihr bereits ausgekochte Zuckerrüben, die sie noch ein weiteres Mal auf den Herd stellte, um dem Matsch den letzten Rest Süße zu entlocken. Die Not war groß. Kein Wunder also, dass Oma – wie viele ihrer Generation – später die Liebe zu den Enkeln (auch) über eine gefüllte Naschlade ausdrückte.

Fakt ist, Großeltern verwöhnen gern. Aber selbstverständlich habe ich auch Geschichten über erzieherische Bemühungen gehört.

Meine Mutter dachte als Kleinkind, ihre »Großi« würde »Dodautsaus« heißen. Denn jedes Mal, wenn die Oma die Wohnung ihrer Tochter betrat, tat sie das mit dem vorwurfsvollen Ausruf, der »Hier sieht es aber aus!« bedeutet. Ob dieser Ausruf irgendeine Wirkung bei den fünf Enkeln zeigte, ist nicht überliefert.

Auch mein Interviewpartner Heinrich erinnert sich, wie seine Großeltern immer fanden, ihre Tochter würde ihn und seine Brüder mit zu viel Schlendrian großziehen. Kaum hatte der Großvater die Koffer zur Tür hereingeschleppt, ging es auch schon los: »Sind eure Zimmer sauber? In einer halben Stunde gibt es eine Inspektion. Fünf Mark für jeden, der seine Sachen in Ordnung hält.«

Beim Essen setzte sich das fort: Da wurden gerade Rücken und möglichst weit hinten gehaltene Gabeln belohnt. Am lukrativsten waren freischwebende Ellbogen. Heinrich liebte seine Großeltern, aber den Drill hat er in keiner guten Erinnerung. Obwohl sich Oma und Opa redlich bemühten, spannende Sachen mit den Kindern zu unternehmen, dauerte es meist nicht lange, bis eines fragte: »Wann fahrt ihr denn wieder nach Hause?«

Auch mein Mann kann dazu eine Geschichte beisteuern: »Opa hat seine Erwartungen, was unser Benehmen angeht, immer geäußert, aber eigentlich nicht mit Nachdruck durchgesetzt. Bis auf einmal. Da waren die Eltern ein paar

Wochen verreist, und er hat auf uns aufgepasst. Abends mussten wir die Klamotten nach dem Ausziehen ordentlich zusammenlegen.«

Meine Schwiegermutter, die unser Gespräch mitbekommt, lacht. »Und als wir nach Hause kamen, habt ihr sie wieder erleichtert in die Ecke gepfeffert.«

Die Erzählung weckt in mir die Erinnerung, dass exakt dieser Punkt meiner Oma auch ganz wichtig war. Sie hätte zwar niemals eingefordert, ich müsse meine Kleider vor dem Schlafengehen ordentlich falten, aber sie sagte: »Mein Vater war immer der Meinung, man soll die Sachen so hinlegen, dass man mühelos hineinschlüpfen kann, falls es nachts brennt und man schnell das Gebäude verlassen muss.« Ich beobachtete, wie sie die beim Ausziehen nach innen geschlüpften Ärmel sorgfältig umdrehte und den Pullover schließlich über die Stuhllehne breitete. Und das imitierte ich dann unaufgefordert, denn es erschien mir sinnvoll. Außerdem war es eine Weisheit des lange vor meiner Geburt verstorbenen Urgroßvaters. Und die hatte per se etwas Magisches an sich.

Überhaupt gewinne ich bei meinen Gesprächen wieder einmal den Eindruck, großelterliche Erziehung funktioniert besser durch Vorbild. Direkte Appelle werden viel weniger gern angenommen.

Elsa erzählt mir, dass sie in den Fünfzigerjahren einige Nächte bei ihrer Großmutter übernachtete, weil die Eltern mit dem großen Bruder unterwegs waren. Zu der Zeit besuchte Elsa schon das Gymnasium. Nach dem Essen machte die Oma ein Mittagsschläfchen. Währenddessen schrieb die Enkeltochter ihre Hausaufgaben. Später gab es Kaffee mit

Butterbrot, und die beiden saßen gemütlich am Küchentisch und redeten. Alles ringsum war ruhig, die Wanduhr tickte bedächtig, und die Oma schien unendlich viel Zeit zu haben. »Jeder Tag lief exakt gleich ab, und ich liebte das. Ich schaute mir dabei eine Menge bei meiner Großmutter ab.« Heute ist Elsa selbst Oma und macht es mit ihren Enkelkindern genauso. Die gemeinsamen Tage bestehen aus Ritualen. Die Teller nach dem Essen in die Spülmaschine zu räumen, gehört ebenso dazu wie der nachmittägliche Spaziergang.

»Unlängst verblüffte mich mein kleiner Enkel damit, dass er mich ermahnte, weil ich beim Heimkommen mal vergaß, den Sandkistenschmutz vor der Tür aus seiner Hose zu schütteln.«

Zum Abschluss möchte ich noch Hildes Geschichte erzählen, weil sie für mich wunderbar zusammenfasst, worauf es bei Großeltern aus Enkelsicht eigentlich ankommt.

»Einmal war ich als Mädchen bei meiner Oma, und sie wollte mich dazu bewegen, nach dem Essen das Geschirr abzuwaschen. Auf diesen Zwang reagierte ich, ganz Pädagogentochter, mit den Worten: ›Was sind das denn für altmodische Erziehungsmethoden?!‹ Das erzählte Oma später lachend meiner Mutter. Ich kann mich an keinen anderen Anlass erinnern, bei dem sie versucht hätte, mich zu irgendetwas zu bewegen. Ihr war unsere Beziehung wichtiger als jedes Erziehen, obwohl sie ja einer Generation entstammte, in der man vieles wesentlich enger sah.« Hilde weiß noch gut, wie ihre Oma sie stattdessen mit Liebe überschüttete und keine Gelegenheit ausließ, ihr zu sagen, wie großartig und besonders sie sei.

»Als sie starb, saßen wir Cousinen und Cousins bei der Trauerfeier beisammen und redeten. Nach einigen Gläsern Wein rutschte mir etwas heraus, was man eigentlich nie sagen sollte: ›Ich glaube, ich war Omas Lieblingsenkelkind! Das hat sie mich immer spüren lassen.‹ Sofort tat mir die unüberlegte Aussage leid. Was brachte es, damit zu prahlen? Wie konnte ich den anderen nur so wehtun? Aber niemand war gekränkt. Reihum sagten alle: ›Mir hat Oma auch dieses Gefühl gegeben.‹ Irgendwie hat sie es geschafft, lauter Lieblingsenkel zu haben.«

Ist das nicht wunderbar? Und es zeigt, dass zwischen Großeltern und Enkeln Beziehung statt Erziehung gefragt ist.

Gibt es eigentlich auch im Tierreich eine Verbindung zwischen Großeltern und Enkelkindern?

Nicht viele Tiere haben eine so lange Lebensspanne, dass ein ausgedehntes gegenseitiges Erleben von Großeltern und Enkeln überhaupt möglich ist. Elefanten werden jedoch rund vierzig Jahre alt, manche sogar über sechzig. Bei einem Beginn des Gebäralters von etwa vierzehn Jahren ergibt sich einiges an gemeinsamer Lebenszeit.

Biolog*innen stellten bei einer Langzeitbeobachtung von über achthundert Elefanten im Amboseli-Nationalpark in Kenia fest, dass Elefantenbabys eher überleben, wenn sie sowohl eine Mutter als auch eine Großmutter haben. Diese positive Wirkung führen die Wissenschaftler*innen auf die große Erfahrung der alten Tiere zurück.

Auch Schwertwale (besser bekannt als Killerwale oder Orkas) werden bis zu fünfzig Jahre alt. Mehrere Studien belegen, dass die Meeressäuger und ihre Mütter ein Leben lang in Kontakt bleiben. Weibchen nach der Menopause leiten die Gruppe und unterstützen die jüngeren bei der Aufzucht des Nachwuchses.

Liebe Ursi,
bei deiner Schilderung von Heinrichs Erlebnissen musste ich spontan an den Versuch meines Opas denken, uns Kindern Tischmanieren beizubringen. Wobei es natürlich nicht so war, dass wir kein Besteck benutzt oder uns beim Essen wie wilde Tiere gebärdet hätten. Wir aßen ganz normal – so wie unsere Eltern uns das beigebracht hatten.
Aber das schien Opa nicht zu genügen, weshalb er eine Prämie von – Trommelwirbel – hundert Mark aussetzte, falls wir es schafften, bis zum Alter von acht Jahren »anständig« zu essen. Mit jedem weiteren Jahr würde sich dieser Betrag um jeweils zehn Mark verringern, sodass wir, sollte es uns erst mit der Volljährigkeit oder später gelingen, nichts mehr bekämen.
Um die Sache kurz zu machen: Es gab nie eine Prämie für uns. Zumal wir gar nicht so genau wussten, was Opa überhaupt von uns erwartete. Gerader Rücken, kein Ellbogen auf dem Tisch, Besteck benutzen – das waren die Minimalanforderungen, und darum bemühten wir uns in seinem Beisein

auch. Mir ist bis heute nicht ganz klar, wofür es Punktabzug gab.

Mein Opa schien bald einzusehen, dass wir seinen Ansprüchen – wie auch immer die ausgesehen haben mögen – nie entsprechen würden, und irgendwann war keine Rede mehr von irgendeiner Prämie. Jetzt, da sie mir wieder einfällt, wundere ich mich, ob mir nicht doch etwas zugestanden hätte. Vielleicht wenigstens dreißig Mark? Oder zehn? Ich wünschte, ich könnte ihn danach fragen … Womöglich erinnern sich meine Geschwister noch an die Sache mit der Tischmanieren-Prämie? Bei unserem nächsten Treffen werde ich es herausfinden.

Wie schön, dass du mich daran erinnert hast!

Deine Heike

Von Kuchenbacken bis Freizeitpark: So vielfältig ist gemeinsam verbrachte Zeit mit Oma und Opa

Heike

Wenn ich an meine Großeltern denke, fallen mir als Allererstes die Ferien ein, die meine Brüder und ich bei ihnen verbrachten. Mal gemeinsam, mal einzeln – aber immer wurden wir nach Strich und Faden verwöhnt. Vor allen Dingen mit leckerem (ungesundem) Essen! Gemüse? Salat? Grünzeug war, anders, als wir es von zu Hause gewohnt waren, eher freiwillig. Oma setzte uns Dampfnudeln vor, nicht zu vergessen die heißgeliebten Wasserspatzen mit goldgelb angebratenen Semmelbröseln und Apfelmus. Und am Nachmittag gab es natürlich ihren unvergleichlichen Streuselkuchen … Mit anderen Worten: massenhaft Kalorien, aber kaum Vitamine – genau das, was Kinder lieben.

Mindestens einmal pro Besuch unternahmen die Großeltern mit uns Shopping-Ausflüge in die Stadt, dann gingen wir meist essen und durften Schnitzel mit Pommes bestellen. Legendär und oft zitiert ist ein kleiner Heimwehanfall meines Bruders, dem mitten im Lokal Tränen in die Augen stiegen. Weil er nicht zugeben wollte, was mit ihm los war, behauptete er stattdessen, die Pommes frites seien zu salzig. Damit haben Oma und Opa ihn jahrelang aufgezogen.

Nicht nur Omas Kochkünste, sondern auch ihre Fähigkeiten als Schneiderin beeindruckten mich sehr. Einmal gab es während meines Besuchs in den Herbstferien eine unerwartete Hitzewelle, und all meine Klamotten, die ich eingepackt hatte, waren viel zu warm. Da setzte sie sich an die Nähmaschine und zauberte mir kurzerhand ein paar luftige Fähnchen. Tops, ein Kleid, einen Rock – einfach so aus dem Stegreif.

Noch faszinierter war ich allerdings von den Ballkleidern, die sie für meine Barbies nähte. Aus goldglitzerndem Stoff, mit Tüll und allem Drum und Dran. So etwas gab es definitiv nicht zu kaufen, und ich wurde von meinen Freundinnen sehr um diese spektakulären Puppen-Outfits beneidet.

Und wo den handwerklichen Fähigkeiten meiner Oma Grenzen gesetzt waren, übernahm mein Opa. Aus Holz und Bambus zimmerte er für meine Barbies einen Schwebebalken und einen Stufenbarren. Damit konnte ich – inspiriert durch die Olympischen Spiele von 1976 – ganze Kunstturn-Wettkämpfe austragen, inklusive Punktwertung. (An die siebenfache 10.0 von Nadia Comăneci kam selbstverständlich keine meiner Puppen heran, diese Leistung blieb sowohl im wahren Leben als auch in der Fantasie unerreicht.)

Meine Brüder erinnern sich ebenfalls an die herrlich ungesunden, fettigen und süßen Speisen, außerdem an Tagestouren mit dem Pfälzerwald-Wanderverein und andere Ausflüge. Björn erwähnt eine Fahrt nach Edenkoben und von dort mit dem Sessellift zur Rietburg. Holger denkt besonders gern an die Nachtschichten im AFN-Radiosender zurück, zu denen er Opa begleiten durfte. Er schaute zu, wenn Opa die Technik überwachte, ließ sich alles erklären und blieb so lange wach, bis Opa sich selbst in der Ruhestube hinlegte. Unvergesslich die selbstgebaute Lampe, die er dort installiert hatte – mit der Radkappe eines VW-Käfers als Schirm.

Wir alle haben nur beste Erinnerungen an unsere Aufenthalte bei den Großeltern. Obwohl ich einmal – damals war ich vielleicht sechs oder sieben – aus Zorn über eine gefühlte Ungerechtigkeit mein Köfferchen packte und wütend den Heimweg antrat. Ich kam allerdings nur etwa fünfzig Meter weit – dann wurde mir bewusst, dass ich eine Strecke, für die man mit dem Auto schon eine gute Stunde brauchte, zu Fuß kaum schaffen konnte. Also beschloss ich, Gnade vor Recht ergehen zu lassen und den Großeltern großzügig zu vergeben. Und als es dann gleich Streuselkuchen gab, war der Ärger sowieso vergessen.

Ich habe auch meine Interviewpartner*innen gefragt, wie sie das Zusammensein mit ihren Großeltern erlebt haben. Und bekam Geschichten zu hören, die ziemlich unterschiedlich sind – und sich im Kern doch sehr ähneln.

Kuchen, Kohlköpfe und Kirschsaft

Für Karin gehörten die Ferienbesuche bei ihrer »Gartenoma« zu den Highlights ihrer Kindheit.

»Sie war meine Lieblingsoma. Ich sehe sie noch vor mir in ihrer Kittelschürze, die langen Haare zu einem Dutt hochgesteckt. Und ich erinnere mich gut an ihr breites Schwäbisch, das mir fast wie eine Fremdsprache vorkam und weit entfernt von dem ›Stuttgarter Ladenhochdeutsch‹ war, wie ich es von meinen anderen Großeltern kannte«, sagt sie. »Omas Haus war sehr verwinkelt und altmodisch, in der Küche stand noch einer dieser weiß emaillierten Herde. Am schönsten aber war ihr herrlich verwunschener Garten, in dem sie allerhand Obst und Gemüse anbaute. Für mich war dieser Garten ein echtes Paradies zum Spielen.«

Die Garten-Oma backte auch sehr gern, und oft gab es – was zu Hause undenkbar war – sogar Kuchen zu Mittag. Helfen durfte Karin beim Backen allerdings nicht, die Küche war Omas Heiligtum.

»Allerhöchstens teilte Oma mir Hilfsarbeiten zu wie Sahneschlagen. Mit so einem altmodischen Quirl, bei dem man eine Kurbel drehen musste.«

Und natürlich verarbeitete die Garten-Oma alles, was sie erntete: Es gab jede Menge eingemachtes Obst und Gemüse, außerdem selbst produzierten Saft in vielerlei Geschmacksrichtungen, von Kirsch über Birne bis Johannisbeere.

»Und weil Oma eine sehr sparsame Frau war, machte sie aus dem Trester dieser Säfte noch mal Saft. Auf den Etiketten stand dann *Zweite Güte*. Das wurde bei uns in der Familie zum geflügelten Wort.«

Wenn Karins Eltern mit allen drei Kindern die Oma besuchten, steckte diese der Mutter immer Lebensmittel aus eigener Produktion zu – und zwar heimlich.

»Mein Vater fand, das Auto sei mit fünf Personen bereits mehr als voll, deshalb versteckte meine Mutter die Einmachgläser, Saftflaschen und das Gemüse an den unmöglichsten Stellen«, erzählt sie. »Wenn wir dann zu Hause ankamen, wunderte sich mein Vater, was da alles zum Vorschein kam – es war keine Seltenheit, dass unter den Sitzen auf einmal noch Kohlköpfe hervorgekullert kamen.«

Auf die Frage, was die Garten-Oma sonst noch mit ihr unternahm, muss Karin kurz überlegen. »Eigentlich nichts Spektakuläres – Oma war auch nicht mehr so gut zu Fuß und hatte kein Auto. Irgendwann wurde in dem Ort, in dem sie lebte, eine neue Buslinie eingeführt, und direkt vor ihrer Haustür war eine Haltestelle. Unser einziger Ausflug bestand darin, dass wir da mitfuhren und nach einer etwa einstündigen Rundfahrt wieder aus dem Bus kletterten. Aber das war überhaupt nicht schlimm, ich liebte es auch ohne großes Programm, bei ihr in Ferien zu sein.«

Blaubeerdämmerung

»Ich werde nie vergessen, wie ich als Kind mit meinen Großeltern in die Blaubeeren ging«, erzählt Lara. »Wir brachen in aller Herrgottsfrühe auf, mein Bruder und ich wurden halb schlafend eingepackt. So zogen Oma und Opa mit uns in den Wald. Als wir Kinder dann wach waren, halfen wir beim Sammeln und haben natürlich jede Menge genascht. Ich weiß noch genau, dass die Beeren ziemlich klein und wahnsinnig aromatisch waren.«

Warum die Ernte so früh morgens stattfinden musste? Ganz einfach – nur so lassen sich die Blaubeeren für den späteren Verzehr aufheben. Mittags, wenn es warm ist, sollte man nur pflücken, was man sofort essen will. »Außerdem war es natürlich wesentlich spannender, in der Dämmerung aufzubrechen«, findet Lara. Diese Episode steht für sie stellvertretend für die gemeinsam mit den Großeltern verbrachte Zeit: ein bisschen Abenteuer mit ganz viel köstlicher Unbeschwertheit.

Karibische Ferien süß-sauer

Während Isabel, die in Caracas aufwuchs, die Eltern ihrer Mutter nie kennenlernte, verbrachte sie umso mehr Zeit bei den Großeltern väterlicherseits.

»Sobald es Ferien gab, verfrachteten unsere Eltern meinen Bruder und mich in ein Flugzeug nach Curaçao, wo wir dann für einige Wochen blieben«, erinnert sie sich.

Ich muss erst einmal nachfragen, wie weit diese Orte voneinander entfernt sind und welche Sprachen man wo spricht. Isabel ruft mir ins Gedächtnis, dass Caracas die Hauptstadt von Venezuela ist, dem südamerikanischen Staat an der Karibikküste. Ihre Muttersprache ist also Spanisch. Das wird auch auf der Insel Curaçao gesprochen – neben Niederländisch und Papiamentu.

Obwohl der Flug nur etwa eine halbe Stunde dauerte, fühlte sich Isabel auf der Insel wie in einer anderen Welt. »Wir lebten ja in einer Großstadt, und der Kontrast zu dem wunderschönen Haus mit riesigem Innenhof und üppigem Garten hätte nicht krasser sein können.«

Besonders gern erinnert sie sich an ihren Opa, den sie – wie im Spanischen üblich – *Abuelo* nannte. »Er ist mit meinem Bruder und mir herumgetobt, hat mit uns gespielt und uns spannende Geschichten erzählt.« Von *Abuelo* hat Isabel die Namen vieler Pflanzen und Bäume gelernt. Er brachte ihr bei, Zitronenbäume mit Seifenwasser zu gießen, damit die Früchte besonders schön und süß werden. Und ließ sie zuschauen, wenn er mit seinen Brieftauben trainierte.

»Einmal – er muss etwa sieben Jahre alt gewesen sein – hat mein Bruder die Käfige geöffnet, und sämtliche Tauben sind davongeflogen. Einige kamen wieder, doch leider nicht alle. Und obwohl *Abuelo* seine Tauben so liebte, hat er überhaupt nicht geschimpft.«

Wer aber sehr wohl ärgerlich werden konnte, war die Oma. »Vor ihr hatten wir regelrecht Angst. Sie war eine richtig böse Frau. Und furchtbar streng. Bei Tisch mussten wir gerade sitzen, alles aufessen und natürlich still sein. Und wenn ihr nachmittags, während sie fernsah und dabei stickte, unser Spielen zu laut war, schrie sie uns an und bewarf uns mit kleinen Steinchen.«

Kein Wunder, dass Isabel dieser Großmutter möglichst aus dem Weg ging und lieber viel Zeit mit dem gutmütigen Großvater verbrachte. »Manchmal ist er mit uns ins Zentrum von Willemstad gefahren, und wir haben auf dem berühmten schwimmenden Fischmarkt eingekauft. Dort kannten ihn alle, er war sehr beliebt«, erzählt sie. »Viele Jahre später, als er längst nicht mehr lebte und ich bereits erwachsen war, war ich einmal wieder in Willemstad und besuchte diesen Markt. Da konnte ich es kaum fassen, wie oft ich erkannt wurde. Ich bekam sogar von wildfremden Menschen Geschenke – weil ich seine Enkelin war. Das hat mich sehr berührt.«

Zuckerbrot und Liebe

Torstens Großeltern wohnten im Nachbardorf, und sie zu besuchen war keine große Sache.

»Es wäre ihnen nie eingefallen, mich zu bespaßen – vielmehr nahm ich einfach an ihrem Alltag teil, wenn ich da war. Half der Oma beim Unkrautjäten oder durfte Opas Kaninchen füttern«, erinnert er sich.

Ich frage Torsten, ob er die Großeltern-Besuche auch mit speziellem Verwöhn-Essen verbindet. »Es war zwar nichts Besonderes, aber ich liebte Omas frisch gebackenes Brot mit dick Butter und Zucker obendrauf«, fällt ihm spontan ein. »Seit sie nicht mehr leben, habe ich das nie wieder gegessen.«

Oma rockt

Ganz ähnlich erging es Sonja. »Ausflüge oder spezielles Kinderprogramm mit den Enkeln, das gab es bei meinen Großeltern nicht«, sagt sie. »Aber eine Sache fand ich besonders toll – nämlich wenn meine Oma für mich nähte.« Sonjas Eltern konnten es sich nicht leisten, die Töchter ständig mit der neuesten Mode auszustaffieren. Da war es nur praktisch, dass die Oma eine sehr geschickte Schneiderin war. »Wir schauten uns gemeinsam in den Schaufenstern an, was mir gefiel, dann durfte ich mir den Stoff aussuchen, und sie nähte die Sachen nach. Kleider, Blusen, Hosen – einfach alles.«

Anders als die Mutter, die über zu kurze Röcke immer schimpfte und so etwas nie für Sonja gekauft hätte, kommentierte die Oma Sonjas Geschmack niemals. »Und wenn sie mir Miniröcke nähte, konnte meine Mutter ja nichts dagegen tun«, schmunzelt Sonja.

Rollentausch im Freizeitpark

Von einem Ausflug der ganz besonderen Art berichtet mir Henry. »Ich war vielleicht vier oder fünf Jahre, da fand ein Kindergartenausflug in einen Freizeitpark statt«, erzählt er. »Eigentlich sollte jedes Kind von Vater oder Mutter begleitet werden, aber da meine Eltern beruflich eingespannt waren und keine Zeit hatten, sprang meine Oma ein. Ich werde nie vergessen, wie sie dort mit mir in einer Hochbahn durch die Märchenwelt gefahren ist. Allein der Einstieg war für Oma eine Herausforderung, denn sie hatte Hüftprobleme. Während die anderen Mütter problemlos in den kleinen Waggon hüpften, war das bei ihr eine größere Sache. Aber sie schaffte es.«

Ich kann mir lebhaft vorstellen, wie sich die alte Dame gequält hat, und frage, ob sie die Fahrt denn wenigstens genossen hat.

Henry lacht. »Das kann man nun wirklich nicht behaupten. Oma hatte Höhenangst und fürchtete, die Bahn würde abstürzen. Ich weiß noch, dass ich von der Märchenwelt kaum etwas mitbekommen habe – denn für mich als kleinen Knirps war es viel spannender, die panische Oma zu beobachten. Das war amüsanter.«

Nun ja, Kinder können grausam sein, denke ich mir, doch dann sagt Henry: »Oma war immer sehr fürsorglich. Sie in dieser Ausnahmesituation zu erleben, drehte die üblichen Verhältnisse auf für mich faszinierende Weise um. Zum ersten Mal konnte ich meiner Oma Trost spenden und sie beruhigen anstatt umgekehrt. Das fand ich spannend – und ein bisschen lustig.«

Und die Oma hat von dem Abenteuer keinen Schaden genommen – denn als der Kindergartenausflug ein Jahr später erneut den Freizeitpark zum Ziel hatte, fuhr sie wieder tapfer mit – auch mit der Hochbahn durch die Märchenwelt.

Großelternzeit ist Quality Time

Ganz gleich, ob Oma und Opa ihre Enkel einfach in den Alltag integrieren oder ein Spaßprogramm für sie veranstalten: Kinder erleben das Zusammensein mit den Großeltern überwiegend als entspannt und schön. Vielleicht liegt es daran, dass die Großeltern nicht mehr unter der Mehrfachbelastung der mittleren Lebensphase leiden und dadurch gelassener sind, vielleicht aber auch daran, dass sie nicht erziehen müssen, sondern einfach die Zeit mit ihren Kindeskindern genießen dürfen. Und das ist großartig – für alle Generationen.

Großeltern-Enkel-Aktivitäten – Ideen gefällig?

Wir haben die beliebtesten gemeinsamen Unternehmungen unserer Interviewpartner*innen gesammelt. Lassen Sie sich inspirieren!

- Alltag miteinander verbringen
- Am Bach spielen und Schiffe aus Hölzern bauen
- Auf Schatzsuche gehen (und natürlich vorher ein paar Schätze verstecken)
- Ausflüge, Wanderungen und Besichtigungsfahrten
- Baden gehen
- Basteln und Handarbeiten
- Bilder in der Wohnung erklären: Wer ist darauf zu sehen? Was sind das für Kunstwerke?
- Bücher entdecken: gemeinsame Besuche in Buchhandlungen und Bibliotheken
- Cafébesuche: Für die Großen gibt's Cappuccino, für die Kleinen Milchschaum
- Chillen auf dem Sofa (auf die Gefahr hin, dass Oma und Opa vor dem Enkelkind einschlafen)
- Den Wald entdecken
- Disneyland besuchen (und selbst wieder zum Kind werden)
- Durch Pfützen springen
- Eine Schnitzeljagd veranstalten
- Essen gehen (am besten abwechselnd das Lokal aussuchen)

- Fein Tee trinken, zum Beispiel in einem richtig schicken Hotel wie dem Adlon
- Fischen (und für den Fall, dass man keine fängt, gekaufte Fische aus dem Supermarkt mitbringen, um sie heimlich an die Angel zu hängen)
- Geschichten erzählen
- Kastanienmännchen basteln
- Kinderspiele von früher spielen
- Kino mit Popcorn – so richtig zelebrieren
- Kochen – im Team, weil das mehr Spaß macht als allein und man dabei so viel reden kann
- Kulissen für Puppen aus Naturmaterialien basteln
- Radtouren
- Shoppen gehen
- Spielplatzbesuche
- Sport: den Enkeln bei Matches oder Wettkämpfen zuschauen oder gemeinsam ins Stadion gehen
- Theaterbesuche
- Trash-TV: Zusammen dumme TV-Sendungen anzuschauen, macht richtig Spaß
- Urlaub: gemeinsam verreisen
- Vorlesen!!!
- Zirkusbesuche
- Zoobesuche

Hier finden Sie Anregungen für fast alle Altersgruppen. Und beim Lesen sind Ihnen bestimmt noch viel tollere eigene Ideen gekommen, oder? Die sollten Sie rasch notieren.
Und wenn Ihnen kein Kinder-Spaß-Programm einfällt? Gar kein Problem. Unsere Geschichten haben ja gezeigt, dass Kinder das Zusammensein mit ihren Großeltern auch dann genießen, wenn gar nichts Spektakuläres passiert. Vielleicht kann in diesem Fall die junge Großelterngeneration von der älteren etwas mehr Gelassenheit lernen …

Großeltern und Enkelkinder – eine ganz enge Beziehung

Ursi

Der Schweizer Generationenforscher und Soziologe François Höpfinger hat die Beziehung zwischen Großeltern und Enkelkindern untersucht. Die Mehrheit der Enkel beurteilt die Großeltern heute positiv. Interessiert hat den Wissenschaftler, was die Bindung über zwei Generationen hinweg ausmacht. Für ihn kristallisierten sich vor allem drei Punkte heraus: Enkelkinder genießen, dass sich Oma und Opa Zeit nehmen. Sie lieben es, in ihnen verlässliche Bezugspersonen zu haben. Und Großeltern gelten als das Gedächtnis der Familie – sie können den Nachkommen ihre Wurzeln erklären.

Untersuchungen der Universität Siegen kamen zu einem ähnlichen Ergebnis: Großeltern werden von Kindern und Jugendlichen ganz selbstverständlich zum engsten Kreis gezählt. In einer Rangliste der wichtigsten Personen nennen sie ihre Großmütter gleich hinter Mutter und Vater. Die Großväter sind etwa gleichauf mit den besten Freund*innen.

Ich habe es ja bereits erwähnt: Mit meiner Großmutter mütterlicherseits verband mich eine sehr enge Beziehung. Ich sage gern, dass sie meine Seelenverwandte war. In ihren Eigenschaften und Vorlieben erkannte ich mich stets wieder – stärker als bei sonstigen Mitgliedern der Großfamilie. Weil ich wissen will, ob es anderen genauso ergangen ist oder ergeht, lade ich ein paar Gespächspartner*innen zum Kaffee ein.

Ursi: Ich erinnere mich, dass ich mit meiner Oma immer gern gekuschelt habe. Bestimmt bis in die späten Teenagerjahre hinein. Einmal sagte sie mir, dass sie das so wunderschön finde, weil sie als Witwe kaum in den Genuss von Körperkontakt komme. Wie ist oder war das denn bei euch und euren Großeltern?

Hilde (63)**:** Das war bei mir und meiner Oma auch so. Mir fällt dazu sofort ein, dass ich die Letzte war, die sie noch lebend gesehen hat. Bei einem Krankenhausbesuch habe ich ihr den Rücken eingecremt. Das war ein wunderschönes Erlebnis der Nähe. In der Nacht drauf ist sie sanft entschlafen.

Dennis (28)**:** Ich habe es immer geliebt, die Falten meines Großvaters zu inspizieren. Die Haut auf seinem Handrücken hat mich besonders fasziniert. Man konnte sie zu Stegen hochziehen, und dann hat es einen Augenblick gedauert, bis sie sich wieder gesenkt haben.

Regina (40)**:** Wenn ich gemeinsam mit meinen Geschwistern bei meinen Großeltern übernachtet habe, wurden Matratzen in das winzige bunte Schlafzimmer geschleppt. Aber meistens lagen wir dann alle zusammen im Doppelbett und haben bis tief in die Nacht ganz eng beieinandergelegen und geredet. Oma und Opa haben von früher erzählt und wir von der Schule. Sie haben die Dinge so viel lockerer gesehen als unsere Eltern.

Ursi: Lasst mich da gleich einhaken. Es heißt ja, Großeltern und Enkel würden einander oft auf einer Ebene jenseits von Zwängen und Normen begegnen. War das bei euch so?

Luise (24)**:** Absolut! Meine Oma hat mich immer dazu ermutigt, selbstständig zu denken und das zu tun, was ich wirklich will. Während die Eltern meinen Kleidungsstil in der Pubertät schrecklich fanden und versucht haben, mich zu konventionelleren Sachen zu überreden, ist Oma mit mir zu Märkten gefahren und hat mit mir nach Teilen gesucht. Ihr hat das gefallen.

Regina: Es gibt doch dieses Lied *Meine Oma fährt im Hühnerstall Motorrad*. Das trifft es gut: Manche Großeltern sind auf ihre alten Tage ganz schön experimentierfreudig.

Hilde: Auf meine traf das nicht zu. Sie waren schon eher konservativ. Aber das hat unserer engen Bindung nicht geschadet. Für mich war vor allem ausschlaggebend, dass sie so wahnsinnig viel Zeit hatten. Nie war ihnen irgendetwas zu blöd.

Ursi: Stimmt, das war bei meiner Oma auch so. Als Grundschulkind wollte ich immer stundenlang durch Läden streifen und mir jedes einzelne Produkt genau anschauen. Da ist sie geduldig mitgegangen. Später hat sie mir einmal gesagt, dass sie dabei stets ein wenig in Sorge war, weil ich alles in die Hand genommen habe. Sie dachte, irgendwann würde ich etwas fallen lassen und ruinieren. Aber das hat sie mir nicht gezeigt. Sie ließ mich einfach machen.

Dennis: Meine Großeltern haben sich immer für das interessiert, was bei mir gerade aktuell war. Ganz früher haben sie mit mir Fußballspiele angeschaut oder im Garten Bälle geschossen. Später hatte ich eine Geografie-Phase, in der wir zusammen vor dem Atlas saßen. Und jetzt surfen wir ab und zu gemeinsam im Internet und zeigen einander interessante Seiten. Während der Coronazeit haben wir per WhatsApp kleine Spiele gespielt: einen Filmtitel oder ein Kunstwerk nachstellen und ein Foto davon schicken.

Ursi: Meine Oma hat gern aus dem Küchenfenster geschaut. Das nannte sie »Augenweide«. Wenn ich bei ihr zu Besuch war, lehnten wir da gemeinsam, und sie erzählte mir Geschichten über die Leute, die auf der Straße zu sehen waren. Dieses Entschleunigte, Entspannte hat man ja als Kind zu Hause eigentlich nicht, denn die Eltern haben immer was zu tun.

Luise: Wie eine Achtsamkeitsübung. Kein Wunder, dass Kinder sich von den entschleunigten Großeltern angezogen fühlen. Sie wissen noch, was gut für sie ist!

Ursi: Wenn es Probleme gab beziehungsweise gibt: Wem habt ihr euch anvertraut? Eher den Eltern oder den Großeltern?

Regina: Sowohl als auch.

Hilde: Meist keinem von beiden. Entweder habe ich die Angelegenheit selbst geklärt, oder ich suchte mir Hilfe bei einer Freundin. Meine Eltern waren eher streng. Oma hätte mir zwar sicher zugehört, ohne zu schimpfen, aber sie war so schrecklich ängstlich. Und da wollte ich sie nicht belasten. Mir war wichtig, dass sie sich nicht sorgen musste. Eines ihrer Kinder ist beim Spielen im Landwehrkanal ertrunken. Ich fand, das reicht an Schmerz für ein Leben.

Dennis: Manches den Eltern, anderes den Großeltern. Das kommt aufs Thema an. Als ich mal meinen Rucksack verloren hatte, rief ich als Erstes Opa an. Er hat mir dann beim Suchen geholfen. Als wir keinen Erfolg hatten, ist er mit mir direkt in ein Geschäft gegangen, um alles neu zu kaufen. Er fand, die Aufregung sei Materielles nicht wert.

Ursi: Was, würdet ihr sagen, ist dafür ausschlaggebend, dass die Beziehung zu den Großeltern so eng ist?

Luise: Genauso wie die Eltern waren Oma und Opa schon immer da. Man kennt sie, seit man denken kann. Und sie lieben einen bedingungslos. Als ich in der Pubertät schwierig war, hat Oma sich nie von mir abgewandt oder mir auch nur ein schlechtes Gewissen gemacht, wenn ich mich nicht meldete. Alles, was von mir kam, fand sie gut, wie es in dem Augenblick eben gerade war.

Dennis: Stimmt, das ist bei meinen Großeltern auch immer so gewesen. Als Teenager hatte ich eine Phase, da wollte ich in der Öffentlichkeit nicht so gern von ihnen mit einer Umarmung begrüßt werden. Da haben sie mir einfach stattdessen die Hand geschüttelt. Und ich hatte den Eindruck, als sei das für sie absolut okay, als würden sie es verstehen. Das fand ich angenehm.

Hilde: Ich mochte die Verlässlichkeit und Kontinuität. Das Leben meiner Großeltern bestand aus Ritualen. Am Vormittag aßen sie jeder einen Apfel und schnitten auch für uns Kinder welche in Stückchen. Im Advent wurden Anisplätzchen gebacken. Und im Juli pflückten wir regelmäßig Himbeeren. Anschließend kochte meine Oma sie ein. Ich saß an ihrem Küchentisch, beschriftete die Marmeladengläser und schaute zu, wie sie in dem großen Topf rührte. Auf all das konnte man sich verlassen, es wiederholte sich wie das Amen im Gebet. Mir gab das Sicherheit.

Regina: Mir fällt zu deiner Frage etwas Absurdes ein: Im Alter hatte einer meiner Großväter oft eine laufende Nase und zog ständig schniefend hoch. Das hat meine Mutter wahnsinnig gemacht. »Die ganze Kindheit hindurch hat er uns wegen guter Manieren traktiert, und jetzt macht er so was?«, regte sie sich auf. Ihr Unmut hat Opa und mich irgendwie auf eine Stufe gestellt, weil sie an meinem Benehmen ja auch oft was auszusetzen hatte. Das, was du vorher über die Begegnung auf der Ebene jenseits aller Normen gesagt hast, scheint zu stimmen, Ursi.

Ursi: Aber gab es denn auch etwas, was euch an euren Großeltern gestört hat oder stört?

Dennis: Es gibt natürlich gewisse Abweichungen in der Weltanschauung. Ich weiß zum Beispiel, dass ich mit ihnen nicht über meine queeren Freunde reden möchte, denn was sie dann an Kommentaren abgeben, ärgert mich. Es ist seltsam, wenn Menschen, die man liebt, Dinge sagen, die man nicht gutheißen kann.

Luise: Dass meine Oma langsam, aber sicher immer gebrechlicher wird und auch schon ab und zu Fragen wiederholt, weil sie vergisst, dass sie bereits gestellt wurden, schafft ein wenig Distanz. Doch ich versuche, geduldig zu sein und damit klarzukommen, dass sie sich verändert, weil ich sie ja liebhabe. Und das wird sich nicht ändern.

Zur guten Beziehung gehört beidseitiges Einfühlungsvermögen

Der am Beginn des Kapitels bereits erwähnte Schweizer Wissenschaftler François Höpfinger weist darauf hin, dass junge Menschen durch ihre Großeltern einen Einblick ins Älterwerden bekommen.

Ein Artikel in der *WAZ* aus dem Jahr 2008 erzählt in diesem Zusammenhang von einem vierzehnjährigen Schüler, der einen Geronto-Koffer für den Einsatz im Schulunterricht entwickelte. Mit diesem Koffer können Teenager Altersgebrechen nachempfinden. Es ging ihm um ein besseres Einfühlen in die Situation alter Leute. Eine Brille mit trüben Gläsern ahmt zum Beispiel den Grünen Star nach. Oder vibrierende Armbänder den Tremor.

Der junge Forscher gewann mit dieser bemerkenswerten Erfindung Preise.

Geschichten von früher – und aus dem Nähkästchen

Heike

Erzählen ist ein wichtiges Kulturgut. Bevor es Bücher gab, wurden Geschichten nur mündlich überliefert – ebenso Berichte von historischen Ereignissen, Mythen und Sagen, Traditionen und religiöse Inhalte. Es gab und gibt Völker, die ihr komplettes Wissen quasi im Gedächtnis tragen und von Generation zu Generation weitergeben.

Noch in der ersten Hälfte des 20. Jahrhundert war es zumindest in manchen bäuerlichen Familien noch üblich, einander abends Geschichten zu erzählen, vor allem im Winter, wenn alle in der einzigen beheizten Stube zusammensaßen und Wolle spannen, strickten, Strümpfe stopften, Schuhe reparierten, schnitzten oder sich sonst irgendwie handwerklich betätigten. Fernsehen und Internet gab es nicht, Radio nur selten.

Heute ist die Erzähltradition – vor allem die mündliche – ein bisschen verkümmert. Gäbe es da nicht die Großeltern, die ihre Enkel mit allerhand Geschichten bei Laune halten. Das Spektrum reicht von Erinnerungen an die eigene Jugend bis hin zu Familiengeheimnissen. Großeltern werden dabei zu lebendigen Geschichtenbewahrern (und dass beim Erzählen oft gekuschelt wird, macht das Ganze noch schöner).

Erzählungen sind nicht nur spannend und unterhaltsam, sondern aktivieren auch deutlich mehr Gehirnregionen als bloße Informationen. Sie spielen also eine wichtige Rolle für die Entwicklung der Kinder. Darüber hinaus transportieren sie Werte, Traditionen und das Gefühl von Geborgenheit, und manchmal sind sie so etwas wie das generationenübergreifende Gedächtnis.

Meine Oma war eine begeisterte Erzählerin – und wir Kinder liebten es, ihr zuzuhören. Deshalb sind meine Brüder und ich wohl schuld daran, dass aus unserer Großmutter, die bis dato überwiegend Gedichte verfasst hatte, die erste Buchautorin in der Familie wurde.

Meine Enkelkinder haben mich oft gebeten, ihnen Märchen zu erzählen. Doch am liebsten hörten sie Erlebnisse aus meiner eigenen Kindheit in den Zwanzigerjahren. Das brachte mich auf den Gedanken, alles für sie niederzuschreiben … So ist dieses Buch entstanden, schreibt Oma im Vorwort von *Als die Knaben noch Röckchen trugen*.

Wir fanden diese Geschichten von früher wahnsinnig faszinierend. Allein die Vorstellung, dass unsere Oma mal so jung gewesen sein sollte wie wir, war irgendwie magisch. Und wie anders das Leben damals aussah! Da gab es unglaublich viele Tanten und Onkel (etwas, woran es uns eher mangelte), aufregende Erlebnisse auf dem Jahrmarkt (ich sag nur: Riesenrad), tragisch-gruselige Geschichten (die Sache mit dem armen ermordeten Julchen konnte ich nicht oft genug hören) und beschwerliche Reisen zu Fuß oder mit dem Fahrrad zur Großmutter im Pfälzerwald. Aber auch rauschende Hochzeitsfeste, die Erntezeit, bei der alle mit anpackten, Pferdekutschen, Toilettenhäuschen im Hof und so einiges mehr, was uns eher an *Michel aus Lönneberga* als an unsere eigene Lebenswirklichkeit erinnerte.

Die negativen Erlebnisse hat meine Oma im Buch übrigens ausgespart – obwohl wir die besonders spannend fanden. Wir waren empört, wenn sie von der Prügelstrafe in der Schule erzählte, und konnten es kaum fassen, was die Kinder früher zu erdulden hatten. Und dass meine Oma nicht das Gymnasium besuchen durfte, sondern Schneiderin lernen musste, bloß weil sie ein Mädchen war, empfand ich als Gipfel der Ungerechtigkeit. Damals wurde mir zum ersten Mal im Leben bewusst, was für ein Glück ich hatte, nicht zu einer früheren Zeit geboren zu sein.

Viele meiner Interviewpartner*innen erinnern sich – genau wie ich – noch lebhaft an die Geschichten, die ihre Großeltern ihnen erzählt haben. Wovon sie handelten, war höchst unterschiedlich. Lesen Sie selbst!

Kindheitserinnerungen: Geschichten aus einer anderen Welt

Ziegen im Zechenwald

»Ab und zu, wenn meine Eltern abends etwas vorhatten, übernachtete ich bei den Großeltern«, erzählt Torsten. »Ich wollte das eigentlich nicht so gerne, deshalb taten sie so, als wäre es ein normaler Besuch, und schlichen sich irgendwann einfach unter einem Vorwand aus dem Zimmer. Als ich merkte, dass sie weggefahren waren, war es zu spät.«

Torsten litt an Heimweh und hätte sicher nicht einschlafen können, wäre da nicht sein geliebter Opa gewesen. »Ich durfte immer auf seiner Seite des Doppelbettes liegen, und er erzählte mir dann von früher. Meistens von Emma, Liese und Lotte, den drei Ziegen, die er als Kind gehütet hat. Diese Geschichten fand ich furchtbar spannend. Ich erinnere mich noch daran, dass die Ziegen ab und zu auf die Bahngleise geraten sind oder sich im Zechenwald verirrt haben und er sie dann suchen musste.«

Die Einschlafgeschichten waren für Torsten damals ein wichtiges Ritual. »Ich habe seit Jahrzehnten nicht mehr daran gedacht, aber jetzt, wo ich mich daran entsinne, fallen mir erstaunlich viele Details ein – und ich weiß auch noch genau, wie geborgen ich mich in diesen Momenten fühlte.«

Allzu goldige Küken

Sophias Großmutter stammte zwar nicht von einem Bauernhof, aber in den Fünfzigerjahren, als sie aufwuchs, hatten viele Dorfbewohner nebenbei ein bisschen Landwirtschaft. Dazu gehörten auch Schweine, Ziegen und Hühner. »Die Hühner mochte sie am liebsten«, erzählt Sophia. »Vor allem die Küken. Einmal hat Oma als Kind ein paar Küken aus Versehen erdrückt, was ganz schlimm für sie war. Sie hat wohl einfach zu doll mit ihnen geschmust, weil sie so goldig waren. Als sie mir davon erzählte, musste ich furchtbar weinen, denn die armen Küken taten mir schrecklich leid. Daraufhin ging Oma mit mir in einen Streichelzoo und kaufte mir jede Menge Tierfutter, damit ich die Enten, Hühner, Schafe und Ziegen füttern konnte. Da waren die Tränen schnell versiegt.«

Postkarten-Winter

Besonders faszinierend findet es Julian, wenn sein Opa von den strengen Wintern erzählt, die in dessen Kindheit oft herrschten. »Meterhoher Schnee und zugefrorene Bäche und Teiche, auf denen man gefahrlos Schlittschuh laufen konnte – das kennen wir heute ja gar nicht mehr«, sagt er. »Ich frage mich, ob ich in Zeiten des Klimawandels solche Winter jemals erleben werde. Wenn mein Opa schilderte, wie sie damals riesige Schneemänner bauten und Schlitten fuhren, klang das für mich einfach wunderschön. Obwohl mir klar ist, dass die Zeit, in der Opa aufwuchs, oft schwierig und von Armut und Verzicht geprägt war. Doch vor meinem inneren Auge entstehen idyllische Bilder von glücklichen Kindern mit roten Wangen in einer herrlich unberührten Schneelandschaft.«

Zurück in die Zukunft

Sie kennen und lieben die Filmtrilogie um Marty McFly, der durch die Zeit reisen kann und in der Fünfzigerjahre-Jugend seiner Eltern landet? Für junge Enkelkinder von heute muss man gar nicht so weit in die Vergangenheit zurückgehen, um sie zu verblüffen.

»Meine Enkel können gar nicht genug davon hören, wie es war, ohne Handys und Internet aufzuwachsen«, sagt Guido. »Nur ein Fernseher im Haus, bloß drei Sender und kein Streamingdienst, ein Festnetz-Telefon mit kurzer Schnur, weder Online-Games noch Spielkonsolen, das klingt für sie geradezu vorsintflutlich. Und wenn ich schildere, wie wir damals unsere Lieblingssongs aus dem Radio auf Kassette aufnahmen und hoffen mussten, dass der Moderator nicht dazwischenquatschte und es keinen Bandsalat gab, finden sie das zum Schieflachen. Das klingt sogar für mich selbst wie aus einem anderen Leben. Nun ja, immerhin war es im vorigen Jahrtausend.«

Gefangenschaft

Vom Krieg erzählte kaum jemand gern – auch mein Opa nicht, obwohl wir sehr neugierig waren und ihn ständig mit Fragen danach löcherten. Hin und wieder berichtete er aus seiner Zeit in russischer Gefangenschaft. Die Lagerhäftlinge mussten schwer arbeiten – doch wer bestimmte Qualifikationen hatte, die gerade gesucht waren, wurde für weniger anstrengende Projekte eingeteilt. Wenn etwa gefragt wurde, wer Schreiner war, meldeten sich gleich mehrere von ihnen, auch mein Opa, der allerdings kein Schreiner, sondern Elektriker war, aber handwerklich universell begabt. »Alle, die den Finger hoben, hofften, dass wenigstens einer unter uns Ahnung hatte und die anderen anleiten konnte – und das funktionierte auch immer irgendwie«, erzählte er.

Eine weitere Anekdote betrifft Opas Hygiene-Tick. Er war furchtbar pingelig und hätte nie im Leben aus dem Glas von jemand anderem getrunken, nicht mal aus dem seiner Frau. Was wir absurd fanden, schließlich küsste er sie täglich. Die ganze Familie hatte erwartet, wenn er aus der Gefangenschaft zurückkäme, wäre er wohl weniger empfindlich. Doch das Gegenteil war der Fall. »Ich bin sicher, das hat mir das Leben gerettet«, sagte er stets. »Die anderen haben, sobald der Hunger zu groß wurde, auch verdorbenes Essen zu sich genommen, von dem sie dann krank wurden. Ich tat das nie, auch wenn der Magen noch so knurrte.«

Hungerjahre

Auch Sonja bedauert es, dass ihre Großeltern ihr so wenig von den Erlebnissen während der Kriegs- und Nachkriegsjahre erzählt haben, denn heute, als Erwachsene, interessiert sie sich sehr für Geschichte. »Das war bei uns nie ein großes Thema. Allerhöchstens berichteten sie hin und wieder von den Hamsterfahrten, die sie in den schlechten Zeiten nach dem Krieg unternahmen. Damals waren Lebensmittel knapp, und man betrieb Tauschhandel.«

Davon hat auch meine Oma oft erzählt. Als Schneiderin konnte sie die Familie über Wasser halten, indem sie aus Militärmänteln Kinderjacken oder aus Bettwäsche und Gardinen Kleider nähte – sie war da sehr kreativ. Meist wurde sie dann in Naturalien bezahlt. Einmal verpasste sie den letzten Bus nach Hause, weil sie noch auf eine illegal gepresste Flasche Bucheckernöl wartete. Danach musste sie durch den dunklen Wald allein zurücklaufen und gruselte sich ganz furchtbar. Und wir Kinder uns beim Zuhören natürlich ebenso.

Flucht

Claudias Oma stammt aus dem Baltikum. Anfang der Vierzigerjahre musste sie von dort flüchten – mit fünf Töchtern und ohne ihren Mann, der an der Front war. Zuerst ging es nach Polen, dann zu Fuß durch den Thüringer Wald, schließlich landeten sie in Norddeutschland.

»Das war eine völlig irre Geschichte, die meine Oma uns Kindern oft erzählte. Wir hingen ihr an den Lippen und waren total fasziniert.« Claudia beschreibt diese Oma als sehr starke Frau. »Ich war gern bei ihr in Ferien«, sagt sie. »Vormittags kam meist Omas Schwester Ida vorbei, unsere Großtante, und begrüßte uns mit den Worten: ›Ist die Pension schon geöffnet?‹ Dann gab es ein zweites Frühstück nach baltischer Art, Suppe und Speckpiroggen. Anschließend legte Tante Ida Patiencen, und die beiden alten Damen erzählten von früher. Ich liebte ihre Geschichten ebenso wie ihren herrlich melodischen baltendeutschen Akzent.«

Zeitgeschichte

Enkel von heute haben Omas und Opas, die zwischen den Dreißiger- und den Achtzigerjahren aufgewachsen sind. Die Jüngeren unter ihnen erzählen natürlich keine Geschichten aus dem Krieg mehr, denn der war bei ihrer Geburt längst vorbei.

»Meine Großeltern sind alle vier leidenschaftliche Geschichtenerzähler«, sagt Sarah. »Sie lassen mich teilhaben an ihren vielfältigen Erinnerungen – von autofreien Sonntagen über Friedensdemos und Tschernobyl bis zum Mauerfall. Eine meiner Omas war sogar in Woodstock dabei, die anderen schwärmen von der Disco-Zeit und der Neuen Deutschen Welle. Meine Opas erinnern sich besonders gern an die Fußball-WM 1974 in Deutschland, *Wetten, dass ..?* oder den *Tatort* mit Schimanski.« Diese Ereignisse liegen von Sarahs Lebenswirklichkeit so weit entfernt wie der Zweite Weltkrieg damals von unserer. Damit bieten auch die Erinnerungen der neuen Großelterngeneration jede Menge Spannung und Unterhaltungspotenzial für Enkelkinder.

Familiensache: Von Liebe, Kusscousinen und Erbstücken

Kennenlerngeschichten

Monikas Großmutter war als Jugendliche in einem Mädchenpensionat, einer sogenannten Schule für höhere Töchter. Dort freundete sie sich mit einem Mädchen namens Ruth an. Die nächsten Ferien verbrachte sie bei Ruth zu Hause. Bei dieser Gelegenheit lernte sie Ruths Bruder kennen – und verliebte sich in ihn.

»Damals war meine Oma erst fünfzehn. Von dieser Liebelei durften Ruths Eltern nichts erfahren, sonst hätten sie Oma womöglich nicht mehr eingeladen. Und Omas Eltern natürlich noch weniger! Die wunderten sich bloß, warum ihre Tochter partout nichts von einer Gegeneinladung wissen wollte«, sagt Monika. »Als ich selbst zum ersten Mal verliebt war, war ich ebenfalls noch sehr jung. Meine Großeltern hatten viel mehr Verständnis dafür als Mama und Papa. Und nachdem Oma mir ihre Liebesgeschichte erzählt hatte, wusste ich auch, warum.«

Anders als ihre Oma heiratete Monika ihren Jugendfreund allerdings nicht. »Trotzdem finde ich es total romantisch, zu wissen, wie Oma und Opa sich kennengelernt haben und dass ihre Beziehung anfangs geheim bleiben musste.«

Verwandtschaftsverhältnisse

Anne hat keine Geschwister, auch ihre Eltern sind Einzelkinder. Umso spannender findet sie es, dass ihre Großeltern so viele Brüder, Schwestern, Tanten, Onkel, Cousins und Cousinen haben. Dadurch ergeben sich für Anne ebenfalls jede Menge Verwandte – wenn auch jeweils um mehrere Ecken. »Meine Oma erklärte mir gerne ganz ausführlich den Familienstammbaum mit sämtlichen Seitenlinien und die dazugehörigen Verwandtschaftsverhältnisse«, erzählt sie. »Wir haben da sogar ein richtiges Quiz draus gemacht. Sie sagte: ›Merle ist deine …‹, und ich ergänzte: ›… Großcousine, auch Cousine zweiten Grades oder Kusscousine genannt!‹ Oder: ›Du bist Margots …‹, und ich rief: ›… Urgroßnichte!‹«

Dadurch, dass sie die Verwandtschaftsgrade benennen konnte, fühlte sie sich der Großfamilie irgendwie verbundener. »Menschen, für deren Beziehungen es bestimmte Worte gibt, gehören zusammen«, findet Anne. »Das ist schön zu wissen – und dafür bin ich meiner Oma dankbar.«

Das Meisterstück

Das auffälligste Möbelstück in meinem Büro ist ein alter Weichholzschrank, der zuvor – in nicht so tollem Zustand – in der Werkstatt meines Opas stand und den wir professionell aufarbeiten ließen. Er wurde abgelaugt, in die Türen kamen Glaseinsätze, und das gute Stück dient jetzt als Vitrine. Wir haben den Schrank schon unzählige Male ab- und wieder aufgebaut, was ihm nichts anhaben kann, denn er kommt völlig ohne Schrauben und Nägel aus, stattdessen wird er verkeilt und ist sehr stabil.

Als ich von meiner Oma erfuhr, dass dieses Prachtexemplar nicht einfach irgendein Einrichtungsgegenstand, sondern vom Großvater meines Opas – also meinem Ururgroßvater – handgefertigt wurde und sogar sein Meisterstück war, wurde es für mich noch viel kostbarer. So ähnlich geht es übrigens auch meiner Mutter mit einer nicht besonders hübschen Vase meiner Oma: Zu wissen, dass sie sich diese nach der Währungsreform 1948 von ihrem »Kopfgeld« gekauft hatte, macht sie zu einem Zeitdokument. Geschichten werten eben auch Gegenstände auf, vor allem, wenn es sich um Anekdoten der eigenen Familie handelt.

Auf, du junger Wandersmann

Seien es Redensarten oder Abzählreime, Klatschspiele oder Volkslieder, Gute-Nacht-Gebete oder Weihnachtsgedichte: Sie alle werden überwiegend mündlich weitergeben, und das nicht selten von den Großeltern an die Enkelkinder.

»Meine Oma, die in der Zeit des Ersten Weltkrieges zur Schule ging, hat gern davon erzählt, wie häufig damals im Unterricht gesungen wurde. Sie hatte eine glockenklare Stimme, und oftmals, wenn sie mit mir durch die Natur streifte, sang sie mir diese Lieder vor. Ich kann die meisten Texte noch auswendig – überwiegend ging es um Feld, Wald, Flur und Heimat«, berichtet Hanna, die als Grundschullehrerin arbeitet. »Neulich bei einem Wandertag marschierte ich mit meiner Klasse durch den Wald. Wir stimmten ein Lied an, und da fielen mir die Spaziergänge mit meiner singenden Oma wieder ein. Natürlich ist unsere Liedauswahl heute etwas moderner, aber ich musste in dem Moment an meine Oma denken und war ihr dankbar für diese wunderbaren Erfahrungen.«

Großelternzeit ist Vorlesezeit

»Mein Opa hatte eine wunderbare Märchenonkelstimme, so schön tief und brummbärig«, berichtet Pascal. »Leider ist er früh gestorben. Ich erinnere mich sehr gerne an die gemeinsam verbrachte Zeit mit ihm. Bevor ich lesen konnte, las er mir immer vor. Aus Kinderbüchern, aber auch aus seiner großen Märchen- und Sagensammlung. Und er liebte Gedichte. Die verstand ich zwar als kleiner Junge nicht, doch ich mochte die Reime und die formelhaften Wiederholungen, zum Beispiel *Walle, walle manche Strecke, dass zum Zwecke Wasser fließe* aus Goethes *Zauberlehrling*. Das war für mich pure Magie, im wahrsten Sinne des Wortes. Heute lese ich am liebsten Fantasy und Horror, aber Gedichte können mich nach wie vor begeistern. Das verdanke ich meinem Opa.«

Großeltern sind Alleinunterhalter und Chronisten in einem. Sie fungieren als Hüter familiärer Traditionen und Mythen. Auf diese Weise sorgen sie dafür, dass ihre Kenntnisse und ihr Erfahrungsschatz im Gedächtnis bleiben.

»Für viele Kinder sind die Großeltern der Schlüssel zur Familiengeschichte. Kinder wollen wissen, wo sie herkommen, wo ihre Familie herkommt«, sagt Anton A. Bucher, Professor für Religionspädagogik und Autor des Buches *Lebensernte. Psychologie der Großelternschaft*.

Wie gut, dass Kinder Geschichten so sehr lieben! Und die ihrer Großeltern ganz besonders.

Wenn Oma und Opa als Eltern einspringen

Ursi

Was haben Loriot, Leonardo da Vinci und Romy Schneider gemeinsam? Sie alle wuchsen zeitweise oder langfristig bei ihren Großeltern auf, weil die Eltern aus verschiedenen Gründen nicht für sie da sein konnten oder wollten.

Vicco von Bülow, besser bekannt als Loriot, kam im Kleinkindalter zusammen mit seinem jüngeren Bruder zu Großmutter und Urgroßmutter nach Berlin, weil die Eltern sich scheiden ließen. Sechs Jahre später, Vicco war mittlerweile zehn, zogen die Geschwister zum Vater, der wieder geheiratet hatte. Die leibliche Mutter war in der Zwischenzeit verstorben. In einem Interview sagte Loriot einmal, er wäre kein fröhliches Kind gewesen, eher still und schüchtern. Die Großmutter habe aber mit Engelsgeduld all seine Fragen beantwortet und ihm eine »nützliche, altmodische« Allgemeinbildung vermittelt. Und am Klavier habe sie ihm die Opern von Mozart bis Puccini vorgespielt.

Viel ist über Leonardo di ser Piero da Vincis Kindheit nicht bekannt. Als unehelicher Sohn eines florentinischen Notars kümmerten sich aber hauptsächlich seine Großeltern auf dem Familienanwesen in der Toskana um ihn. Der Vater ging in der Zwischenzeit seinem Beruf nach und arbeitete zum Beispiel für die Familie Medici. Großvater Antonio notierte wichtige Familienereignisse in ein Tagebuch, daher weiß man das alles heute noch. Leonardo verbrachte mindestens zwölf Jahre in seinem Haushalt.

Rosemarie Magdalena Albach (Romy Schneider) wurde von ihren Eltern bereits vier Wochen nach der Geburt zu den Großeltern gebracht. Sie wuchs auf deren Landgut in Berchtesgaden auf. Vater und Mutter waren durch ihre Schauspielkarrieren viel unterwegs, trennten sich bald und ließen sich scheiden, als Romy fünf Jahre alt war.

Das wohl eindrucksvollste berühmte Beispiel dafür, wie Großeltern zu Ersatzeltern werden können, ist für mich Alice Schwarzer. In ihrer Autobiografie *Lebenslauf* erzählt sie, dass sie in ihrer Familie der vierten Generation angehört, die nicht von den biologischen Eltern großgezogen wurde. Ihrer Mutter und Großmutter fehlte es an Fürsorglichkeit, beide empfand Alice immer eher als Schwestern. Liebevoll kümmerte sich allerdings der Großvater um sie, dessen Ein und Alles Alice war. Ihretwegen trennte er sich auch nie von seiner schwierigen Ehefrau. Für Alice war es offensichtlich manchmal hart, nicht in einen Gewissenskonflikt zu geraten. Zum Beispiel, als ihre leibliche Mutter das Schulgeld nicht bezahlte, Alice sich deshalb aber nicht bei den Großeltern beschweren wollte. Während der Kindheits- und Jugendjahre war die Mutter allerdings wohl nur sporadisch präsent. Erst in den frühen Erwachsenenjahren gründete Alice mit ihr zusammen eine WG. Davor waren eindeutig die Großeltern ihre Bezugspersonen. Als Alice einen festen Freund hatte, reagierte der Großvater mit Eifersucht. Erst später bemerkte Alice, dass es zwischen dem jungen Mann und ihm große Ähnlichkeiten gab.

Kommt es in Familien zu Situationen, aufgrund derer sich Eltern nicht ausreichend um ihre Kinder kümmern können, sind es eigentlich fast immer die Großeltern, die helfend einspringen. Untersuchungen in den USA haben gezeigt, dass solch verwandtschaftliche Pflegeverhältnisse wesentlich stabiler sind als andere. Denn Großeltern lassen ihre Enkelkinder nur selten im Stich.

Davon erzählt mir auch Katrin, die in ihrer Nachbarschaft beobachten konnte, wie Großeltern zu fantastischen Ersatzeltern wurden. Zwei Häuser weiter wohnt nämlich die sechzigjährige Jill, die sich in ihrem Singledasein sehr gemütlich eingerichtet hatte. Zurückgezogen lebte sie von einem Tag auf den anderen. Von ihrer Tochter hatte sie sich distanziert, weil diese nicht von den Drogen loskam. Dass sie längst Oma einer Dreijährigen und eines Einjährigen war, erfuhr Jill erst, als ihre Tochter wegen Beschaffungskriminalität ins Gefängnis kam und eine Pflegestelle für die Kinder gesucht wurde. Allgemein seien die jungen Eltern nicht fähig, sich zu kümmern, hieß es.

Von heute auf morgen wurde Jill zur Vollzeit-Ersatzmama. Der Kraftaufwand war immens, denn der als alkoholgeschädigtes Baby mit Entzugserscheinungen zur Welt gekommene Enkel war verhaltensauffällig. Jill schaffte es aber, mit viel Stärke und Liebe einen Alltag aufzubauen, in dem die verstörten Kinder schnell Halt finden konnten.

Im ersten besonders schweren Jahr bekam Jill Hilfe von ihrem Ex-Mann, dem Großvater der Kleinen. Er parkte mit seinem Camper in der Einfahrt und unterstützte sie, so gut es ging.

Auch für Peter war die Großmutter ein Rettungsanker. Die Eltern lebten in Armut zusammen mit ihren Geschwistern und deren Kindern in einem Haus. Chaos und Streit standen auf der Tagesordnung. Um zu veranschaulichen, wie es zuging, berichtet Peter davon, dass jeder in der überfüllten Wohnung sein eigenes Klopapier hatte, weil sonst darum gestritten worden wäre, wer wem wie viele Blätter von der Rolle nimmt.

»Ohne Oma wäre ich verloren gewesen, denn obwohl es viele Erwachsene gab, hat sich niemand wirklich um mich gekümmert«, erzählt er. »Aber zu ihr konnte ich immer kommen. Sie wohnte unterm Dach und war die emotionale Anlaufstelle für uns Kinder.«

Wenn der Vater aggressiv wurde, versteckte sie Peter zum Beispiel so lange in ihrem Kleiderschrank, bis die Krise vorüber war. Sie nahm sich auch immer Zeit, um mit Peter zu reden und sich seine Sorgen anzuhören.

»Außerdem habe ich viel von ihr gelernt. Von ihr weiß ich alles übers Pilzesammeln. Ich koche noch immer nach ihren Rezepten. Und ich behandle meine eigenen Kinder so, wie sie mit mir umgegangen ist.«

Ralf erlebte seine Kindheit während des Krieges. Sein Vater war zuerst an der Front und dann viele Jahre in Gefangenschaft. Deshalb übernahm sein Großvater die Vaterrolle. Er liebte Kinder und ging voll darin auf, sich um seinen Enkel zu kümmern.

»Das ist auch so geblieben, als mein Vater schließlich zurückkam. Unsere Beziehung wurde nie so eng wie die, die mich mit meinem Opa verband. Bis weit ins Gymnasium hinein ging ich nach der Schule zu ihm, um dort unter seinen

Fittichen die Hausaufgaben zu machen. Und danach marschierten wir zusammen zum Fußballplatz.«

Wie das für seinen Vater wohl gewesen sein mag, so außen vor zu bleiben, kann Ralf nicht sagen. »Er hat nie irgendetwas unternommen, um die Situation zu ändern.«

Ich wechsele die Perspektive und spreche mit einer Großmutter, die zur Ersatzmutter wurde. Ilse ist über neunzig. Ihre Tochter ist vor einigen Jahren an Krebs gestorben. Seither ist Ilse für ihren Enkelsohn Matti zur mütterlichen Anlaufstelle geworden.

»Auch wenn er schon erwachsen ist, braucht Matti natürlich jemanden, an den er sich mit all seinen kleinen und großen Problemen wenden kann. Und das bin nun ich. Sein Vater hat wieder geheiratet und engagiert sich in der neuen Familie. Die Frau hat jüngere Kinder in die Ehe mitgebracht. Mein Schwiegersohn sieht nicht, dass auch Matti ihn bräuchte. Also bin eben ich da.«

Ich frage sie, wie es ihr damit geht. »Natürlich ist es eine Last. Ich bin alt und habe nicht mehr die Kraft für Sorgen. Aber es ist klar, dass ich Matti unterstütze.«

Ich will wissen, ob sie denkt, es ihrer früh verstorbenen Tochter schuldig zu sein, die Mutterrolle zu übernehmen.

Ilse überlegt ein wenig, dann schüttelt sie den Kopf. »Er ist mein Enkel, und ich will, dass es ihm gut geht. Und dafür tue ich alles, solange ich noch lebe. Das ist keine Frage der Schuldigkeit.«

Wie wir also sehen, gibt es verschiedenste Situationen, aus denen heraus Großeltern einspringen und die Rolle von Eltern übernehmen. Manchmal sind Väter und Mütter überhaupt nicht in der Lage, ihre Kinder zu versorgen. In anderen Fällen besetzen Großeltern jedoch auch nur einen weiteren elterlichen Platz.

Für die meisten Großeltern ist es selbstverständlich, sich um ihre Enkel zu kümmern, wenn Not am Mann oder an der Frau ist. Im Grunde wollen alle Beteiligten nur eines: dass es den Kindern gut geht.

Aber kann es dabei auch zu Spannungen kommen?

Der Psychologe Wolfgang Krüger schreibt in seinem Buch *Die Geheimnisse der Großeltern. Unsere Wurzeln kennen, um fliegen zu lernen*, dass es oft zu einem Eifersuchtskonflikt komme, wenn Kinder bei ihren Großeltern aufwachsen. Mutter und Vater haben das Gefühl, der Nachwuchs würde ihnen weggenommen.

Aber auch das betroffene Kind habe viel mit Kränkungen zu kämpfen, schließlich müsse es mit der Tatsache leben, dass sich die leiblichen Eltern nicht ausreichend kümmern. Besonders belastend sei es dann, wenn sie irgendwann aus der Welt der Großeltern gerissen und zu den Eltern zurückgeholt würden. Das beschreibt der Psychologe als regelrechtes Schockerlebnis.

Zum Schluss frage ich Christian, der als Sozialarbeiter an einer Schule arbeitet, welche Erfahrungen er mit Ersatzelternschaft gemacht hat.

»Kümmern sich die Großeltern allein um das Kind, entsteht in der Regel kein großer Nachteil«, antwortet er mir. »Chaos gibt es hauptsächlich dann, wenn alle mitmischen. Oder wenn das Kind hin- und hergereicht wird. In so einem Fall weiß es nicht, wo es hingehört oder wer das Sagen hat.

Ich sehe, wie die Kids darunter leiden. Aber den Erwachsenen fehlt dafür mitunter der Blick.«

Oma und Opa sind also oft ein Rettungsanker für Kinder. Und auch wenn die großelterliche Ersatzelternschaft natürlich ihre eigenen Konflikte mit sich bringt, bleibt unterm Strich, dass die Kinder dennoch eine schöne Kindheit verbringen können. Das liest man auch bei Alice Schwarzer:

> *Wir drei (...) sind trotz aller Probleme gleichzeitig eine verschworene Gemeinschaft und verbringen viele gemeinsame Stunden mit Mensch-ärgere-dich-nicht-Spielen, Hörspielen oder damit, von Papa* (Anm.: so nennt Schwarzer ihren Großvater) *gebackenen Sonntagskuchen zu essen. Wir lachen viel miteinander.*

So nah und doch fremd: Großeltern, die man nie kennengelernt hat

Heike

Als ich Friedel ein signiertes Exemplar von Ursis und meinem letzten gemeinsamen Buch *Geschwister sind wie Gummibärchen* vorbeibringe, für das sie mir reichlich Input geliefert hat, fragt sie interessiert nach, ob wir wieder an einem neuen Projekt arbeiten. Ich erzähle ihr von unserem Großeltern-Buch und möchte wissen, ob sie Lust auf ein weiteres Interview hat.

»Tut mir leid, da muss ich passen«, bedauert sie, »denn ich habe meine Großeltern nie kennengelernt. Du weißt doch, ich war ein Nachkömmling – meine Eltern waren damals selbst schon im Großelternalter. Und auch im entsprechenden Verwöhn-Modus.«

Sie berichtet, wie gut ihr das als Kind gefallen hat. Ihre Freundinnen fanden es ebenfalls toll, dass bei Friedel zu Hause nie geschimpft wurde.

»Meine Eltern haben mir im Grunde alles erlaubt und mich mehr verhätschelt als erzogen«, erinnert sie sich. »Darum haben mich die anderen Kinder regelrecht beneidet. Umgekehrt war das nur einmal im Jahr der Fall: Wenn Kirmes war und alle außer mir von ihren Großeltern ein paar Extra-Münzen zugesteckt bekamen.«

Ich will mir gar nicht vorstellen, um wie viel ärmer mein Leben gewesen wäre, wenn ich ohne Großeltern aufgewachsen wäre. Und das meine ich jetzt nicht einmal in Bezug auf ihre großzügigen Geschenke – Oma und Opa zu haben ist extrem bereichernd, und das in jeder Hinsicht.

Wie es wohl gewesen wäre, die komplette doppelte Ausführung zu erleben? Leider sind die Eltern meines Vaters sehr früh gestorben – die Oma, als ich gerade mal zwei war, und der Opa sogar schon, bevor ich zur Welt kam. Es hätte nicht viel gefehlt, und er hätte mich wenigstens noch erleben können. Knappe vierzehn Tage lagen zwischen seinem Tod und meiner Geburt. Ich kenne ihn nur von Bildern und Erzählungen und bedauere es noch immer, ihn verpasst zu haben. Er war nämlich, wie es heißt, ein sehr freundlicher, humorvoller Mann. Wir hätten uns sicher gut verstanden.

Ganz ähnlich ging es Karin, deren Großvater sogar am Tag ihrer Geburt beerdigt wurde. »Er war zwar erst neunundfünfzig, aber chronisch krank, zudem hatte er sich eine Lungenentzündung eingefangen«, sagt sie, »da war nichts zu machen.«

Ihre Großmutter blieb, wie meine, allein zurück. Doch während mein Vater und sein Bruder damals bereits auf eigenen Füßen standen, steckten die zwei jüngsten Kinder von Karins Oma noch mitten in der Ausbildung. »Von einem Tag auf den anderen musste sie zusehen, wie sie allein zurechtkam«, gibt Karin wieder, was man ihr darüber erzählt hat.

Über ihren früh verstorbenen Opa weiß sie dagegen wenig. »Nur, dass er Notar und auch mal Bürgermeister war.« Außerdem kennt sie natürlich Fotos, die ihren Großvater zeigen – einen überdurchschnittlich großen Mann mit blondem Bürstenschnitt.

»Er soll ziemlich gesellig gewesen sein«, fällt Karin noch ein. »Es heißt, er habe ständig Gäste zum Essen mitgebracht – und meine Oma musste dann schauen, was sie auf den Tisch brachte.« Rein optisch ähnelt Karin ihrem Opa also gewiss nicht, denn sie ist weder besonders groß noch blond. Aber gesellig – und sie lacht gern. Ich höre aus ihren Worten eine Sehnsucht heraus, die mir bekannt vorkommt: Wäre es nicht schön gewesen, diesen Menschen zu erleben?

Isabel – Sie erinnern sich, die Venezolanerin – bleiben nicht einmal Fotos von ihren Großeltern mütterlicherseits, es gibt nur ein paar Erinnerungsfragmente ihrer Mutter.

»Meine Großmutter starb in den Vierzigerjahren an Tuberkulose. Sie hatte in einer Kleinstadt gewohnt, und die Menschen dort wussten nicht viel über diese Krankheit, fürchteten sich aber sehr vor der Ausbreitung. Deshalb hat man alles, was *Abuela* je besessen hatte, kurzerhand verbrannt. Kein einziges Souvenir ist geblieben.«

Ihre Mutter wuchs bei ihrer älteren Schwester auf, die bereits erwachsen war, später kam sie in ein Internat.

»Dass ihr Vater – also mein Großvater – sie aufgezogen hätte, stand nie zur Debatte«, erzählt Isabel. Sie vermutet, dass er nach dem Tod seiner Frau einfach woanders eine neue Familie gegründet hat.

»Er war wohl ein vermögender Mann. Meine Mutter erinnert sich daran, dass er immer einen weißen Leinenanzug trug, dazu einen passenden Strohhut, glänzende Schuhe, einen dicken goldenen Ring und einen Gehstock mit einem runden Knauf in Gold. Immerhin war er pflichtbewusst und hat seine Tochter regelmäßig besucht.«

Es fühlt sich für Isabel seltsam an, so wenig über ihre Großeltern zu wissen. Und es auch nicht mehr in Erfahrung bringen zu können – es gibt niemanden, den sie fragen könnte.

Ähnlich geht es Christoph, der von seinen vier Großeltern nur eine Oma kennengelernt hat.

»Die Eltern meines Vaters sind jung gestorben, und wir haben in der Familie nie über sie gesprochen«, sagt er. »Warum, weiß ich selbst nicht so genau. Vermutlich, weil nach der Trennung meiner Eltern diese Seite der Familie in unserem Alltag eh nicht präsent war.«

Christophs Eltern ließen sich scheiden, als er klein war, und ab da sah er seinen Vater nur noch selten.

»Aber wenn, dann war oft die Rede von seinem Onkel Werner. Papa legte höchsten Wert darauf, dass ich dem Großonkel Weihnachts- und Geburtstagskarten schrieb und mich für seine Geschenke bedankte.«

So gut der Kontakt mit Onkel Werner auch war, so erstaunlich, dass dabei nie die Rede von dessen Bruder war – Christophs früh verstorbenem Großvater.

»Mir ist neulich aufgegangen, dass ich nicht einmal die Namen dieser Großeltern kenne. Es gibt auch keine Fotos von ihnen. Eigentlich nicht zu fassen, dass mir das erst mit über fünfzig Jahren auffiel. Und jetzt ist es zu spät, denn sowohl mein Vater als auch Onkel Werner sind nicht mehr am Leben.«

Christoph hat sofort seine Großtante und seinen Cousin angerufen, doch auch die konnten ihm nicht weiterhelfen.

Namen, Geburtstage, Sterbedaten der Großeltern – keiner wusste sie.

»Woran sich aber alle noch erinnern, ist die besondere Verbindung zwischen meinem Vater und Onkel Werner. Während dessen eigene Söhne sehr unter der strengen Erziehung litten und er auch zu seiner Frau eher barsch als liebevoll war, schien er wie ausgewechselt zu sein, sobald der geliebte Neffe zu Besuch kam. Der stand dann im Mittelpunkt, und alle anderen waren abgemeldet. Es war eine regelrechte Affenliebe zwischen den beiden.«

Als Christoph ein bisschen nachforschte, erfuhr er zwar keine weiteren Fakten, aber immerhin ein Gerücht. »In der Familie wird gemunkelt, nicht der verstorbene Opa, sondern Onkel Werner sei der Vater meines Vaters. Und wenn das so ist, dann habe ich meinen Großvater also doch kennengelernt – allerdings, ohne es zu wissen.«

Ob er nun sein Onkel oder tatsächlich sein Opa war – Christoph hat nur allerbeste Erinnerungen an Werner. »Er war ein großgewachsener, grauhaariger, feiner Mann. Zu mir war er immer sehr freundlich.«

Weitere Nachforschungen möchte Christoph allerdings nicht anstellen. »Vermutlich würden die ohnehin zu nichts führen«, meint er. »Ich habe inzwischen akzeptiert, dass zu meiner Geschichte eben ein Geheimnis gehört, das vielleicht besser nie gelüftet wird.«

Christoph hat nicht das Gefühl, mehr über seine Wurzeln erfahren zu müssen, um sich selbst besser zu verstehen. »Ich bin mit mir im Reinen«, sagt er, »ganz gleich, wer und wie meine Großeltern waren.«

Bei Kristin war es der Großvater mütterlicherseits, den sie nie kennengelernt hat. Er kam viele Jahre vor Kristins Geburt bei einem Unfall ums Leben.

»Aber wahrscheinlich hätte ich ihn auch nicht getroffen, wenn das nicht passiert wäre«, vermutet sie. »Selbst meine Mutter ist ihm nur sehr selten begegnet, denn sie war ein uneheliches Kind.«

Damals, Anfang der Vierzigerjahre, war das noch ein ziemlicher Skandal. Zumal Kristins Oma aus gutem Hause kam. Aber sie hatte sich nun mal in einen verheirateten Mann verliebt, und das Kind, das sie von ihm bekam, galt damals noch als »Bastard«.

»Vielleicht wurde sie später deshalb so verbittert und mäkelig. Durch die Schande war ihr Stolz gebrochen. Einmal hat sie meiner Mutter vorgeworfen, nur ihretwegen keinen Mann bekommen zu haben. Dabei war sie eine gutaussehende Frau und hatte durchaus einige Verehrer. Aber die waren ihr wohl nicht recht.«

Kristin erinnert sich noch gut an die kleine, altmodische Wohnung ihrer Großmutter. Doch an ein Foto ihres Opas kann sie sich nicht entsinnen. Vermutlich gab es das dort nicht.

»Über diesen Großvater weiß ich fast gar nichts. Nicht mal den Namen oder den Beruf. Und Oma konnte ich nicht danach fragen, das Thema war tabu. Heute würde es mich wahnsinnig interessieren, mehr davon zu erfahren. Was war mein Opa für ein Mensch? Und warum war meine Oma wirklich so verbittert? Aber als Kind nimmt man die Dinge ja einfach hin, wie sie sind, und hinterfragt sie nicht.«

Dass der heute siebzigjährige Eugen seine Großmutter nicht kennengelernt hat, liegt daran, dass sie sich ein Vierteljahr vor der Geburt ihres Enkels das Leben genommen hat.

»Als ich klein war, hieß es nur, die Oma sei gestorben – und ich fragte nicht weiter nach. Dass es sich um Suizid gehandelt hatte, erfuhr ich erst gegen Ende der Grundschulzeit«, erzählt Eugen.

In der Familie wurde nicht offen darüber geredet. Es gab nur Andeutungen. Der Großmutter sei »manches in den Kopf gestiegen« und sie sei dann »durchgedreht«. Ob es sich um eine Depression gehandelt hat oder was sie sonst in den Suizid getrieben haben könnte, lässt sich heute nicht mehr nachvollziehen.

»Ich erinnere mich gut daran, wie wütend ich war. Hätte Oma nicht die paar Monate warten können, bis ich auf der Welt war? Dann hätte sie mich wenigstens noch kennengelernt«, sagt Eugen. »Es hieß auch, die Großmutter sei nicht mit ihrem Schwiegersohn einverstanden gewesen – und als ihre geliebte Tochter diesen Mann nicht nur heiratete, sondern auch noch von ihm schwanger wurde, habe es ihr den Rest gegeben. Für mich bedeutete das, dass ich der Grund für den Suizid war. Und das belastete mich als Kind sehr.«

Auch Angelikas Großvater ist im gleichen Jahr gestorben, in dem sie geboren wurde. Und ähnlich wie ich bedauerte sie stets, ihn nicht kennengelernt zu haben. »Alle sagten immer, dass er so lustig und kreativ war. Ich bin sicher, ich hätte mich super mit ihm verstanden. Dass es dazu nicht gekommen ist, empfinde ich als verpasste Chance. Aber ich glaube an ein Leben nach dem Tod. Irgendwo werden wir uns in irgendeiner Form begegnen.«

Leider war seine Frau, Angelikas Großmutter, aus ganz anderem Holz geschnitzt als ihr verstorbener Mann – Angelika erlebte sie als eher unnahbar. Dabei hätte sie sich so sehr eine Kuschel-Oma gewünscht, die ihr vorlas, mit ihr spielte, backte und andere schöne Dinge unternahm.

»Aber es gab ja noch eine weitere Großmutter«, sagt Angelika, »nämlich die Mutter meines Vaters. Die kannte ich zwar gar nicht, weil nach der Trennung meiner Eltern überhaupt kein Kontakt mehr zu dieser Seite der Familie bestand, aber in meiner Fantasie war sie die perfekte Oma. Liebevoll, fürsorglich, immer für mich da.«

Diese Wunschvorstellung blieb über viele Jahre – bis die Realität sie einholte.

»Als ich geschäftlich in Berlin zu tun hatte, beschloss ich spontan, sie aufzusuchen. Ich kannte immerhin ihren Namen und die Adresse.«

Im Alter von sechsunddreißig Jahren begegnete sie ihrer Großmutter also zum ersten Mal. Einer Frau, mit der sie bisher weder telefoniert noch auf andere Weise kommuniziert hatte – es gab nicht einmal Geburtstags- oder Weihnachtskarten.

Mit allem hätte Angelika gerechnet, bloß nicht mit diesem Begrüßungssatz, nachdem sie sich als Enkelin vorgestellt hatte: »Von mir wirst du nichts erben.«

Ich kann mir gut vorstellen, wie sich das für Angelika angefühlt haben muss – nämlich wie eine Ohrfeige.

»Natürlich war mir klar, dass meine Mutter als der unliebsame angeheiratete Teil der Familie galt und das irgendwie auch mich einschloss. Aber dennoch war ich ja ihre Enkelin. Die sie zum ersten Mal im Leben sah. Und dann so eine Aussage … das war schon sehr enttäuschend. In diesem Moment ist meine Illusionsblase mit einem lauten Knall zerplatzt.«

Immerhin wurde Angelika hereingebeten und verbrachte den Nachmittag bei ihrer Großmutter – gemeinsam mit weiteren Verwandten, die rasch herbeigerufen wurden. Vor allem ein Onkel und ein Cousin erwiesen sich als großartige Menschen, und allein schon ihretwegen hat sich der Besuch gelohnt.

»Mir ist bewusst, dass die Situation meine Großmutter überfordert hat. Aber sie hätte dennoch netter reagieren können. Sie war eine hartherzige Frau, und dass ihr erster Gedanke dem Erbe galt, passte zu ihr. Sie hat das Thema im Laufe des Nachmittags noch mehrmals angesprochen.«

Danach hat Angelika ihre Oma nie wiedergesehen. Heute sagt sie: »Es muss nicht immer schlimm sein, wenn man jemanden nicht kennengelernt hat. Denn es kann auch sein, dass einem so einiges erspart geblieben ist.«

»Meinen Opa väterlicherseits habe ich erst als Erwachsene kennengelernt«, berichtet Lara. »Und zwar auf eigene Faust. Seit er meine Großmutter wegen einer anderen Frau verlassen hatte, gab es in unserer Familie keinen Kontakt zu ihm.«

Tatsächlich fand nur ein einziges Treffen zwischen Lara und ihrem Großvater statt. Als die Mutter davon erfuhr, war sie entsetzt. Und um des lieben Friedens willen verzichtete Lara auf weitere Begegnungen.

»Was ich inzwischen bedauere«, sagt sie. »Ich habe meinen Opa als klugen, belesenen Mann erlebt, unser Treffen verlief sehr harmonisch und war einfach toll. Heute würde ich mich durchsetzen – denn ich hatte schließlich keinen Konflikt mit ihm.«

Ob Unfalltod oder Familiengeheimnis – wenn Großeltern nicht Teil ihres Lebens sind, fehlt den Enkeln etwas. Das Gefühl, jemanden verpasst zu haben, der eine wichtige Rolle hätte spielen können, kennen viele meiner Interviewpartner*innen. Vielleicht würde man seine Wurzeln, bestimmte Verhaltensweisen oder auch die eigenen Eltern besser verstehen, wenn man die Großeltern kennengelernt hätte?

Und dennoch beweisen sie mit ihren Erinnerungen, dass auch abwesende Omas und Opas Teil ihrer Geschichte sind. Vielleicht eine Erkenntnis, die man erst dann gewinnt, wenn man selbst so langsam ins Großelternalter kommt?

Kontaktabbruch: Wenn zwischen Großeltern und Enkeln Funkstille herrscht

Dass zwischen Großeltern und Enkelkindern kein Kontakt besteht, kommt häufiger vor, als man denkt. Schätzungsweise verlieren allein in Deutschland jährlich 150 000 Enkel den Kontakt zu Oma und Opa. Doch das ist meist nicht ihre eigene Entscheidung, sondern die der Erwachsenen.

Wenn Eltern und Großeltern sich entzweien

Wenn Erwachsene den Kontakt zu ihren Eltern abbrechen, geschieht das selten leichtfertig. Aus Sicht der Betroffenen ist der Kontaktabbruch oft die einzig denkbare Lösung. Beispielsweise bei Beziehungen, die von Gewalt und Missbrauch geprägt sind. In solchen Fällen dient es bestimmt auch dem Kindeswohl, wenn Enkel ihre Großeltern nicht mehr treffen.

Wenn Eltern sich trennen

Anders ist es, wenn der Kontaktabbruch durch Trennung der Eltern entsteht. In solchen Situationen sind Kinder doppelt gestraft – gerade wenn sich die Eltern trennen, könnten die Großeltern etwas mehr Stabilität und Kontinuität in ihren Alltag bringen.

Die Großeltern leiden ebenfalls darunter, dass sie plötzlich ausgeschlossen werden und ihre Enkelkinder nicht weiter auf ihrem Lebensweg begleiten können.

Und auch falls es keinen vollständigen Kontaktabbruch gibt: Eine Trennung oder Scheidung betrifft auch immer die Großeltern-Enkel-Beziehung. Vor allem die Eltern der Väter sehen ihre Enkel deutlich seltener als die Eltern getrennter Frauen.

Und wie geht es den Kindern dabei?

Natürlich ist es in Krisensituationen schwierig, über den eigenen Schatten zu springen, doch es wäre schön, wenn das vielzitierte »Kindeswohl« öfter berücksichtigt würde. Und das profitiert in den meisten Fällen von einem regelmäßigen Kontakt mit Oma und Opa.

Wenn Großeltern sterben

Ursi

Zum neunzigsten Geburtstag meiner Oma im Jahr 2000 schrieben wir kleine Geschichten über sie in ein Büchlein, das sie dann als Geschenk bekam. Ein Text von mir trägt den Titel *Opas Tod*:

> *Als Opa im Oktober 1980 beerdigt wurde, war ich fünf Jahre alt. Ich weiß noch, dass sein Sarg mit vielen Blumen geschmückt in einem Raum aufgestellt war, als wir ankamen. Oma stand rechts davor. Auf unsere Kindermäntel hatte Mutti schwarze Armbinden geheftet. Ich fühlte mich befangen, weil Oma ganz verweint war. Als ich zu ihr trat, sprenkelte sie gerade Weihwasser auf den Sarg. »Dir auch ein bisserl …«, sagte sie und spritzte ein paar Tropfen auf meinen Mantel.*

Es geht mir so wie allen Erwachsenen: Aus der Zeit vor meiner Einschulung habe ich so gut wie keine Erinnerungen. Doch von diesem Begräbnis sind bei mir noch erstaunlich konkrete Bilder vorhanden. Die Eltern und die Großmutter zum ersten Mal in Trauer zu erleben, scheint einen tiefen Eindruck bei mir hinterlassen zu haben. Ich weiß sogar noch, wie verstörend es war, die Tränen meiner Mutter zu sehen. Irgendwie muss ich begriffen haben, dass ihr Gram in erster Linie vom Sarg ausging, denn ich bat sie, ob wir nicht von dort weggehen könnten. »Eine Weile noch«, antwortete sie. Das fand ich sehr irritierend. Mein Vater hat mich dann an die Hand genommen und weggeführt.

Meine Oma starb über zwei Jahrzehnte später mit fast dreiundneunzig. Nur die letzten Monate verbrachte sie im Pflegeheim. Davor lebte sie noch – dem hohen Alter entsprechend mit einigen Einschränkungen, aber dennoch gesund – allein in ihrer Wohnung. Ein eitriger Zehennagel war schließlich für ihren finalen Krankenhausaufenthalt verantwortlich. Sie erholte sich nicht mehr. Obwohl ich sie am Klinikbett noch besucht habe, erinnere ich mich lieber an meinen letzten Abstecher zu ihr ins Altersheim. Als ich nach der gemeinsam verbrachten Zeit von dort aufbrach, winkte sie mir von der Terrasse aus zu. Ihr strahlender Gesichtsausdruck sagte: »Wie schön, dass du da warst! Mir geht es gut. Ich hab dich so lieb!« Im Grunde war das unser Abschied, denn danach ging es sehr schnell bergab. Sie musste nicht lange leiden, bis ihr Körper nach und nach aufgab. Als sie im Dezember 2003 schließlich im Sterben lag, war sie von ihren Kindern umgeben. Einen Sohn hatte sie einige Jahre zuvor zu Grabe getragen, die Namen der anderen wiederholte sie in ihrer letzten Stunde immer wieder. Sie brachte es nicht fertig, sanft zu entschlafen. Dazu hing sie zu sehr am Leben – auch wenn dieses sicher nicht leicht war (zwei Weltkriege, gefallener Bruder, Hunger, traumatisierter Soldaten-Ehemann, Konkurs in den Fünfzigerjahren, chronische Schmerzen am Bewegungsapparat, krebskranker Sohn …). Unter Hilferufen klammerte sie sich ans Diesseits. Sie kämpfte.

Und verlor.

Bei ihrer Beerdigung war ich achtundzwanzig und zum ersten Mal schwanger. Ich trug ihren schweren, uralten schwarzen Persianer-Pelzmantel und stellte mir vor, er wäre eine ihrer Umarmungen. Dass Großeltern im hohen Alter sterben, empfand ich als natürlichen Ablauf des Lebens, dennoch fühlte ich mich überwältigt vom Verlust. Ich weinte den ganzen Weg von der Aussegnungshalle bis zum Grab, als der Zug der Trauergemeinde dem Sarg folgte, und noch mehr, als er in die Erde hinabgelassen wurde. Es schneite in die offene Grube, und die Vorstellung, meine geliebte Großmutter dort zurückzulassen, fand ich unerträglich.

»Aber das im Sarg ist sie doch gar nicht mehr«, versuchte mich meine große Schwester zu trösten. Sie hatte recht, denn das, was unsere Oma ausgemacht hatte, war nicht länger da.

Über Wochen schlief ich mit dem Bild ein, wie sie mir von der Terrasse aus strahlend zum Abschied zuwinkt. Wenn ich heute, fast zwanzig Jahre später, an diesen letzten gemeinsamen Augenblick denke, muss ich lächeln. Es geht gar nicht anders, denn sie löst noch immer unglaublich positive Gefühle in mir aus. Und durch diese lebt sie weiter.

Der Tod meiner Oma bedeutete für mich, zum ersten Mal einen Menschen zu verlieren, der eine wirkliche Lücke hinterließ. Sie war einfach eine Seelenverwandte, auch wenn uns fünfundsechzig Jahre Altersunterschied trennten.

»Ich verstehe das«, antwortet mir die vierundzwanzigjährige Luise, als ich ihr von diesen Erlebnissen erzähle. »Mein Opa war auch alles für mich. Wir hatten eine ganz besondere Beziehung. Ich konnte so unglaublich gut mit ihm reden. Als er gestorben ist, war ich am Boden zerstört. Schau mal hier, da habe ich mir sein Sterbedatum eintätowieren lassen.«

Ich muss an meine Nichte Fiona denken, die das Dialektwort *bacherlwoam* (= warm wie ein kleines Rinnsal im Sommer) in der Armbeuge stehen hat. Den Ausdruck hat ihre verstorbene Oma stets für den eiskalten Traunsee verwendet.

Als Nächstes fällt mir der Ring meiner Großmutter ein, den ich immer trage, wenn ich etwas Wichtiges vorhabe. Es scheint so, als wollten wir ein Stückchen Großeltern bei uns behalten und sie niemals gänzlich loslassen. Und dabei haben wir sehr berühmte Gesellschaft: Die Schauspielerin Penelope Cruz sagt, der Rubin-Ring ihrer Großmutter wäre ihr kostbarster Besitz.

Ich stelle all meinen Interviewpartner*innen die Frage nach dem Tod der Großeltern. Vielen ist Krankheit und Dahinscheiden von Oma und Opa sehr nahgegangen.

»Als meine Großmutter starb, war ich noch ein kleiner Junge«, erzählt mir Sven. »Ich habe nur mehr die Erinnerung, dass sie krank in einem dunklen Zimmer lag und wir sie besucht haben. Die Stimmung hat mir Angst gemacht, und ich glaube heute, dass das mit der Trauer meiner Mutter zu tun hatte. Als mein Opa später starb, war ich Ende vierzig und habe den Prozess ganz bewusst miterlebt. Obwohl er Stunden entfernt im Krankenhaus lag, fuhr ich ganz oft hin. ›Alle, die zu mir kommen, brauchen immer so viele Taschentücher‹, hat er noch gescherzt. Nach seinem Tod bahrte man ihn dann in Gala-Uniform auf, weil er bei der Bundeswehr gewesen war. So ein würdiger Abschied ist sehr wichtig für alle Hinterbliebenen.«

Ich denke, Sven hat recht. Auch wenn der Verstorbene natürlich nichts mehr von den Feierlichkeiten hat, ist es schön, sie so auszurichten, dass er oder sie stolz darauf wäre.

Ich spreche auch mit Reingard und ihrer Tochter. »Meine Oma war die erste Tote, die ich gesehen habe«, berichtet Reingard mir. »Damals war ich fünfunddreißig Jahre alt. Wir haben sie in ihren letzten Stunden intensiv begleitet und dann, als es zu Ende war, ihren Körper gewaschen und hübsch angezogen. Das hat mir geholfen zu verstehen, dass nur ihre äußere Hülle übrig geblieben und sie als Person nicht mehr da ist. Ich finde es unverzichtbar, sich richtig zu verabschieden. Meine Tochter hat eine Stunde, bevor mein Vater gestorben ist, noch mit ihm im Krankenbett gelegen und gekuschelt.«

»Wie sehr mein Opa fehlen wird, war mir nicht bewusst, solange er am Leben war«, fügt diese nachdenklich hinzu. »Er war seit jeher Teil meines Alltags, und ich kann nicht glauben, dass er nicht länger da ist.«

Auch Dieter erlebte den Tod der Großmutter besonders schmerzvoll, obwohl sie schon längere Zeit dement und bettlägerig war und kaum mehr etwas mit der Oma seiner Kindheit zu tun hatte. Er war dreißig Jahre alt, als sie schließlich im Sterben lag. Viele Stunden blieb er bei ihr sitzen, aber dann entschloss er sich, doch aufzubrechen. Die erste Urlaubsreise mit seiner neuen Freundin stand an. Gerade am Meer aus dem Auto gestiegen, erreichte ihn die Todesnachricht. Sich mit schlimmen Vorwürfen quälend, weil er nicht geduldiger bei der Großmutter ausgeharrt hatte, begab sich Dieter allein auf einen Spaziergang. Dabei verhedderte er sich so sehr in einem dornigen Gestrüpp, dass er sich eine ganze Stunde nicht mehr befreien konnte und wild zerschrammt zurückkehrte. »Über die Botschaft dieses Erlebnisses war ich mir damals sicher: Ich hätte nicht weggehen und den Tod meiner Großmutter abwarten sollen.«

Auch die zwanzigjährige Henrietta traf der Tod ihres Großvaters mitten ins Herz. »Wir hatten eine sehr enge Bindung. Wann immer meine Mama mit mir geschimpft hat, bin ich zu ihm gegangen, und wir haben geredet. Als er dann krank wurde, habe ich das zwar gewusst, aber mir war nicht klar, wie schlimm es um ihn stand. Sein Tod hat Mama aus der Bahn geworfen, und obwohl sie mir immer wieder versichert hat, dass Weinen okay ist, habe ich es nicht getan. Ich wollte nicht, dass sie mich trösten muss, wenn es ihr ohnehin schlecht geht. Also habe ich nicht getrauert. Und dieses Versäumnis bereue ich bis heute. Die Phase des innerlichen Abschiednehmens fehlt mir, aber man kann so etwas schlecht nachholen, wenn einmal zu viel Zeit vergangen ist.«

Ich frage sie, ob sie denn wenigstens bei der Beerdigung eine Art Abschied erleben konnte.

»Meine Eltern haben mich nicht mitgenommen, weil sie dachten, es wäre zu viel für mich, mit Mamas unendlicher Traurigkeit zurechtkommen zu müssen. Das hat mich sehr geärgert.«

Dass Enkelkinder nicht mit zur Beerdigung der Großeltern dürfen, höre ich in meinen Gesprächen immer wieder.

Meine Schwiegermutter berichtet mir, dass sie als Teenager ebenfalls vom offiziellen Abschied nach dem Tod des Großvaters ausgeschlossen wurde und wie schlimm das für sie gewesen sei. Sie wisse bis heute nicht einmal, woran er gestorben ist.

Auch die neunzigjährige Ilse fühlte sich wie abgeschnitten von ihrer verstorbenen Großmutter. »Sie ist mit Ende fünfzig von uns gegangen. Das war 1937. Ein Pferdewagen kam und holte ihre Leiche ab. Ich sehe noch, wie die schwarzen Rösser den dunklen Wagen um die Ecke zogen. Das war mein Abschied von der Oma, die im selben Haus gewohnt und mich mit großgezogen hat.«

Soll ein Kind mit auf die Beerdigung der Großeltern?
Befragt man Kinderpsychologen, ob es sinnvoll sei, Enkel an der Beerdigung ihrer Großeltern teilnehmen zu lassen, erhält man eine einhellig positive Antwort: Solche Rituale geben Halt und helfen, Veränderungen, wie der Verlust eines Großelternteils es ja ist, anzunehmen. Wichtig ist, das Kind selbst entscheiden zu lassen, ob es dabei sein möchte. Ab etwa vier oder fünf Jahren ist es dazu gut in der Lage.

Hier eine Sammlung der wichtigsten Expert*innen-Tipps:

- Auch Kinder sollen sich richtig verabschieden können. Sie auszuschließen, bedeutet, ihnen eine Möglichkeit zu nehmen, die nie wiederkommt.
- Kinder haben ein gutes Gespür dafür, wie viel sie ertragen können, und wenden sich meist ab, wenn sie sich überfordert fühlen.

- Beerdigungen helfen Kindern, den Tod zu begreifen.
- Kinder wollen verstehen, was mit den sterblichen Überresten passiert, wenn ein Mensch für immer geht.
- Die Bestattung unterstützt die Kinder dabei, die Trauer der Eltern besser einordnen zu können.
- Kindgerechte Rituale (Kerze verzieren, Bild malen und mitbestatten, einen Gruß auf den Sarg schreiben usw.) können den Weg erleichtern.
- Gespräche vorher und nachher sind unumgänglich! Dabei ist es tröstlich, sich auf schöne Erinnerungen zu konzentrieren.
- Beantworten Sie alle Fragen, auch die, die Ihnen befremdlich erscheinen, wie solche, die sich zum Beispiel mit dem Zustand der Leiche befassen.
- Wenn Sie selbst nicht die Kraft dazu aufbringen, Ihr Kind umfassend zu begleiten, suchen Sie eine nahestehende Person, die das für Sie erledigen kann und dem Kind auch erklärt, was in Ihnen vorgeht.

Erschrecken Sie nicht, wenn Sie den Eindruck gewinnen, der Tod des Großelternteils lässt Ihren Nachwuchs kalt. Erst mit zehn bis zwölf Jahren können Kinder wirklich trauern.

Immer wieder höre ich in Gesprächen aber auch, dass die Großeltern in einer Lebensphase des Enkelkindes verstorben sind, in der etwas anderes wichtig war.

»Der Kontakt zu unserer Großi war eng«, erzählt meine Mutter. »Die letzten sieben Jahre hat sie im Altersheim verbracht, und wir haben sie ununterbrochen besucht oder abgeholt, um mit ihr ins Café zu gehen. Eins von uns Enkelkindern ging links untergehakt, eins rechts. Wenn es regnete, hielt ein drittes von hinten einen Schirm über ihren Kopf. Und obwohl sie so ein fester Bestandteil meines ganzen Lebens war, bin ich nicht zu ihrer Beerdigung gegangen, als sie starb. Ich lebte zu dem Zeitpunkt als junge Erwachsene schon in einer anderen Stadt und kam gar nicht auf die Idee hinzufahren.«

Ab und zu schmunzeln die Leute auch, wenn sie vom Tod der Großeltern erzählen. So wie Andreas zum Beispiel: »Meine Oma ist mit hundert gestorben und hat uns ein kleines Büchlein hinterlassen, in dem sie schon in ihren Sechzigern genaue Anweisungen für die Beerdigung notiert hat. All ihre Vorstellungen waren darin akkurat festgehalten: Wer den Sarg schultern soll, welches Kleid sie tragen möchte und was es zu essen zu geben hat. Angefügt war auch eine Liste mit erwünschten Trauergästen. Im Laufe der fünfunddreißig Jahre bis zu ihrem Tod hat sie etliche Namen wieder durchgestrichen. Entweder weil sie vor ihr gestorben waren oder sie sich in der Zwischenzeit mit ihnen zerstritten hatte.«

Ganz sicher ist es keine so schlechte Strategie, sich mit dem eigenen Tod in irgendeiner Form zu beschäftigen, wenn man älter wird. Für Enkelkinder ist das oftmals befremdlich. Meine Oma väterlicherseits (Sie erinnern sich – die, mit der ich keine enge Bindung hatte) wurde 1977 Witwe und ließ bei der Gelegenheit nicht nur die Urne für ihren Mann anfertigen, sondern kaufte die Dinger gleich im Doppelpack. Dreiundzwanzig Jahre lang stand das kupferne Gefäß im Regal hinter ihrem geliebten Fernsehsessel. *Rosa Lillie * 10. April 1908 † …* war darauf eingraviert. Das brachte uns Enkelkinder zum Kopfschütteln.

Wann ist es für Großeltern Zeit zu gehen?
Der Psychologe und Psychotherapeut Wolfgang Krüger berichtet in seinem Buch *Die Geheimnisse der Großeltern* davon, dass Familienforscher festgestellt haben, wie die Sterbeneigung steigt, sobald das letzte Enkelkind erwachsen geworden ist. Daraus scheint sich ablesen zu lassen, wie verantwortlich sich Großeltern für das behütete Aufwachsen ihrer Nachkommen fühlen. Viele können wohl erst dann loslassen, wenn sie den Eindruck haben, die direkten Nachfahren stehen auf eigenen Füßen stabil im Leben.

Liebe Ursi,
beim Lesen deines Kapitels kommen bei mir viele Erinnerungen hoch. Zum Beispiel an den Tod meiner Urgroßeltern – damals war ich ein Vorschulkind, vielleicht fünf oder sechs Jahre alt. Ich kann mich zwar noch an sie erinnern, aber nicht an ihren Tod. Vermutlich deshalb, weil meine Eltern jeweils für die Beerdigungen einen Babysitter engagiert hatten. Sie dachten ebenfalls, so etwas würde mich erschrecken oder irritieren.

Als mein Opa starb, war ich Ende zwanzig – und ähnlich wie bei dir war das der erste Todesfall eines nahestehenden Familienmitglieds, den ich bewusst erlebt habe. Sein Tod hat mich völlig aus der Bahn geworfen. Nicht nur, weil er gänzlich unerwartet kam (und das an seinem eigenen Geburtstag), sondern vor allem, weil mir klar wurde: So etwas werde ich künftig noch öfter erleben – es sei denn, ich werde selbst nicht alt. Eine ziemlich schockierende Erkenntnis.

Meine Oma starb neun Jahre später nach kurzer Krankheit. Mein Sohn – ihr Urenkel – war damals ein Vorschulkind und sprach während ihres Aufenthalts in der Klinik und anschließend im Hospiz immer wieder davon, was er mit der Oma spielen würde, wenn sie endlich zu Hause wäre. Ich wusste zu dem Zeitpunkt längst, dass sie nie mehr gesund würde, und brachte ihm das irgendwann schonend bei. Als er die Nachricht verdaut hatte, schwieg er eine Weile. Dann fragte er: »Und was machen wir mit ihrer Küche?«

Anders als meine Eltern seinerzeit entschieden wir, ihn an der Beerdigung teilnehmen zu lassen. Immerhin hatte er sein ganzes bisheriges Leben mit seiner Uroma zusammen in einem Haus gelebt, und wir fanden, er sollte auf dem Friedhof Abschied nehmen können.

Wie es für das Alter typisch ist, löcherte er uns die ganze Zeit über mit Fragen. Zum Beispiel, was mit den Seilen geschehen würde, an denen der Sarg hinabgelassen worden war. »Werden die auch reingeworfen oder später, wenn die Leute weg sind, wieder rausgezogen?« Eine Frage, die ich mir noch nie zuvor gestellt hatte – und die ich so spontan nicht beantworten konnte. Aber ich erkundigte mich für ihn beim Bestatter, und die Antwort lautet: Sie werden herausgezogen.

Ich kann also bestätigen, was der Psychologe sagt: Kinder sind

in diesem jungen Alter durchaus in der Lage, einen Todesfall zu verkraften, und gehen erstaunlich pragmatisch damit um. Ein trauriges, aber auch spannendes Thema, liebe Ursi. Danke, dass du so viele Erinnerungen in mir geweckt hast.
Deine Heike

Großeltern in Buch, Film und Fernsehen

Großeltern waren nicht immer selbstverständliches Thema von Geschichten – darauf geht Ursi in ihrem Kapitel mit dem historischen Überblick noch näher ein. Aber ab dem 19. Jahrhundert wurde es sehr beliebt, von ihnen zu erzählen.

Wir haben eine kleine Auswahl getroffen und präsentieren Ihnen hier unsere Highlights der fiktionalen Omas und Opas:

Anna und Jesus, Apokryphen (2.–6. Jh. n. Chr.)
In den vier Evangelien der Bibel kommt Anna nicht vor. In mehreren apokryphen Schriften wird sie jedoch als Marias Mutter und damit als Großmutter Jesu bezeichnet. Gemeinsam mit ihrem Mann Joachim sehnte sie sich nach einem Kind – vergeblich. Erst in hohem Alter gebar sie ihre Tochter. Ein Engel hatte ihr dies vorab verkündet. Seit dem Mittelalter wurde Anna als Heilige verehrt und auch zu einer Zeit in Kunstwerken dargestellt, in der Großelternsujets sonst noch nicht zu finden waren. Besonders beliebt waren Darstellungen der drei Generationen zusammen, also Anna, Maria und Jesus – genannt »Anna selbdritt«.

Heidi, Johanna Spyri, Buchreihe (1880/81)
Die Schweizer Schriftstellerin schrieb ihre weltberühmten *Heidi*-Bücher, nachdem innerhalb eines Jahres sowohl ihr

Kind als auch ihr Mann verstorben waren. Im Alm-Öhi gibt sie die zu jener Zeit übliche Klischeevorstellung vom bäuerlichen Großvater wieder. Unter dem erfrischenden Einfluss des Enkelkindes wird er vom alten Sonderling zum liebevollen Opa und entspricht am Ende dem damaligen Idealbild des bürgerlichen Großvaters. Auch Heidis Freund, der Geißenpeter, hat eine Großmutter. Mit ihr zeichnete Spyri den Prototyp der hilfsbedürftigen Unterschicht-Oma. Die dritte Großelternfigur in den Heidi-Geschichten ist die »Großmama« des gelähmten Mädchens Klara: eine großbürgerliche Frau, die finanziell unabhängig und auch im Alter noch sehr aktiv ist.

Die unwürdige Greisin, Berthold Brecht, Kurzgeschichte (1939)

Diesen Text schrieb Brecht im Exil in Skandinavien. Er erzählt darin von einer Frau, die sich ihr Leben lang aufopferungsvoll um ihre Familie gekümmert hat. Ab dem Tod ihres Mannes tut sie jedoch nur noch das, worauf sie wirklich Lust hat. Dass sie der gängigen Großmutter-Rolle nicht entsprechen möchte, irritiert ihre Angehörigen. Warum geht sie ins Kino, sucht sich ihren eigenen Freundeskreis und verbringt Zeit mit einem Mädchen mit Behinderung, statt sich mit den Enkelkindern abzugeben? Nachdem ein Jahrhundert lang in der Literatur nur Großmutter-Klischees reproduziert worden waren, zeichnet Brecht hier eine ganz andere Frauenpersönlichkeit und spielt mit genderspezifischen Erwartungshaltungen.

Oma, Peter Härtling, Kinderbuch (1975)
Kalle ist fünf Jahre alt, als seine Eltern sterben und seine Großmutter ihn zu sich nimmt. Das 1976 mit dem Deutschen Jugendliteraturpreis ausgezeichnete Buch erzählt vom gemeinsamen Leben von Enkel und Oma mit all seinen Höhen und Tiefen. Interessanterweise sind immer wieder Passagen in der Ich-Form aus der Sicht der Großmutter eingebunden, in denen sie ihre Sorgen schildert: Kann sie sich als alter Mensch überhaupt ausreichend um den Jungen kümmern? Was passiert mit Kalle, wenn sie krank wird und stirbt? Die Leser*innenschaft wird also dazu aufgefordert, sich nicht ausschließlich mit Kalle zu identifizieren, sondern sich auch in die Oma hineinzudenken.

Der Kleine Lord (Little Lord Fauntleroy), Fernsehfilm (1980)
Der vor allem zur Weihnachtszeit regelmäßig ausgestrahlte Film basiert auf einem Buch von Frances Hodgson Burnett (1886). Erzählt wird von einem hartherzigen, dem britischen Adel angehörigen Großvater, der in der Gesellschaft seines entzückenden amerikanischen Enkels langsam sein Herz öffnet. (Dieses Erzählmotiv kennen wir auch aus Spyris *Heidi*.) Selbst wenn Siebenjährige in der Realität nicht so sprechen und handeln wie der kleine Junge, erfreut sich der Film nach wie vor großer Beliebtheit. Mitverantwortlich dafür ist sicher die herausragende schauspielerische Leistung von Sir Alec Guiness sowie die schöne Ausstattung der Szenen. Und die Geschichte ist ein Paradebeispiel dafür, wie nicht nur die Großeltern auf das Leben der Enkelkinder eine Auswirkung haben, sondern definitiv auch umgekehrt.

Die drei Damen vom Grill, Sitcom (Deutschland, 1976–1991)

In hundertvierzig Episoden à fünfundzwanzig Minuten erzählt diese Vorabend-Serie von Oma Margarete, Mutter Marga und Tochter Margot, die sich nicht nur eine Wohnung in Berlin teilen, sondern auch gemeinsam einen Imbisswagen betreiben.

Die Idee dazu stammt von der Großmutter. Ihre Rente reicht einfach nicht zum Leben. Dann verliert die Tochter auch noch den Job und der Enkelin droht Kurzarbeit. Spontan nehmen sie ihr Schicksal selbst in die Hand, eröffnen »Färbers Grill-Treff« und starten mit Buletten, Currywürsten und Pommes voll durch.

Keine dieser drei Damen vom Grill ist oder war jemals verheiratet – dennoch spielen Männer in der Serie durchaus eine Rolle, etwa der Fleischlieferant und Schwerenöter Otto Krüger oder der Trödelhändler Otmar Kinkel. Letztendlich verdanken die drei Frauen ihren Erfolg aber ihrem Zusammenhalt, über alle Generationenkonflikte hinweg. Sie erweisen sich als das starke Geschlecht und agieren für die damalige Zeit erstaunlich emanzipiert.

Die Hauptrollen dieser Serie voller Berliner Lokalkolorit spielten übrigens Brigitte Mira, Brigitte Grothum, Gabriele Schramm, Günter Pfitzmann und Harald Juhnke. Ihnen verdankt die Serie auch ihren Kultstatus.

Großvater und die Wölfe, Per Olov Enquist, Kinderbuch (2003)

Per Olov Enquist gehört zu den bedeutendsten Schriftstellern Schwedens. Das erste Kinderbuch, *Großvater und die Wölfe*, schrieb er für seine Enkel. Offensichtlich autobiografisch schildert er eine Bergwanderung, die er mit den vier noch eher kleinen Enkelkindern unternimmt. Mit viel Selbstironie und Gespür für die jeweiligen Entwicklungsstadien der Kinder erzählt er von den Herausforderungen, die sich ihnen unterwegs stellen. Als er sich verletzt, muss die älteste Enkeltochter Hilfe holen, und es kommt zu einer spektakulären Bergung mit dem Hubschrauber. Subplot der Abenteuergeschichte ist das Selbstständigwerden seiner sechsjährigen Enkeltochter Mina. Charmant ist vor allem, wie viele Ungezogenheiten sich Großvater Enquist erlauben und wie er auf die Fantasien der Enkelkinder eingehen kann, weil ihm keine direkte Erziehungsverantwortung zufällt.

Charlie und die Schokoladenfabrik
(Charly and the Chocolate Factory), Film (2005)
In diesem vor allem wegen seiner Kostüme mehrmals für Preise nominierten Streifen verfilmte Tim Burton das gleichnamige Buch von Roald Dahl. Der zehnjährige Charlie lebt mit seinen Eltern und Großeltern von Armut geplagt in einer windschiefen Hütte. Durch einen Zufall gewinnt er eine goldene Eintrittskarte zur Schokoladenfabrik von Willy Wonka, wo er einige fantasievolle, aber auch gruselige Erlebnisse hat. Besonders rührend sind die Szenen, in denen sich die zwei Großelternpaare in einem Doppelbett gegenübersitzen und fröhlich Konversation betreiben. Dass sich die Omas und Opas väterlicher- und mütterlicherseits so gut verstehen, bleibt in manchen Familien, wie wir von unseren Interviewpartner*innen hören, Wunschvorstellung. Bei anderen dagegen funktioniert es wunderbar, wie Sie im Kapitel *Das Verhältnis zu den anderen Großeltern* lesen können.

Was man von hier aus sehen kann, Mariana Leky, Roman (2017)

In diesem Roman von Mariana Leky, der fünfundsechzig Wochen lang auf der *Spiegel*-Bestsellerliste stand und 2017 zum »Lieblingsbuch der Unabhängigen« (Buchhändler) gekürt wurde, begleiten wir Luise, die mit zehn Jahren ihren besten Freund verliert und mit dreißig die große Liebe findet. In dieser Zeitspanne ist Großmutter Selma ihre wichtigste Bezugsperson, zumal Luises Eltern meist durch Abwesenheit glänzen. Selma, die wie Rudi Carell aussieht und immer, bevor jemand stirbt, von Okapis träumt, ist für die Enkelin da. Sie lehrt Luise, dass man, um eine Beziehung zu führen, nicht zwangsläufig am selben Ort sein und noch nicht einmal unbedingt am Leben sein muss.

Der Roman besticht durch viel Herz, Humor und Weisheit, skurrile bis kauzige Figuren, kluge Beobachtungen und eine wunderschöne Sprache.

Gestorben wird immer, Alexandra Fröhlich, Roman (2016)

Dieser auf mehreren Zeitebenen spielende Roman erzählt von der verschrobenen und gebieterischen Großmutter Agnes, Chefin eines Steinmetzbetriebes, und ihrer Enkelin Birte. Mit einundneunzig Jahren will Agnes endlich diverse Geheimnisse lüften, und dazu soll Birte die ganze Familie zusammentrommeln.

Hier wird teilweise schwere Kost in erfrischend leichtem Ton erzählt, und die Figuren sind so lebendig geschildert, dass sie einem mit all ihren Fehlern und Schwächen ans Herz wachsen. Der Roman handelt auch von Dramen und Krisen, die das Leben der Familienmitglieder über Generationen hinweg beeinflussen, und verbindet dabei Tragisches mit Humor. Insbesondere die starken Frauenfiguren prägen diese Geschichte – allen voran Großmutter und Enkelin. Birte, die zur Komplizin von Oma Agnes wird, erhält endlich Antworten auf Fragen, die sie schon lange beschäftigen.

Sockendisco mit Opa, Sabine Zett, Kinderbuch (2016)
In dieser von Susanne Göhlich illustrierten Geschichte geht es um ein Schulfest, an dessen Planung nicht die Eltern oder Lehrer mitwirken, sondern die Großeltern. Jung und Alt haben sehr unterschiedliche Vorstellungen von einem gelungenen Fest, was zu allerhand skurrilen Entwicklungen führt. Sabine Zetts liebenswerte Figuren sind höchst unterhaltsam, regen aber auch zum Nachdenken an und fördern gegenseitiges Verständnis zwischen den Generationen.

Dieses Buch zeichnet sich, wie viele moderne Kinder- und Jugendbücher, durch unkonventionelle Großelternfiguren aus. Oma und Opa als Superhelden statt als Spießer im Lehnstuhl – passend zur Lebenswirklichkeit der Enkelgeneration von heute.

Jane the Virgin, TV-Serie (USA 2014–2019)
Die Serie handelt von den Latina-Frauen einer Drei-Generationen-WG: die Studentin und Schriftstellerin Jane, ihre lebenslustige Single-Mutter Xiomara und ihre religiöse Großmutter Alba, die nur Spanisch spricht und so etwas wie das Gewissen der Familie ist. Als junges Mädchen hat Jane der Oma versprochen, ihre Jungfräulichkeit bis zur Ehe zu bewahren. Dies ist Alba vor allem deshalb wichtig, weil ihre Tochter – Janes Mutter – bereits im Teenie-Alter schwanger wurde und sie ihre Enkelin vor einem ähnlichen Schicksal schützen möchte. Doch dann wird Jane durch ein Ver-

sehen künstlich befruchtet … Die Situation stellt nicht nur Janes Beziehung mit ihrem Verlobten (der natürlich nicht der Vater des Babys ist) auf die Probe, sondern auch alle anderen Familienmitglieder vor immer neue Herausforderungen. Die Serie enthält Elemente der klassischen Telenovela, persifliert sie aber zugleich und kombiniert sie mit einem herzerfrischenden Humor. Trotz der vielen Plot-Twists und Verwicklungen, der herrlich gockelhaften Vaterfigur und dem wunderbar ironischen Hintergrunderzähler lebt die Serie nicht zuletzt von tiefen Gefühlen und dem Respekt der Generationen voreinander.

Die *Oma*-Serie von Regine Kölpin,
Romanreihe (2015–2022)

Mit Titeln wie *Oma geht campen*, *Oma tanzt auf Wolke 7* oder *Oma macht klar Schiff* hat die ostfriesische Autorin Regine Kölpin eine humorvoll-turbulente Romanreihe über moderne Großmütter geschaffen. Jeder Band dreht sich um eine andere Hauptfigur – mal heißt die Heldin Oma Jette, mal Oma Frauke, Oma Suse oder Oma Cara. Diese Protagonistinnen entsprechen keineswegs einem verstaubten Großmutterbild, sondern es geht um taffe Frauen mitten im Leben, die auch nicht zu alt sind, um sich zu verlieben. Typisch für die Serie sind das Nordsee-Flair und der lockerleichte Erzählton.

Teil 2

Eine neue Generation entsteht

Aus Kindern werden Eltern, aus Eltern Großeltern

»Übrigens – ihr werdet Großeltern!«

Heike

Mit Mitte vierzig musste sich meine Oma einer Blinddarmoperation unterziehen. Als sie aus der Narkose erwachte und ein Arzt sie nach ihrem Befinden fragte, murmelte sie beseelt: »Die macht mich zur Oma!« Gemeint war meine Mutter, die ihr kurz vor dem Eingriff die frohe Botschaft mitgeteilt hatte, dass sie schwanger war. Mit mir.

Für mich ist es wunderschön, dank dieser Geschichte zu wissen, dass ich nicht nur ein Wunschkind, sondern auch ein echtes Wunschenkelkind war.

Drei Jahrzehnte später, als ich selbst ein Baby erwartete, erfuhr es meine Oma noch vor meiner Mutter. Schließlich wohnten wir mit ihr zusammen in einem Haus. Wenige Jahre zuvor war mein Opa gestorben, um den sie nach wie vor sehr trauerte, und ich freute mich riesig, sie mit dieser guten Nachricht auf andere Gedanken bringen zu können.

Nun waren allerdings weder mein Mann noch meine Oma besonders gut im Geheimnisbewahren – es bestand also die durchaus realistische Gefahr, dass meine Eltern es zufällig in einem Nebensatz am Telefon erfuhren. Um das zu vermeiden, packte ich kurzerhand Mann, Oma und eine Flasche Sekt ins Auto, um hinzufahren und es ihnen offiziell mitzuteilen. Natürlich stieß ich mit Wasser an, aber strahlte vermutlich ebenso glücklich wie alle anderen …

Ganz ähnlich war es auch bei meiner Freundin Kristin: Sie fuhr gemeinsam mit ihrem Mann Kai zu ihren Eltern und präsentierte ihnen das Ultraschallbild.

»Da war die Freude groß«, erinnert sie sich, »und ich war sehr erleichtert. Denn am Anfang unserer Beziehung hatten meine Eltern so ihre Schwierigkeiten mit Kai. Sie bezweifelten, dass er der richtige Partner für mich sei. Doch zum Glück ließen sie ihn das nie spüren, vor allem nicht in diesem Moment. Und danach erst recht nicht mehr. Ich bin sicher, mit den Jahren haben sie erkannt, wie liebenswert und loyal er ist – und was für ein guter Vater, Ehemann und Schwiegersohn.«

Ist es nicht wunderbar, wenn Enkelkinder derart zusammenschweißen und quasi den Kitt zwischen den beiden Generationen vor ihnen bilden?

Beim zweiten Kind informierte Kristin ihre Eltern telefonisch. Sie hatte so früh nicht mit einer weiteren Schwangerschaft gerechnet und war völlig durcheinander – zumal die Ärztin vermutete, es könnten eventuell Zwillinge werden. »Erneut reagierten meine Eltern sehr positiv und meinten, der Platz würde sicher selbst für Babys im Doppelpack reichen – was mir in diesem Moment richtig guttat.«

Auch Hannas Eltern waren von ihrer Partnerwahl nicht eben begeistert. Sie hatten sich jemanden aus »gutem Hause« für sie gewünscht, am liebsten mit viel Geld, aber zumindest Akademiker – keinen Handwerker, so wie Frank. Doch statt diese Bedenken beiseitezuschieben, als Hanna ihnen von ihrer Schwangerschaft erzählte, und ihr zu gratulieren, reagierten sie alles andere als positiv.

»Mein Vater sagte doch tatsächlich, jetzt sei mein Leben versaut«, erinnert sich Hanna. »Meine Mutter drückte sich zwar nicht so krass aus, aber es lief auf dasselbe hinaus.«

Ich frage sie, ob sie das sehr enttäuscht hat. »Nicht wirklich«, meint sie. »Mit so was in der Art hatte ich gerechnet. Ich kenne meine Eltern – das passte zu ihnen.«

Beim zweiten und dritten Enkelkind zeigten sie sich wenigstens halbwegs erfreut – mit dem Schwiegersohn hatten sie sich wohl inzwischen abgefunden. Doch als dann das vierte und sogar das fünfte Enkelkind unterwegs waren, kippte die Stimmung erneut.

»Das passte nicht in ihr Weltbild«, sagt Hanna. Ihr Vater kommentierte beim letzten Enkelkind knallhart: »Schade, jetzt ist es leider zu spät zum Abtreiben.«

Ich kann es kaum glauben, als Hanna mir davon erzählt. »So ist er nun mal«, meinte sie. »Auf solche Äußerungen reagiere ich schon lange nicht mehr.«

Das wiederum ist typisch für Hanna – wo andere sich fürchterlich aufregen würden, reagiert sie meist mit großer Gelassenheit. »Genau wie meine Großmutter väterlicherseits«, erzählt sie.

Natürlich will ich wissen, wie denn die Schwiegereltern jeweils reagiert haben.

»Mir war es immer wichtig, dass beide Großelternpaare zeitgleich informiert wurden, damit niemand einen Informationsvorsprung hatte. Während ich bei meinen Eltern war, fuhr Frank zu seinen. Und die zeigten sich, dem Anlass angemessen, hocherfreut.«

Allerdings nutzte sich diese Freude mit der Zahl der Nachkommen ein bisschen ab. »Als Frank ihnen mitteilte, dass das fünfte Enkelkind unterwegs war, sagte seine Mutter nur lakonisch: ›Na ja, das müsst ihr selber wissen.‹ Aber das war immer noch tausend Mal besser als der Spruch, den ich von meinem Vater zu hören bekam.«

Auch Sonjas Eltern reagierten auf die telefonische Mitteilung, dass sie schwanger war, nicht gerade erfreut.

»Ach Gott, Kind, was machst du denn jetzt?«, fragte ihre Mutter erschrocken. Sie war zu dem Zeitpunkt bereits zweifache Oma – Sonjas Schwester war längst verheiratet und Mutter. Sonja dagegen war ledig, voll berufstätig und – was der werdenden Oma am wenigsten gefiel – mit einem Afroamerikaner zusammen.

»Was ich jetzt mache?«, erwiderte Sonja. »Ich wünsche mir, dass beide gesund sind.«

»Wie – beide?«

»Es werden Zwillinge.«

»Ach Gott, Kind …«

Tatsächlich hatte Sonja nie Kinder gewollt. Aber da sie nun mal unterwegs waren, freute sie sich darauf und hätte sich von ihren Eltern gewünscht, dass sie das ebenfalls taten. Doch auch die Sorge ihrer Mutter kann man verstehen – schließlich wollte sie nur das Beste für ihre Tochter. Und da diese nie von eigenen Kindern geträumt hatte, war die werdende Oma irritiert. Dass sie ein wenig Zeit brauchte, um sich mit dem Gedanken, bald Oma zu werden, anzufreunden, ist durchaus nachvollziehbar.

»Als die Zwillinge auf der Welt waren, waren meine Eltern die liebevollsten Großeltern, die man sich nur vorstellen kann. Und sie haben mich sehr unterstützt. Insgesamt überwog bei ihnen jedoch die Sorge – um mich, meinen guten Ruf, aber auch um die Kinder, die als Frühchen zur

Welt kamen und die sie daher anfangs auf der Intensivstation nicht einmal besuchen durften.«

Aus Sonjas Worten höre ich keine Verbitterung heraus. Zwar wäre spontane Vorfreude schöner gewesen, aber was zählte, war die Liebe, die Oma und Opa ihren Enkeln schenkten, als sie dann da waren. Und da spielte die Hautfarbe plötzlich keine Rolle mehr.

Monika hatte eigentlich vorgehabt, niemandem außer ihrem Mann etwas von der Schwangerschaft zu erzählen, bis die kritischen ersten drei Monate überstanden waren.

»Ich hatte kurz vor dem Skiurlaub erfahren, dass ich Mutter wurde, und wir waren uns einig, zunächst einmal Stillschweigen zu bewahren. Doch als wir auf dem Rückweg aus Österreich bei meinen Eltern Station machten, platzte ich einfach damit heraus.«

Nicht nur diese werdenden Großeltern freuten sich riesig, sondern auch die Schwiegereltern, die von ihrem ältesten Sohn bereits zwei Enkelkinder hatten. »Aber diese Enkel wohnten weit weg«, sagt Monika. »Deshalb waren meine Schwiegereltern ganz aus dem Häuschen, endlich ein Enkelkind zu bekommen, das sie jederzeit sehen konnten.«

Für Monika und ihren Partner bedeutete es eine große Erleichterung, die beiden Großelternpaare in der Nähe zu haben. »Unsere Tochter war gerne bei ihnen«, erzählt sie. »Und sie sprangen auch als Babysitter ein, wenn Not am Mann war – beispielsweise als wir renovierten und später umzogen. Eine neugierige Zweijährige ist einfach besser bei lieben Großeltern als auf einer Baustelle aufgehoben.«

Isabel aus Venezuela lebte bereits in Deutschland, als sie ihr erstes Kind erwartete. Wie Monika hatte sie eigentlich vorgehabt, die gute Neuigkeit zunächst für sich zu behalten – schließlich kommen die meisten Fehlgeburten innerhalb der ersten drei Monate vor, und sollte ihr das passieren, wollte sie das mit sich und ihrem Partner allein durchstehen.

»Aber dann konnte ich es doch nicht aushalten und rief meine Mutter in Caracas an«, erzählt sie. »Ich wollte es ein bisschen spannend machen und sagte, ich hätte eine Überraschung, aber sie war viel zu ungeduldig, um zu raten, und rief ständig: »Nun sag doch, was los ist!‹ Und als ich dann damit herausrückte, freute sie sich über alle Maßen.«

Direkt nach der Geburt des Babys flog die frischgebackene Oma nach Deutschland und blieb für drei Monate, um Isabel zu unterstützen und mit der jungen Familie zusammen zu sein.

»Sie sprach ja fast kein Deutsch, dennoch hat sie die Zeit hier sehr genossen – und ich ebenso.«

Ich will wissen, wie denn die Schwiegereltern auf die Neuigkeit reagiert haben.

»Ich habe sie ebenfalls angerufen. Kaum hatte ich gesagt, ich müsse ihnen was erzählen, sagte meine Schwiegermutter prompt: ›Du bekommst ein Kind, stimmt's?‹ Sie hat es wohl geahnt. Oder mehr noch: Sie hat diesen Anruf herbeigesehnt.«

Einige meiner Interviewpartner*innen sind bereits Großeltern. Auch sie habe ich nach dem großen Moment gefragt, als sie davon erfuhren, dass ein Enkelkind unterwegs ist. Und ihre Erinnerungen sind ebenfalls höchst unterschiedlich.

Claudia und ihr Mann Greg ahnten nichts von der Schwangerschaft ihrer Tochter Charlotte, als sie sie übers Wochenende besuchten. Die Anreise war beschwerlich, sie gerieten in einen langen Stau und kamen mit viel Verspätung an.

»Wir wunderten uns darüber, dass sie nicht herunterkam, um uns mit dem Gepäck zu helfen – das machte sie sonst immer. Diesmal stand nur ihr Freund vor dem Haus«, erinnert sich Claudia. »Und noch mehr irritierte uns, dass sie uns erst zum Sofa führten, nicht zum gedeckten Tisch. Die beiden hatten mit dem Essen auf uns gewartet und waren doch sicher furchtbar hungrig. Wir waren es jedenfalls. Es herrschte eine merkwürdige Stimmung, die wir nicht greifen konnten. Einerseits waren die beiden ungeduldig, andererseits wirkte Charlotte irgendwie krank. Sie sah schrecklich blass aus, ich war ganz besorgt.«

Das junge Paar präsentierte Claudia und Greg eine Schachtel und forderte sie auf, diese zu öffnen.

Und darin war – tadaaaa! – ein Ultraschallbild.

»Damit hätten wir nie im Leben gerechnet«, erzählt Claudia, »wir wussten ja nicht mal, dass die Beziehung schon so gefestigt war und sie bereits über Kinder nachdachten. Als ich kapierte, was ich da vor mir hatte, bin ich erst einmal in Tränen ausgebrochen – vor Freude natürlich.«

Ihre Enkelin Nora ist inzwischen fast fünf, der kleine Bruder Milo zwei.

Ich will wissen, ob Charlotte bei der Verkündung ihrer zweiten Schwangerschaft ebenso kreativ war wie bei der ersten. Claudia stutzt. »Hm – das war sicher nicht mehr so aufwendig. Aber bei welcher Gelegenheit haben wir das eigentlich erfahren? Und wie?«

Sie fragt ihren Ehemann, doch Greg muss ebenfalls passen. »Keine Ahnung. Gefreut haben wir uns jedenfalls über beide Enkelkinder gleichermaßen.«

Noch unvorbereiteter traf es Britta. Ihre Tochter Leonie war gerade mal siebzehn, nahm die Pille, bekam regelmäßig ihre Periode und hatte schon vor einigen Monaten mit ihrem Freund Schluss gemacht.

Obwohl sie in letzter Zeit mehr Sport trieb als sonst, wurde sie immer rundlicher. Was sich keiner so richtig erklären konnte.

»Irgendwann ging ich mit meiner Tochter zur Ärztin und erfuhr, dass sie bereits im sechsten Monat schwanger war. Wir fielen aus allen Wolken und konnten es fast nicht glauben. Bisher hatten wir solche Geschichten für Ammenmärchen gehalten. Inzwischen wissen wir, dass verdrängte Schwangerschaften, die bis mindestens zur zwanzigsten Woche unentdeckt bleiben, gar nicht so selten sind – allein in Deutschland geht es pro Jahr rund tausenddreihundert Frauen so wie meiner Tochter. Das ist jede fünfhundertste Schwangere.«

Der Fachbegriff für dieses Phänomen lautet *Gravitas suppressalis*, und es tritt in allen sozialen Schichten und Altersgruppen auf – bei Jugendlichen wie Brittas Tochter ebenso wie bei älteren Frauen, die sich schon in den Wechseljahren wähnen. Sogar Frauen, die in medizinischen Berufen arbeiten, sind zuweilen betroffen.

Man unterscheidet in verleugnete und verdrängte Schwangerschaften – bei Letzteren wissen die Schwangeren wirklich nicht, dass sie ein Baby erwarten.

Dass es sich bei Leonie um eine Verdrängung handelte, beweisen zwei Fotos, die sie in Badekleidung zeigen – eins vor der Feststellung der Schwangerschaft und eins eine Woche später.

»Es sieht aus, als lägen Monate dazwischen«, sagt Britta. »Leonies Bauch ist innerhalb kürzester Zeit kugelrund geworden. Als hätte ihr Körper die Schwangerschaft vor sich selbst verheimlicht.«

Das ist ganz typisch für eine verdrängte Schwangerschaft. Manchmal ist es den werdenden Müttern nicht einmal bewusst, dass sie ein Kind bekommen, wenn sie mit vermeintlichen Darmproblemen ins Krankenhaus kommen und schon in den Wehen liegen.

»Zum Glück war das bei Leonie nicht der Fall. Trotzdem musste, als wir von der Schwangerschaft erfuhren, plötzlich alles ganz schnell gehen, denn wir hatten ja nur gut zwei Monate Zeit, uns auf die Geburt und die Ankunft des Kindes beziehungsweise Enkelkindes vorzubereiten«, erinnert sich Britta. »Immerhin hat das Timing gestimmt, und das Baby kam am Anfang der Sommerferien, sodass Leonie kaum Unterricht verpasst hat. Ich kümmerte mich um meine Enkelin, als Leonie wieder zur Schule ging und später anfing zu studieren.«

Das unerwartete Baby stellte also nicht nur das Leben der werdenden Mutter, sondern auch das der gesamten Familie auf den Kopf.

Die drei Generationen leben noch immer unter einem Dach – das ist einfach praktischer, denn Oma und Opa stehen so jederzeit zur Verfügung, wenn die Teenie-Mutter Unterstützung braucht.

»Nach dem ersten Schrecken genießen wir es, dass wieder ein kleines Kind im Haus ist«, sagt Britta. »Und ich bin froh, als junge Oma noch fit genug für seine Betreuung zu sein.«

Dass ihre Tochter Antonia ans Kinderkriegen dachte, war Edda und Kalle bekannt. Sie hatten nur nicht damit gerechnet, dass es so schnell klappen würde.

»Antonia wohl auch nicht. Sie sah völlig verwirrt aus, als sie eines Samstagmorgens in aller Herrgottsfrühe vor unserem Bett stand, ein Teststäbchen hochhielt und rief: »Mama, Papa, ich glaub, ich bin positiv.«

Eigentlich wohnte Antonia längst nicht mehr im Elternhaus, doch sie war am Vorabend angereist, um den Vater bei der Betreuung des Familienhundes zu unterstützen, während ihre Mutter eine Fortbildung besuchen würde.

»Ich fuhr sofort im Bett hoch, war aber wohl noch nicht richtig wach«, erinnert Edda sich. »Was mir als Erstes durch den Kopf schoss: Mist, ich muss die Fortbildung absagen. Und wir müssen alle einen PCR-Test machen. Und uns isolieren.«

Erst als Antonia erklärte: »Ich bin positiv – schwanger, nicht Corona«, fiel der Groschen.

»Ich habe mich riesig gefreut«, sagt Edda. »In der Anfangszeit war ich total gerührt, wenn ich nur daran dachte, und musste ständig weinen vor Glück.«

Und sogar während unseres Gesprächs werden ihre Augen ein bisschen feucht. Und meine auch.

Liebe Heike,

hach ja, dass jemand bei der Nachricht vom Großelternwerden vor Glück weint, berührt mich auch ganz besonders. Alle fallen sich um den Hals, heulen und lachen gleichzeitig und sprechen dann drüber, wie toll das wird …

Ich glaube, mein Herz geht bei dieser Vorstellung deshalb im-

*mer über, weil ich den Moment der Schwangerschaftsverkündung ganz anders erlebt habe. Soll ich schnell davon erzählen? Vorausschicken muss ich, dass ich – du kennst mich ja – eher ungeduldig bin, wenn ich mir etwas sehnlichst wünsche und es nicht sofort in Erfüllung geht. Und dass mein Mann und ich ganze zwei Jahre an der ersten Schwangerschaft gebastelt haben. Jede*r mit ähnlichen Erfahrungen weiß, was das für eine emotionale Tortur ist: ein ständiges Wechselbad aus Hoffnung und Enttäuschung. Wir waren dann schon ziemlich verzweifelt und glaubten an ein medizinisches Problem.*

Irgendwann klappte es aber doch, und wir waren überglücklich. Ich schwebte förmlich vor Hochgefühl und hätte am liebsten allen davon erzählt und die großartige Nachricht in die Welt hinausgeschrien. Natürlich hielt ich mich dennoch zurück. Aber meine Eltern wollte ich einweihen. Auch ich inszenierte das Ganze ein wenig: Ich klebte den positiven Schwangerschaftstest auf den Boden einer bunten Schachtel. Diese plante ich meinen Eltern als Geschenk zu überreichen. Ich stellte mir vor, wie ich ihren Gesichtern zuerst Verwirrung und dann plötzliches Begreifen ablesen würde und wie sich ihre Mienen schließlich in Begeisterung verwandelten. Sie würden außer sich vor Freude rufen: »Na endlich!« Und einander, mich und meinen Mann überschwänglich herzen. Und dann würden wir zusammen Tränen verdrücken.

Meine Erwartungshaltung war also riesig, als die Eltern beim nächsten Kaffee und Kuchen die Geschenkbox öffneten. Und du ahnst es jetzt bestimmt bereits, liebe Heike: Es kam nicht so wie erträumt. Mama und Papa schauten in die Schachtel, sagten: »Aha, sehr schön«, legten sie beiseite und wechselten das Thema. Nur ich heulte. Allein auf dem Klo. Vor Enttäuschung.

Ich schmunzele, während ich diese Geschichte aufschreibe. Denn rückblickend weiß ich, wie sehr sich meine Eltern über jedes ihrer Enkelkinder gefreut haben. Wie bedingungslos sie die Kinder lieben. Und dass sie, wenn nötig, Himmel und Hölle für sie in Bewegung setzen. Ich erinnere mich an ihre glücklichen Gesichter, als sie unseren Leo, ihr viertes Enkelkind, zum ersten Mal sahen. Alles ist gut. Jeder ist happy. Sie sind halt nur nicht der Typ für Konfettiregen über ungelegte Eier …

Wenn meine Söhne das hier lesen: Ich sag's euch gleich: Ich werde heulen, Räder schlagen und mich nur schwer wieder einkriegen, falls ihr mir einmal mitteilt, dass ich zum ersten, zweiten, dritten, vierten … Mal Oma werde!

Liebe Grüße,

Ursi

Einmischen versus gar nicht helfen – wie wär's mit der goldenen Mitte?

Ursi

Falls Sie schon Großmutter oder -vater sind, muss ich Sie warnen. Jetzt kommt das Kapitel mit all den fiesen Geschichten, die ich in meinen Gesprächen gehört habe. Denn so gut die generationenübergreifenden Beziehungen im Allgemeinen sind, gibt es sie natürlich, die schlechten Beispiele oder komplizierten Situationen. Also: Tief durchatmen und mit der Gewissheit weiterlesen, dass Sie nicht gemeint sind und es sicher viel besser machen, oder zum nächsten Kapitel springen – da geht es um Kosenamen für Großeltern – das können Sie gefahrlos lesen.

Verweigerte Hilfe

Meine Eltern bekamen ihr erstes Kind im Jahr 1968, meine Schwester Susi. Und wie Sie sich bestimmt denken können, erledigte die gesamte Arbeit rund um das Baby meine Mutter. Damals war es selten anders. In der Autobiografie von Alice Schwarzer, die ich in einem der vorigen Kapitel bereits ein wenig näher vorgestellt habe, kann man zwar von einem Großvater lesen, der seine kleine Enkelin Alice in den Vierziger- und Fünfzigerjahren rührend versorgte, aber er war damit sicher die große Ausnahme. Üblich war eher, dass

Väter so taten, als ginge die Kinderbetreuung sie nichts an. So kam es, dass sich mein Vater völlig überfordert fühlte, als seine Frau wenige Wochen nach der Geburt krank wurde und stationär aufgenommen werden musste.

»Ich wusste ja nicht einmal, wie man ein Fläschchen zubereitet oder eine Windel wechselt«, erzählt er mir. »Geschweige denn, wie ich die brüllende Susi beruhige. Es war komplett ausgeschlossen, dass ich das allein schaffen würde.«

Also rief er seine Mutter an. Sie erinnern sich bestimmt, liebe*r Leser*in, das war die Oma, mit der mich wenig verband und die sich kaum für ihre Enkelkinder interessierte. Sie war zu dem Zeitpunkt sechzig Jahre alt und stand rüstig im Leben. Er schilderte ihr seine verzweifelte Situation und bat sie, zur Rettung zu ihm zu kommen.

»Sie hat es nicht einmal in Erwägung gezogen, mir zu helfen, und eiskalt abgelehnt. Da fühlst du dich von deiner Mutter schon im Stich gelassen«, kann es mein Vater nach wie vor nicht fassen.

Ein Anruf bei der Schwiegermutter genügte jedoch. Kurze Zeit darauf saß diese schon im Zug und übernahm gern die Betreuung ihres ersten Enkelkindes, solange die Mutter im Krankenhaus bleiben musste.

Und auch meine Schwiegermutter weiß eine Geschichte zu erzählen, die von einer sich verweigernden Großmutter handelt: »Wenn die Mutter meines Mannes zu Besuch kam, wollte sie sich partout nicht mit ihrem Enkelkind beschäftigen. Sie saß nur mit dem Strickzeug im Lehnstuhl.«

Die Oma las meinem Schwager, damals im Kleinkindalter, weder vor, noch spielte sie mit ihm oder beschäftigte sich sonst irgendwie mit ihm. Nicht einmal, als meine Schwiegermutter schnell zum Einkaufen ging, nahm sie Notiz von ihrem Enkel.

»Als ich heimkam, hörte ich ihn schon von Weitem. Er stand innen an der Tür und weinte durch den Briefschlitz. Seine Oma hockte nach wie vor im Stuhl und reagierte überhaupt nicht auf ihn. Das hat mir wirklich wehgetan.«

Diese Beispiele sind natürlich heftig. Zum Glück war und ist es nicht die Regel, dass Oma und Opa sich nicht für ihre Enkelkinder interessieren. Was jedoch häufiger vorkommt, sind Einzelsituationen, in denen Großeltern ihre Hilfe verweigern.

»Im Grunde waren meine Eltern immer recht zugewandte Großeltern«, berichtet Yvonne. »Und doch gab es Momente, in denen ich mich als junge Mutter von ihnen im Stich gelassen fühlte.«

Einmal gab es einen Tag, an dem Yvonnes Kleinkinder völlig verrücktspielten. Und weil sie am Tag zuvor bis in die späten Nachtstunden ein berufliches Projekt hatte fertigstellen müssen, glaubte sie sich in ihrer Übermüdung ihren Kindern nicht gewachsen.

»Das war ein absoluter Einzelfall. Ich habe nur selten um Hilfe gebeten. Aber an diesem Tag war ich so mit den Nerven runter, dass ich meine Mutter anrief.«

Yvonne schilderte der Oma die Lage und fragte, ob sie die Kleinen für ein paar Stunden vorbeibringen dürfe. Bei ihrer Mutter rissen sich die Kinder ja auch meist zusammen und raunzten nicht rund um die Uhr.

»Meine Mutter lehnte dennoch ab. Sie sagte: ›Sie sind lästig, und da willst du sie mir anhängen? Also, echt nicht!‹

Dass sie meinen Hilferuf so brüsk abschmetterte, hat mich tief getroffen.«

Gekränkt fühlte Yvonne sich auch deshalb, weil ihre Mutter die Kinder der Schwester recht oft in Krisensituationen übernahm. Dass sie hingegen hängen gelassen wurde, machte sie eifersüchtig. Und so wollte sie sich als erwachsene Frau eigentlich nicht mehr fühlen. Daher bat sie danach nie wieder spontan um Unterstützung.

»War es länger im Voraus geplant, hat meine Mutter natürlich schon ab und zu mal ein paar Stunden ihre Enkelkinder gehütet. Wichtig war ihr jedoch, dass ich auf die Minute pünktlich zur verabredeten Stunde wieder zurückkam und sie abholte. Da war meine Schwiegermutter entspannter. Die sagte immer: ›Lass dir ruhig Zeit!‹ Und ich habe es genossen, nicht völlig im Stress zu ihr hetzen zu müssen.«

Aber auch die Schwiegermutter hat Yvonne einmal enttäuscht: »Als die Kinder schon etwas größer waren, hat sie mal zwei, drei Tage auf sie aufgepasst, weil mein Mann und ich gleichzeitig beruflich verreisen mussten. Eigentlich hat das gut funktioniert. Nur hat sie es abgelehnt, mit ihnen für die Schule zu lernen.«

»Das macht besser ihr«, sagte die Oma bei der Rückkehr der Eltern. Hätte Yvonne vorher gewusst, dass die Schwiegermutter diese Form der Unterstützung nicht geben wollte, wäre es kein Problem gewesen. Dann hätte sie eine andere Lernbetreuung für ihre Grundschüler organisiert. Aber so fiel sie aus allen Wolken. Am nächsten Tag waren jede Menge Hausaufgaben abzugeben, und nichts davon war erledigt.

Auch Sven wurde von seinem Vater ziemlich vor den Kopf gestoßen, als das erste Kind geboren wurde.

»Eines sage ich dir«, sprach der frischgebackene Opa. »Wenn ihr arbeiten müsst, kann ich den Kleinen schon mal hüten. Aber ich bin kein Babysitter, also gilt mein Angebot wirklich nur, sobald es um den Job geht.«

Sven kränkte das, denn es klang, als wäre es für den Opa ein Opfer, sich mal mit dem Enkel zu beschäftigen. Tatsächlich hat er das aus seiner Sicht halbherzige Betreuungsangebot dann auch nie in Anspruch genommen.

Man muss klar sagen, dass solche Gefühle der Enttäuschung seitens der Kindseltern daher rühren, dass in unserer Gesellschaft häufig die Erwartungshaltung besteht, Großeltern hätten für ihre Enkelkinder da zu sein. Noch vor gar nicht allzu langer Zeit war dem nicht so. Ich werde darauf in meinem Kapitel *Großeltern im Laufe der Jahrhunderte* näher eingehen.

Ich bin ja selbst auch Mutter und kam tatsächlich gelegentlich in solche Situationen. Es hat mir geholfen, mir bewusst zu machen, dass Großeltern de facto gar nichts tun müssen. Echte Pflichten gibt es für sie nicht, alles beruht auf Freiwilligkeit. Man fährt sicher am besten, offen über die eigenen Erwartungen einerseits und die Bereitschaft der Großeltern andererseits zu sprechen. So kann man Konflikte oft beseitigen oder sogar vermeiden.

Die gute alte Einmischung

Weiter verbreitet als die versagte Hilfe ist natürlich das Gegenteil davon: die großelterliche Einmischung. Auch wenn die heutige Großelterngeneration ein gutes Gespür dafür hat, die Jungen am besten »machen zu lassen«, passiert es doch immer wieder, dass Kritik oder ein ungebetener Ratschlag herausrutscht. Manchmal handeln Omas und Opas sogar gegen den Willen der Eltern, weil sie ein abweichendes Programm fahren wollen. Vor allem ältere Großeltern haben oft noch eine ganz andere Vorstellung vom Umgang mit Kindern. Da hat sich einfach viel geändert, seit sie selbst Eltern waren. Die Diplompädagogin und Familientherapeutin Brigitte Zwenger-Balink beschreibt in ihrem Buch *Zum Glück gibt's Oma und Opa*, wie sich der Erziehungsstil in den letzten Jahrzehnten von autoritär über antiautoritär bis hin zu ausgeprägt partnerschaftlich entwickelt hat.

Arianes Vater brachte seine Enkelkinder zum Beispiel immer ungefragt zum Frisör und bestand darauf, dass ihre »wilden Vogelnester« in Ordnung gebracht wurden.

»Meine Söhne haben danach geweint, weil sie sich eigentlich eine Justin-Bieber-Frisur wachsen lassen wollten. Also habe ich meinen Vater ausdrücklich gebeten, es nicht mehr zu tun.«

Ohne Erfolg. Nur drei Monate später wiederholte sich das Drama.

»Das hat mich schon geärgert, muss ich sagen. Die Kinder gegen ihren und meinen Willen zum Haareschneiden zu bringen, ist eine Grenzüberschreitung.«

Hilde ist seit einigen Jahren Großmutter und hat sich geschworen, sich niemals einzumischen.

»Manchmal ist es schon sehr schwer, weil ich manches anders sehe als mein Sohn und die Schwiegertochter«, sagt sie. »Mein Enkel ist hyperaktiv, und ich würde zum Beispiel Zucker radikal vom Speiseplan streichen, damit er davon nicht noch aufgedrehter wird. Mitunter hat er auch wilde Ausschläge auf den Armen, und ich bin mir sicher, da könnte man viel über die Ernährung machen.«

Aber Hilde hält sich zurück. Die Eltern sollen selbst die Entscheidungen für ihr Kind treffen dürfen.

»Ich bin nur die Oma! Selbstverständlich tut es manchmal weh, sich so sehr zurücknehmen zu müssen. Es ist nicht schön, nur Zaungast zu sein, obwohl man doch so viel für das Enkelkind empfindet. Und dennoch ist es richtig, einen Schritt zurück zu tun.«

»Was müsste passieren, dass du deine Strategie änderst?«, erkundige ich mich. »Gibt es irgendetwas, bei dem du dich dann doch einmischen würdest?«

»Falls sein Leben ernsthaft in Gefahr wäre. Aber das wird nicht vorkommen. Die zwei sind gute Eltern und geben ihr Bestes.«

Sie erzählt mir noch vom anderen Opa, der immer »Tut gar nicht weh!« behauptet, wenn der Kleine hinfällt.

»Das ist natürlich völliger Unsinn, denn mit so einem Satz vermittelt man dem Kind, dass es nicht selbst entscheiden kann, wann es Schmerzen hat. Das ist brandgefährlich! Zum Glück greifen die Eltern da aber beherzt ein und haben den Opa diesbezüglich schon einmal zu einer Intervention beiseitegenommen.«

Für dieses Buch spreche ich auch mit meinen eigenen Eltern.

»Hat es etwas gegeben, was euch gegen den Strich gegangen ist, und ihr habt euch dennoch nicht eingemischt?«, frage ich sie.

»Ja!«, antwortet meine Mutter wie aus der Pistole geschossen. »Deine Kinder hatten lange schlechte Tischmanieren. Da dachte ich mir immer, das wird später im Leben noch einmal ein Nachteil für sie sein. Aber da habe ich mich zurückgehalten.«

Ich weiß, dass sie recht hat, und doch macht ihre Kritik etwas mit mir. Sofort will ich mich rechtfertigen, ihr erklären, welche Strategie wir in puncto Tischmanieren gefahren sind, und ihr sagen, dass es ja schon so viel besser geworden ist. Doch dann bremse ich mich, denn ich realisiere, dass sie ja nur meine Frage beantwortet hat.

Mir wird klar, wie schwer es für alle Beteiligten ist. Großeltern müssen ständig aufs Neue den Balanceakt zwischen Helfen und Nichteinmischen schaffen. Der goldene Mittelweg ist oft gar nicht so leicht zu finden. Und Eltern haben die schwierige Aufgabe, die ältere Generation zu integrieren und sich trotzdem als junge Familie abzugrenzen. Wenn ich so darüber nachdenke, halte ich es für ein kleines Wunder, wie harmonisch sich das Zusammenspiel meist dennoch gestaltet. Ich denke, der Klebstoff, der das Ganze zusammenhält, ist die Liebe, die alle Seiten für die Kinder empfinden.

Wie können Großeltern ihre Enkelkinder beeinflussen?

Es gibt eine – nach wie vor anerkannte – Studie von 1977, durch die belegt werden konnte, dass der Einfluss von Omas und Opas auf junge Erwachsene dann am stärksten ist, wenn sich die Großeltern um eine gute Beziehung zu ihren Enkelkindern bemühen. Denn aus Gesprächen auf Augenhöhe lernen die Jungen am meisten. Großeltern, die sich nicht einmischen, beeinflussen die Weltanschauung ihrer Enkel am intensivsten.

Von »Ahnherr« und »Ahnfrau« zu »Garten-Oma« und »Mützen-Opi«

Heike

»Großmutter, warum hast du so große Ohren?« – diesen Satz kennen Sie selbstverständlich alle, ebenso wie die Antwort: »Damit ich dich besser hören kann.« Denn so beginnt der Dialog zwischen Rotkäppchen, das der kranken Großmutter Kuchen und Wein bringen will, und dem verkleideten bösen Wolf, der an deren Stelle im Bett liegt.

Wann dieses Märchen entstanden ist, lässt sich nicht genau datieren, denn anfangs wurde es nur mündlich von Generation zu Generation weitergegeben. Schriftlich festgehalten hat man es im 17. Jahrhundert zunächst auf Französisch, und zwar in der tragischen Variante, in der weder Großmutter noch Rotkäppchen gerettet werden. Auch in der ersten deutschen Übersetzung aus dem 18. Jahrhundert war das noch so. Erst die Brüder Grimm machten ihre Fassung von 1812 etwas kindertauglicher und verpassten ihr ein Happy End.

Wir alle kennen die Geschichte. Aber haben Sie sich jemals gefragt, wieso Rotkäppchen den Wolf nicht auf den ersten Blick also solchen identifiziert? Selbst mit Nachthemd und Schlafhaube hat so ein Raubtier schließlich wenig Omahaftes an sich.

Und apropos Oma: Warum in aller Welt redet Rotkäppchen sie nicht mit diesem allgemein üblichen Kosenamen an? Ich jedenfalls habe meine Oma niemals »Großmutter« genannt – es sei denn, wir hätten Märchenstunde gespielt.

Nun, die Antwort liegt auf der Hand: Berücksichtigt man nämlich, wie alt die Geschichte ist, wäre es vielmehr ein Wunder, wenn das Wort »Oma« darin auftauchen würde. Schließlich hat sich diese Anrede – als kindliche Koseform von »Großmama« und Abkürzung der Variante »Omama« – erst im neunzehnten Jahrhundert etabliert.

Selbst die Bezeichnungen »Großvater« und »Großmutter« galten zu der Zeit, in der das Märchen entstand, noch als relativ modern, denn zuvor sprach man von »Ahnherr« und »Ahnfrau«.

Klingt seltsam distanziert, finden Sie nicht auch? Zumal wir heute unter »Ahnen« die verstorbenen Vorfahren verstehen, die vor vielen Generationen lebten.

Wenn man sich jedoch vor Augen hält, dass damals die wenigsten Kinder ihren Großeltern je begegnet sind, passt das schon eher ins Bild. Für unsere Ururgroßeltern haben wir ja heute auch keine liebevolle Anrede parat, denn diese Menschen sind zwar unsere Altvorderen, aber wir haben sie nie kennengelernt und somit keinen Bezug zu ihnen.

Im Vergleich zu »Ahnherr« und »Ahnfrau« klingen die Anredeformen »Großvater« und »Großmutter«, die als Lehnübersetzungen des französischen *grand-mère* und *grand-père* ins Deutsche einwanderten, schon viel persönlicher. Mütterlicher eben und väterlicher. Heute jedoch wirken sie altertümlich und nicht enkelgerecht.

Wobei – wussten Sie eigentlich, woher das Wort »Enkel« stammt? Es bedeutet ursprünglich »kleiner Ahne«. Das ist nicht nur niedlich, sondern entspringt auch dem Volksglauben an die Seelenwanderung. Weil man Enkelsöhne einst für die Wiedergeburt der Großväter hielt, tragen noch heute viele Jungs zumindest als Zweitnamen den ihres Opas.

Wenn »Oma« und »Opa« einfach nicht passt

»Der Vater meiner Mutter – ein sehr strenger Herr, der stets Anzug und Fliege trug und den ich nie habe lachen sehen – verbat sich die Anrede Opa. Er bestand darauf, dass ich ihn Großvater nannte«, erzählt Jürgen. »Mir kam es vor, als wolle er mich dadurch emotional auf Abstand halten – was ihm auch gelang. So richtig warm wurde ich mit ihm nie.« Heute hat Jürgen selbst drei Enkelkinder. »Natürlich sagen sie Opa zu mir. Für mich ist das ein echter Ehrentitel.«

Ganz ähnlich erging es auch Isabel, die Sie bereits kennengelernt haben. Genau – die mit dem sehr lieben Opa und der sehr bösen Oma aus Curaçao. »Sie verlangte von uns Kindern, dass wir sie siezen«, erinnert sich Isabel. Eine wirklich ungewöhnliche Bitte, denn den Großvater duzten die Enkelkinder ganz selbstverständlich, und sie sprachen ihn mit *Abuelo* an – dem spanischen Pendant zu Opa. »Aber wie sollten wir die Großmutter nennen? Darüber haben mein Bruder und ich uns als Kinder viele Gedanken gemacht«, fährt Isabel fort. »Siezen und dann *Abuela* sagen – das passte einfach nicht. Und wir fanden, dass sie diesen Kosenamen nicht verdient hatte. Aber sollten wir sie etwa wie eine Fremde mit *Señora* und dem Familiennamen ansprechen? Das wäre ja noch schräger gewesen.« Das Ende vom Lied war, dass Isabel und ihr Bruder die direkte Anrede konsequent vermieden. »Was ziemlich anstrengend war«, sagt sie. »Wir mussten uns sehr konzentrieren, um unsere Sätze immer so zu bilden, dass wir nicht in die Bredouille kamen.«

Auch als Erwachsene noch siezte Isabel ihre Großmutter – und sprach sie mit *Señora* an.

Als sie dann selbst Mutter wurde, lebte Isabel bereits in Deutschland. Wenn ihre Mutter aus Venezuela zu Besuch kam, nannten ihre Töchter sie *Abuela* oder – verniedlicht – *Abuelita*. Und so will sie eines Tages auch genannt werden.

Meine Freundin Jette hat ihrer Mutter mit der Ankündigung, schwanger zu sein, eine große Freude bereitet. Jedenfalls im ersten Moment. Im zweiten wurde der dann klar, dass sie das zur Großmutter machte. Und schwups, fühlte sie sich steinalt.

»Da meine Mutter stets um jugendliches Aussehen bemüht und stolz war, wenn sie jünger geschätzt wurde, als sie tatsächlich war, passte dieser neue Status so gar nicht zu ihrem Selbstbild«, erklärt Jette. Daher wunderte es sie nicht, als ihre Mutter verkündete, sie wolle auf keinen Fall »Oma« genannt werden.

»Möchtest du etwa, dass dein Enkelkind dich mit dem Vornamen anspricht, nur um cool zu sein?«

»Nein, das auch wieder nicht«, lenkte ihre Mutter ein. »Aber es muss da doch eine Alternative geben. Ich denke darüber nach.«

Schließlich kam sie mit einem Vorschlag um die Ecke: »*Mémé* – wie im Französischen.«

Um die Sache abzukürzen: Jettes Kinder – inzwischen hat sie fünf davon – scherten sich nicht im Geringsten um die Midlife-Crisis ihrer Großmutter, und die Anrede *Mémé* kam ihnen nie über die Lippen.

»Meine Mutter musste sich wohl damit anfreunden, eine Oma zu sein, und inzwischen, im Uroma-Alter von fast achtzig Jahren, hat sie sich auch daran gewöhnt«, erzählt Jette und lacht. Sie selbst hat zwar noch keine Enkelkinder, aber ich bin sicher, sie wird mit der üblichen Anrede sehr gut leben können.

Oder doch lieber *Oom* und *Oop*, *Bomi* und *Bopa*, *Naani* und *Neni*?

Ich habe meine Großeltern immer Oma und Opa genannt. Ohne Ausnahme. Wie auch sonst? Ich kannte nur diese Anredeform. Das wäre sicher anders gewesen, wäre ich beispielsweise im Erzgebirge aufgewachsen, wo man *Oom* und *Oop* sagt. Oder in Luxemburg, wo *Bomi* und *Bopa* üblich sind. Oder in der Schweiz, wo man die Großeltern in einigen Regionen *Naani* und *Neni* beziehungsweise *Aani* und *Eni* nennt – was wohl auf »Ahne« zurückgeht. Gebräuchlicher sind in der deutschsprachigen Schweiz allerdings *Grossmami* (oder *Grosi*) und *Grosspapi*.

In Deutschlands Norden und einigen hessischen Gegenden halten sich übrigens noch die alten Bezeichnungen *Eldermutter* und *Eldervater*. Im Osten Deutschlands hört man die Variante mit i am Ende – also Omi und Opi – häufiger als im Westen. Und zwischen Niederrhein und Weser hat sich die Aussprache mit kurzem O eingebürgert: Omma und Oppa.

Welche Oma? Welcher Opa? Wenn Kinder erfinderisch werden

Die Zeiten, in denen Enkel ihre Großeltern so gut wie nie kennengelernt haben, sind glücklicherweise vorbei. Im Gegenteil, viele Kinder haben sogar den kompletten doppelten Satz – zwei Großväter und zwei Großmütter. Doch wer ist dann gemeint, wenn von »Oma« und »Opa« die Rede ist?

In einigen Sprachen gibt es da keine Verwechslungsgefahr. Zum Beispiel im Chinesischen (das lassen wir jetzt mal beiseite) und im Schwedischen. Dort bezeichnet *mormor* die Oma mütterlicherseits (wörtlich: Mutters Mutter) und *farmor* die Oma väterlicherseits (Vaters Mutter). Die Großväter heißen entsprechend *morfar* (Mutters Vater) und *farfar* (Vaters Vater). Ziemlich praktisch, oder?

Im Deutschen wird's da komplizierter. Aber man muss sich nur zu helfen wissen. Meine Interviewpartner*innen beziehungsweise ihre Kinder sind da sehr ideenreich.

Nach der Herkunft

»Wir unterschieden immer in Oma Stuttgart und Oma Rottenburg«, erzählt Monika. »Aber nur, wenn wir über sie gesprochen haben – in der direkten Anrede waren sie einfach nur Oma und Opa.«

»Meine Eltern kommen aus Italien, die meiner Frau aus den USA«, sagt Guido. »Da bestand keine Verwechslungsgefahr: Ein Großelternpaar heißt *Nonna* und *Nonno*, das andere *Grandma* und *Grandpa*.«

Evas Eltern verbringen den Lebensabend im sonnigen Süden, die ihres Mannes sind nach Vancouver ausgewandert. »Wir haben mit der Mallorca-Oma geskypt«, sagen ihre Kinder zum Beispiel, oder »Der Kanada-Opa hat gemailt«.

Ähnlich ist es bei Isabel. Wie oben erwähnt, nennen ihre drei Töchter die venezolanische Oma *Abuela*. »Meine Schwiegereltern bezeichnen sie kurzerhand als O und O.«

Aber auch wenn Großelternpaare aus derselben Stadt kommen, kann die Herkunft den Ausschlag geben, wie Gudrun zu berichten weiß. »Unsere Kinder nennen meine Mutter Goethe-Oma, weil sie in der Goethestraße wohnt. Und die Eltern meines Mannes sind Oma und Opa Ottensen, benannt nach dem Stadtviertel.«

Nach den Namen

Nico unterscheidet die beiden Großeltern-Paare ganz einfach nach Vornamen. »Da sind mütterlicherseits Oma Lotte und Opa Karl, väterlicherseits Oma Helene und Opa Sigi. Man weiß also immer genau, von wem die Rede ist.«

Bei Miriam ist es ähnlich, nur umgekehrt: »Wir sagen Gretel-Oma und Elli-Oma. Einen Opa haben wir leider nicht mehr.«

Das Ganze funktioniert übrigens auch mit den Nachnamen (»Müller-Omi« und »Oma Schulze«) und sogar mit den Namen der Haustiere. »Früher hatten die Eltern meiner Mutter einen Kanarienvogel namens Hansi«, berichtet Patrick. »Der lebt zwar längst nicht mehr, aber wir nennen die beiden immer noch Hansi-Oma und Hansi-Opa. Und die Eltern meines Vaters sind Oma und Opa Waldi – nach ihrem Dackel, der schon vor Ewigkeiten über die Regenbogenbrücke gegangen ist. Ich finde das schön, denn so bleiben auch die Haustiere noch in Erinnerung.«

Nach Aussehen, Vorlieben und Spezialitäten

»Wir waren als Kinder sehr pragmatisch und nannten unsere Großeltern den großen Opa und den kleinen Opa, die Locken-Oma und die Dutt-Oma«, erinnert sich Corinna.

»Wir unterschieden die beiden Großväter nach den Autos, die sie fuhren: Es gab den Ford-Opa und den Audi-Opa«, sagt Clemens.

»Bei uns hatte die Namensgebung kein richtiges System – wir wählten Bezeichnungen, die für die Großeltern irgendwie typisch waren«, erzählt Doreen. »Und so hatten meine Schwestern und ich einen Mützen-Opi und einen Feuerwehr-Opi, eine Pudding-Omi und eine Eislauf-Omi.« Inzwischen ist sie selbst Großmutter, und bei ihren Enkeln ist sie unter dem Namen »ICE-Omi« bekannt, weil sie immer mit der Bahn anreist. »Die andere Großmutter wohnt näher bei ihnen und heißt Katzen-Oma. Und unsere Männer laufen unter den Bezeichnungen Pizza-Opa und Opi Tiger. Letzteres ist eine kindliche Verballhornung seines Berufes – mein Mann ist nämlich Optiker.«

Übrigens – eine weitere Verwechslungsgefahr besteht dann, wenn auch die Urgroßeltern der Kinder noch leben. Denn für ihre Eltern sind das ja eben auch »Oma und Opa«.

Und ganz kompliziert wird's bei Großelternpaaren, die sich gegenseitig selbst so anreden statt mit ihren Vornamen. Eins ist sicher: Sollte mein Mann jemals »Oma« zu mir sagen, nenne ich ihn »Ahnherr«. Wobei er das vermutlich sogar lustig finden wird …

Großeltern mütterlicherseits und väterlicherseits – wem steht die junge Familie näher?

Ursi

Ich sage es ganz ehrlich: Das hier ist nicht mein Lieblingsthema. Warum nicht? Weil ich zwei Söhne habe. Wenn die uns irgendwann einmal zu Opa und Oma machen, sind mein Mann und ich auf jeden Fall die Großeltern väterlicherseits. Und Sie wissen ja, was über die gesagt wird, liebe*r Leser*in. Die Eltern der Mutter stehen der Jungfamilie meist näher, werden stets mit allen Informationen zu den Enkeln versorgt und als Erste gefragt, wenn Hilfe benötigt wird. Im Vergleich dazu bleiben die Eltern des Vaters ein wenig außen vor. Ich habe das selbst genauso erlebt. Sie erinnern sich, meine Großmutter mütterlicherseits war stark in unser Familienleben involviert, obwohl sie zwei Stunden entfernt wohnte. Die Mutter meines Vaters lebte nur dreihundert Meter weit weg und blieb stets eine Fremde. Bei meinem Ehemann? Ähnlich.

Machen wir uns nichts vor. Es gibt zig solcher Geschichten. Ich brauche nur aus dem Fenster meines Arbeitszimmers zu schauen: Da spielt seit Tagen ein Krabbelkind im Vorgarten bei der Oma – mütterlicherseits, versteht sich. Die Mama hat nämlich Corona. Und wohin hat sich ihr Mann mit dem Baby ausquartiert? Nicht zu seiner eigenen Mutter …

Das alles hört sich für mich nicht gut an. Ich will, dass sich meine Schwiegerkinder mit den Babys in schwierigen Situationen auch an mich wenden. Und dass die Enkel in den Ferien bei uns herumkugeln. Sich uns nahe fühlen.

Aber warum sollte es anders kommen? Immerhin ist so etwas doch eine individuelle Geschichte. Meine Großmutter väterlicherseits war ja auch bei meinen Cousins, deren Oma mütterlicherseits sie war, keine Kuschel-Oma. Wie man sich bettet, so liegt man, nicht wahr?

Aber erst einmal recherchieren. Gut möglich, dass wir es hier mit einem veralteten Klischee zu tun haben. Oder mit einer *self-fulfilling prophecy*. Die Leute denken, es müsste so sein, also leben sie danach, und schon stimmt das Vorurteil wieder.

Großeltern mütterlicherseits und väterlicherseits – gibt es da Unterschiede? Was sagt die Wissenschaft?

Wissenschaftler stellen sich die Frage, warum Frauen nach der Menopause noch so eine lange Zeitspanne leben. Für den Fortbestand der Art haben sie ihren Auftrag erfüllt. Und bei anderen Lebewesen, sogar bei den uns so ähnlichen Menschenaffen, verhält es sich nicht so. Wie an anderer Stelle erwähnt, gibt es Großelternschaft nur bei wenigen Tierarten.

Anthropologen haben sich deshalb traditionelle Gesellschaften angesehen. Welche biologische Funktion könnte die ausgedehnte Phase der Großelternschaft beim Menschen erfüllen? Dabei haben sie

entdeckt, dass Frauen, die von ihren Müttern unterstützt werden, mehr Kinder zur Welt bringen. Die sogenannte Großmutter-Hypothese besagt also, dass der letzte Lebensabschnitt dazu dient, den Fortpflanzungserfolg der Nachfolgegeneration zu steigern.
Der Rostocker Evolutionsbiologe Jan Beise und sein Gießener Kollege Eckart Voland haben Kirchenregister der ostfriesischen Küstenmarsch aus dem 18. und 19. Jahrhundert ausgewertet und stellten Folgendes fest: Familien, die noch von beiden Großmüttern begleitet wurden, waren keineswegs kinderreicher. Aber die Omas haben sich in dieser von hoher Kindersterblichkeit geprägten Zeit auf das Überleben des Nachwuchses ausgewirkt. Eine gesteigerte Überlebenswahrscheinlichkeit gab es jedoch nur, wenn die Großmutter mütterlicherseits noch lebte. War nur mehr die Großmutter väterlicherseits präsent, waren die Chancen für das Kind, den fünften Geburtstag zu erreichen, sogar schlechter, als wenn keine Oma die Familie begleitete.
Warum das so war, versucht man durch verschiedene Thesen zu erklären: Eine besagt, dass die Großmutter väterlicherseits sich nie ganz sicher sein kann, ob das Enkelkind ihr Fleisch und Blut ist. Großmütter mütterlicherseits sind tatsächlich die Einzigen unter den vier Großeltern, die völlig darauf vertrauen können, dass ihre Nachfahren wirklich von ihnen abstammen. Eine andere Theorie macht die oft spannungsreiche Beziehung zwischen Frauen und ihren Schwieger-

müttern verantwortlich. Interessant ist dabei, dass deren schlechtes Image international ist, was Sprichwörter auf der ganzen Welt belegen.
Kritiker der Kirchenregister-Studie sagen übrigens, der untersuchte Zeitraum sei zu kurz und man könne nicht automatisch auf andere Regionen rückschließen.
Eine japanische Untersuchung bestätigt jedoch, dass ein früher Tod der Großmütter väterlicherseits in Bezug auf die Überlebensrate von Kindern auch dort von Vorteil war.

Es gibt aber natürlich auch Wissenschaftler, die sich mit der aktuellen Situation der Großeltern beider Familienteile beschäftigen. In einer Umfrage wurden zum Beispiel Enkelkinder gefragt, ob sie sich gut mit ihren Omas und Opas verstünden. 85 % bejahten die Frage für ihre Großeltern mütterlicherseits und etwa 77 % für die väterlicherseits. Zu der mütterlichen Seite haben die Enkel ein etwas engeres Verhältnis (72 % zu 60 %). Und auch die materielle Unterstützung kommt stärker von dort.

Etwas geknickt verlasse ich den Schreibtisch. So, wie es aussieht, habe ich als Großmutter in spe nicht die besten Karten.

Mein Mann will wissen, warum ich so ein Gesicht ziehe, also zeige ich ihm die Zahlen.

»Was denn?«, erwidert er verständnislos. »Siebenundsiebzig Prozent der Enkelkinder verstehen sich gut mit Oma und Opa väterlicherseits, und sechzig Prozent haben sogar ein enges Verhältnis zu ihnen! Wen kümmert's, ob ein paar Zerquetschte mehr mütterlicherseits auf Tuchfühlung gehen? Wir werden natürlich in die zwei Drittel fallen, die den Enkeln nahestehen. Ist doch klar!«

Ich mache eine Schreibpause und treffe mich mit ein paar Freundinnen zum Kaffee.

»Wie ist das bei euch?«, erkundige ich mich. »Haben eure Kinder zu euren Eltern die engere Bindung oder zu denen eurer Männer?«

»Ganz klar zu meinen«, antwortet die erste. »Sie sind praktisch jede Woche dort und übernachten auch oft bei ihnen. Die anderen Großeltern haben es ein paar Mal angeboten, aber das ist mir gar nicht so recht, denn die kochen eher ungesund.«

»Du könntest sie doch bitten, das zu ändern. Denkst du, sie wären dann sauer?«

»Weiß ich nicht, habe ich noch nie probiert. Mit meinen Eltern ist es einfacher. Die fragen von sich aus nach, wie ich es haben möchte. Als mein Mann und ich neulich einen Städtetrip ohne die Kinder unternommen haben, hat mich meine Mutter um eine Liste gebeten, was sie beachten muss.«

»So etwas mache ich nicht«, mischt sich die zweite ein. »Ich habe Mama einmal gesagt, sie soll alles so handhaben, wie sie es für richtig hält, wenn die Kids bei ihr sind. Immerhin hat sie das ja bei mir auch ganz gut hinbekommen. Aber dafür habe ich mir verbeten, dass sie sich einmischt, wenn die Kinder bei mir sind. Das ist für uns beide ein guter Deal.«

»Und wie ist es bei deinen Schwiegereltern?«, frage ich hoffnungsfroh.

»Eigentlich auch gut. Die sind halt schon ein bisschen älter, weil mein Mann der Nachzügler in seiner Familie war. Ein ganzes Wochenende auf die Kinder zu schauen, ist ihnen mittlerweile zu anstrengend.«

»Ich glaube, ob die Bindung zur väterlichen oder zur mütterlichen Seite enger ist, hat heutzutage eher was damit zu tun, wie die eigene Beziehung zu deinen Eltern ausgesehen hat«, lässt uns die dritte Freundin an ihren Überlegungen teilhaben. »Mein Mann war von klein auf wahnsinnig eng mit seinen Eltern. Das ist auch in der Pubertät und darüber hinaus so geblieben. Viel enger, als ich es jemals mit meinen war. Und da ist es ja klar, dass sich das auf die nächste Generation auswirkt.«

»O ja, das denke ich auch«, erwidert die, die immer Listen für ihre Mutter schreibt. »Überhaupt sind ganz viele Faktoren bestimmend. Nicht nur, ob es die Großeltern väterlicherseits oder mütterlicherseits sind. Wohnen sie nah oder fern? Sind sie alt oder jung? Sind sie den Enkelkindern vom Naturell her ähnlich? Können sie sich gut oder schlecht in die Kinder hineindenken? Das alles spielt eine Rolle.«

Wir nicken zustimmend, und ich bin erleichtert.

»Manche Großeltern wollen ja auch von sich aus keine enge Bindung zu den Enkeln«, gibt eine der Freundinnen zu bedenken.

Ich erinnere mich an meine eigene distanzierte Großmutter und gebe ihr recht.

»Warum fragst du überhaupt? Du wirst doch nicht etwa Oma?« Plötzlich herrscht Aufregung am Tisch. Schließlich sind meine Söhne noch ziemlich jung.

»Nein, nein. Keine Rede davon. Aber ich mache mir darüber Gedanken, ob ich als Jungsmutter jemals so nah an den Familien meiner Kinder dran sein werde wie ihre Schwiegereltern. Wisst ihr, ich habe Angst, nicht viel von meinen Enkelkindern zu haben.«

Die andere Jungsmama am Tisch versteht mich. Doch dann sagt sie: »Irgendwie muss ich jetzt an das Urteil von Salomon denken. Zwei Mütter streiten um ihr Kind, und Salomon soll ein Urteil fällen, wem es gehört. Er lässt sie jeweils an einem Arm ziehen. Nur eine der Frauen gibt auf. Bevor sie an ihrem Kind reißt und es verletzt, überlässt sie es der anderen. Salomon spricht daraufhin ihr das Kind zu. Weißt du, Ursi, wenn wir als Großmütter unsere Enkelkinder wirklich lieben, geht es ja nicht um uns. Es geht darum, dass sie glücklich sind. Und falls das bedeutet, dass sie mit den anderen Großeltern eine engere Bindung haben, weil das genau für sie passt, dann ist es eben so.«

Nachdenklich gehe ich wieder nach Hause. Ich glaube, ich muss wirklich noch viel lernen, bevor ich eine richtig gute Großmutter werde …

Noch ein Schritt weiter zurück in unsere Vergangenheit: Urgroßeltern

Heike

Haben Sie Ihre Urgroßeltern kennengelernt? Zumindest ein oder zwei davon? Die Wahrscheinlichkeit dafür ist recht groß, denn heutzutage kommt es nicht selten vor, dass vier oder sogar fünf Generationen einer Familie zugleich leben. Dieses Phänomen bezeichnet man in der Fachliteratur als *extended modified family*, wie Erhard Chvojka in seinem Buch *Geschichte der Großelternrolle* schreibt. Tatsächlich gibt es inzwischen in vielen Familien mehr lebende Großelternteile als Enkelkinder.

Doch trotz dieser »Vertikalisierung« der Familien haben die meisten meiner Interviewpartner*innen nur ganz vage Erinnerungen an ihre Urgroßeltern.

»Meine Uroma starb, als ich fünf oder sechs Jahre alt war«, erzählt beispielsweise Torsten. »Ich entsinne mich nur noch daran, dass sie immer in ihrem Lehnstuhl saß. Mehr weiß ich über sie eigentlich nicht.«

Mir selbst geht es ganz ähnlich. Ich habe – jeweils mütterlicherseits – zwei Uromas und einen Uropa kennengelernt, und alle drei starben kurz nacheinander, noch bevor ich in die Schule kam. Die Erinnerungen an sie sind blass, aber dennoch vorhanden. Oft gekoppelt an Gegenstände oder Fotos, doch wenn ich an sie denke, flackern manchmal flüchtige Szenen auf, die mir im Gedächtnis geblieben sind.

Ich sehe zum Beispiel noch meinen Uropa Michel, wie er in einem Korbstuhl in der Sonne sitzt. Oder meine Uroma Auguste, wie sie mir an den Zöpfen zieht, weil so angeblich die Haare schneller wachsen. Und ich höre sie sagen: »Am ersten Freitag im Mai werden die Bohnen gelegt.« Wenn ich an meine Uroma Anna, die Hebamme, denke, dann erinnere ich mich an die Windrädchen und Nivea-Pröbchen, die sie uns immer mitbrachte.

In ihrem ehemaligen Hebammenköfferchen bewahren wir heute übrigens unser Schuhputzzeug auf. Und auch das kleine Holztablett und das emaillierte Marmeladendöschen, das noch aus dem Besitz meiner Uroma Auguste stammt, halte ich in Ehren. Das sind natürlich keine Wertgegenstände, aber ich weiß sie zu schätzen – gerade weil spärliche und daher kostbare Erinnerungen daran geknüpft sind.

Umso begeisterter war ich, als sich im Gespräch mit einer Arbeitskollegin zufällig herausstellte, dass meine Uroma Anna bei deren Geburt dabei war. Meine Kollegin hatte erwähnt, dass sie zu Hause auf die Welt gekommen ist, und ich erzählte daraufhin, dass meine Uroma in ihrem Geburtsort Hebamme gewesen war. Am nächsten Tag brachte sie mir ein Foto mit ins Büro – darauf war sie als Täufling zu sehen, und meine Uroma hielt sie im Arm. Ich konnte es kaum fassen und war regelrecht gerührt.

Apropos alte Fotos: Wenn ich Uroma Anna so betrachte, bemerke ich eine große Ähnlichkeit – die Nase habe ich definitiv von ihr.

Solche Entdeckungen sind umso frappierender, wenn man dem Menschen, dem man so sehr ähnelt, nie begegnet ist. Dieters Urgroßvater beispielsweise starb lange vor seiner

Geburt. Als er im Nachlass seiner Oma ein Foto von ihm entdeckte, stellte er fest, dass er nicht nur dessen exaktes Ebenbild war, sondern auch eine fast identische Brille trug.

Nicht viel anders erging es dem achtzehnjährigen Leander, als er ein Foto seines Urgroßvaters fand. Im ersten Moment erschrak er angesichts der erstaunlichen Ähnlichkeit, dann empfand er Stolz. Dass er selbst quasi die Ahnenlinie weiterführt, ist ihm erst durch dieses Foto bewusst geworden. Dadurch entstand eine mysteriöse Verbundenheit zu diesem Unbekannten und auch in die Vergangenheit. Ohne auch nur das Geringste über diesen Uropa zu wissen, der so früh starb, dass nicht mal Leanders Oma sich noch an ihn erinnern kann, fühlt er sich ihm irgendwie nah. Es ist für ihn einfach schön zu wissen, dass er mit diesem Urgroßvater verbunden ist.

Seine Urgroßväter hat mein Sohn Jonas zwar auch nie kennengelernt, dafür aber seine Uroma – meine Großmutter mütterlicherseits. Doch obwohl wir zusammen in einem Haus wohnten und er in seinen ersten Lebensjahren viel Zeit mit ihr verbrachte – deutlich mehr als ich jemals mit meinen Urgroßeltern –, hat er ebenfalls nur vage Erinnerungen an sie, denn wie bereits berichtet starb sie, als er fünf Jahre alt war.

Ich hake bei Jonas nach und frage, was ihm zu ihr einfällt. Er erwähnt vor allem die Anekdoten, die in unserer Familie oft erzählt werden. Tatsächlich kann er kaum unterscheiden, ob er das auch ohne unsere Gespräche wüsste oder nicht.

Umso besser erinnere ich mich an diese Zeit. Meine Oma trauerte noch sehr um meinen Opa, der ein paar Jahre zuvor gestorben war. Die Nachricht, dass ein Baby unterwegs war, gab ihr regelrecht Auftrieb – auch wenn ihre Formulierung »Jetzt wird euer Glück vollkommen« mir damals furchtbar rückständig vorkam. Als wären kinderlose Menschen per se bedauernswert. Heute weiß ich, wie sie es gemeint hat – und vor allem, dass sie über die nächste Generation in dem Haus, in dem sie selbst 1919 geboren war, überglücklich war.

Sie empfand es als Privileg, die ersten Lebensjahre ihres Urenkels hautnah mitzuerleben, und für Jonas war es ebenfalls ein großes Geschenk. Sie spielte oft mit ihm, er schlief bei ihr im Ehebett, wenn ich abends Chorprobe hatte und mein Mann noch arbeitete, und natürlich verwöhnte sie ihn nach Strich und Faden. Was sie ohnehin als großmütterliches Recht empfand – und für eine Urgroßmutter galt das in ihren Augen umso mehr. Ich sah das ein bisschen anders. Denn wie Ursi in ihrem Kapitel *Verwöhnen oder erziehen* schildert, ist dieses Verhätscheln vor allem dann okay, solange es etwas Besonderes bleibt – eine Ausnahme vom Alltag. Doch wenn man, wie wir damals, zusammenlebt, kann es zu Konflikten führen.

Einmal beispielsweise hatte Jonas Hunger, und ich ließ ihn bei Oma, während ich ihm eine Mahlzeit zubereitete, was wirklich nicht lange dauerte. Als ich dann damit zurückkehrte, hatte der Knabe einen Schokoriegel in der Hand. Ich reagierte einigermaßen stinkig, doch Oma erklärte mit Unschuldsmiene: »Er wollte halt unbedingt – was sollte ich dagegen tun?«

Nun, eigentlich hätte ich erwartet, dass sich eine Achtzigjährige gegenüber einem Zweieinhalbjährigen durchsetzen kann, aber sei's drum. Der Gipfel war, als meinem Sohn der Schokoriegel nicht schmeckte und sie ihn mit den Worten lockte: »Wenn du den isst, bekommst du auch ein Eis!« Da vergaß ich – ich muss es leider gestehen – für einen Moment mein Harmoniebedürfnis …

Ja, manchmal brauchte ich da gute Nerven. Aber meistens war es einfach nur schön, Uroma und Urenkel miteinander zu sehen. Und großen Schaden hat ihr Verwöhnprogramm auch nicht angerichtet – Jonas konnte sehr gut unterscheiden, welche Regeln bei ihr galten und welche bei uns – und wer im Zweifel das Sagen hatte.

Martin hat keinerlei Erinnerungen an seine Urgroßeltern, dennoch weiß er jede Menge über sie. Denn seine Eltern haben das Haus der Vorfahren geerbt, und das erwies sich als regelrechtes Museum.

»Wir haben dort ein paar Mal Urlaub gemacht, und das war wie eine Zeitreise in die Familiengeschichte. Wir entdeckten jede Menge uralte Fotos, ganz viel Schriftverkehr, der dank Durchschlägen sogar komplett war, Postkarten, abfotografierte Porträtgemälde von Vorfahren bis hin zum Ururururgroßvater, auf deren Rückseiten nicht nur die Namen, sondern auch die Geburts- und Sterbedaten vermerkt waren«, erzählt er. Das klingt spannend, und ich will mehr wissen. Martin berichtet weiter: »Dieser Mann war um 1800 herum in Baden-Württemberg Badearzt und betrieb ein Kurhaus. Er hatte ein kleines Hotel gekauft und es ausgebaut – es gab sogar einen Kurpark mit mehreren Wasserquellen. Dieses Hotel erlangte einen guten Ruf und beherbergte nicht selten auch prominente Gäste. Es wurde über einige Generationen hinweg von der Familie weiterbetrieben, und es existieren fast noch die kompletten Geschäftsunterlagen.«

Obwohl Martins Urgroßvater das Hotel schließlich verkaufte und die nächste Generation später auch den dazugehörigen Mineralwasserbetrieb, fühlt er sich noch ein bisschen wie ein Teil dieses Kurortes.

»Ich fand es toll, in diesem Familienmuseum Urlaub zu machen und so tief in die Familiengeschichte einzutauchen«, sagt er. »Ein Gemälde mag ich ganz besonders. Es zeigt die Kurgäste meines Ururururgroßvaters, wie sie auf Eseln durch den Kurpark ritten, und ihn, wie er sich mit einer Schalmei hinter einem Busch versteckte, um sie zu überraschen.«

Oh, dieses Bild wäre garantiert auch mein Favorit gewesen!

In manchen Fällen ist das Familienarchiv eine schier unerschöpfliche Quelle, zuweilen nur ein Rinnsal – und manchmal einfach gar nicht vorhanden.

Von meinen Urgroßeltern väterlicherseits weiß ich beispielsweise nur, dass sie Metzger waren und am liebsten Kuchen aßen, was ich sehr lustig finde.

Und die Urgroßeltern mütterlicherseits habe ich als kleines Kind ja kennengelernt. Alle bis auf einen. Irgendwann ging mir auf, dass vom Vater meines Opas nie die Rede war, und ich fragte nach. Zuerst bekam ich nur ausweichende Antworten. Was ich nicht verstand, denn wenn er früh gestorben war, musste man doch kein Geheimnis darum machen, oder? Ich bohrte so lange weiter, bis meine Oma mich endlich einweihte: Mein Opa war ein uneheliches Kind, was damals – zu Beginn des zwanzigsten Jahrhunderts – noch als große Schande galt.

Es stellte sich heraus, dass dieser Urgroßvater nicht wirklich verschollen war, sondern sich jahrelang um Kontakt zu seinem unehelichen Sohn bemüht hatte – doch der lehnte das immer ab. Warum, darüber kann man nur spekulieren. Es waren eben andere Zeiten mit anderen Werten und gesellschaftlichen Zwängen.

Ich wunderte mich stets, dass mein Opa nicht von sich aus den Wunsch hegte, seinen Vater kennenzulernen. Womöglich hatte er ja sogar Halbgeschwister? Auch meine Mutter, die als Einzelkind aufwuchs, hätte das sehr begrüßt. Kaum dass sie von dieser Geschichte erfuhr, war sie furchtbar neugierig, ob es vielleicht Cousins oder Cousinen gab. Möglicherweise besuchten die sogar dieselbe Schule wie sie?

Aber über das Thema durfte nur heimlich gesprochen werden und nie in Anwesenheit meines Opas – das war absolut tabu.

Nach seinem Tod fanden wir in seinen Unterlagen die Todesanzeige dieses Urgroßvaters, der nur wenige Jahre zuvor hochbetagt gestorben war. Es hätte also noch viel Zeit für ein Kennenlernen gegeben.

Manchmal spekuliere ich, ob ich diesem Uropa irgendwann einmal begegnet bin – vielleicht in der Stadt, im Theater oder beim Einkaufen –, ohne es zu wissen. Und dann denke ich, dass es sogar spannender sein kann, wenn nicht alle Fragen beantwortet werden. Das lässt viel mehr Raum für die Fantasie.

Liebe Heike,
du hast absolut recht: Die eigenen Urgroßeltern regen die Fantasie an. Man kennt vielleicht ein paar Geschichten von ihnen, aber was sie wirklich als Menschen ausmachte, kann man nur

erahnen. Zusätzlich stammen sie – anders als die Großeltern, mit denen man ja meist zumindest ein bisschen Lebenszeit gemeinsam hatte – aus einer fremden Epoche.
Meine Urgroßmutter väterlicherseits, sie hieß genauso wie ihre spätere Schwiegertochter (= meine Oma) Rosa, hat mich immer besonders fasziniert, und das, obwohl sie nur die Stiefmutter meines Opas war. Sein Vater Franz und seine leibliche Mutter trennten sich nämlich, als er noch ein Kleinkind war. Und – ich kann mich nicht genug darüber wundern – sie teilten ihre beiden Söhne unter sich auf. Mein Opa blieb bei Franz. Sein jüngerer Bruder ging mit der Mutter ins für damalige Reiseverhältnisse weit entfernte Wien.
Nach einiger Zeit fand Franz eine neue Frau: die Hutmacherin Rosa. Gemeinsame Kinder gab es keine, aber sie zog meinen Großvater wie ihr eigenes auf. Daher sehe ich sie auch als meine Urgroßmutter.
Sie ist knapp zwanzig Jahre vor meiner Geburt verstorben, und ich kann mich nicht erinnern, dass jemals von ihr erzählt worden wäre. Aber es gibt ein paar Fotos von dieser stattlichen Frau, und ich besitze einiges aus ihrem Haushalt. Geschirr, Besteck und Gemälde – alles wahnsinnig geschmackvoll. Ich stelle mir also vor, dass sie mit dieser Stilsicherheit in jungen Jahren tolle Hüte kreiert hat.
Vor ein paar Jahren tauchte dann in den Hinterlassenschaften meiner Großeltern ein von Rosa handgeschriebenes Kochbuch auf. Dieser Fund faszinierte mich mehr als alles andere. Wenn ich es berühre, bilde ich mir ein, ich könnte sie förmlich spüren. Ich habe dann begonnen, die Rezepte nachzukochen. Die Venezianer Gemüsesuppe, den Kohlpudding, den Weihnachtstriezel und vieles mehr. Besonders gut gelang das Catsup *(= Ketchup), wofür Rosas Anleitung solch unglaub-*

liche Mengen ergab, dass es auf die ganze Großfamilie verteilt werden musste. Diese Kocherlebnisse teilte ich auf Facebook, was bei den Followern super ankam. Offensichtlich konnten sie nachvollziehen, wie verbunden ich mich durch das Kochen dieser Rezepte mit meiner Urgroßmutter fühlte. Sie und ich standen gemeinsam in der Küche, und die Social-Media-Welt sah dabei zu.
Liebe Grüße
Ursi

Klischees mit wahrem Kern: Was wir immer wieder gehört haben

Ja, wir wissen, wie wenig Klischees eigentlich taugen. Und uns ist auch klar, dass Großeltern so verschieden sind wie Schneeflocken. Niemals würde ein einzelnes Buch reichen, um sie alle zu beschreiben. Und doch haben sich manche Aussagen in unseren Gesprächen verblüffend oft wiederholt. Nicht selten ist es passiert, dass die Interviewpartner*innen sogar Erinnerungen an unsere eigenen Großeltern hervorgerufen haben. »Stimmt! So war das bei Oma/Opa auch«, haben wir dann gedacht. Vielleicht geht es Ihnen beim Durchschmökern dieser Liste ja genauso, liebe Leserin, lieber Leser. Sind Sie etwas jünger und Ihre Großeltern somit aus der nächsten Generation, lesen und staunen Sie!

<u>Lieblingsplatz</u>

Viele Großeltern hatten im Alter einen Lieblingsplatz. Bei der einen Oma war es ein Korbstuhl am Fenster, beim anderen Opa eine Bank unterm Kirschbaum. Auf jeden Fall wurde dort stundenlang gesessen, geschaut und sinniert. Ab und zu mit einem Enkelkind daneben. Erstaunlich oft hockten die Großeltern da jedoch allein und wirkten trotzdem zufrieden. Wir sind gespannt, ob wir später ebenfalls einmal so einen Ort haben oder ob wir die Abwechslung auch dann noch so lieben werden wie heute.

Strukturen und Rituale

Ist es eine Frage des Alters, oder war es eine Angewohnheit dieser speziellen Generation? Wir wissen es nicht. Aber erstaunlich viele Großeltern, von denen uns erzählt wurde, hatten als Rentner*innen einen peniblen Stundenplan für ihren Tagesablauf. Feste Essenszeiten (oft verbunden mit der Medikamenteneinnahme), das obligatorische Mittagsschläfchen, danach der Nachmittagskaffee mit Kuchen, täglich dieselbe Nachrichtensendung, immer die gleichen Süßigkeiten in der Schublade und Karten spielen nach Termin. Als Kinder fanden wir Enkel all die Rituale kurios, aber irgendwie auch großartig entspannend.

Mama und Papa als Kind

Oma schimpft Papa, weil er »Scheiße« sagt. Opa findet, Mama soll nicht immer so lange aufbleiben. Mitzubekommen, wie die eigenen Eltern in der Gegenwart der Großeltern wieder zu Kindern werden, setzt manches ins rechte Licht – vor allem dann, wenn Oma und Opa in Streitigkeiten Partei für die Enkelkinder ergreifen. Als besonderes Highlight wurde in den Erzählungen hervorgehoben, wie Schulzeugnisse der Eltern hervorgekramt wurden, um zu beweisen, dass sie in Mathe/Rechtschreibung/Latein auch nicht viel taugten. Das hat schon was!

Teddybär und Eisenbahn

Recht oft wurde uns von alten Spielsachen erzählt, die sich in den Schränken der Großeltern befanden und die gänzlich anders aussahen als die eigenen. An ihnen klebte die Aura der Vergangenheit. Ursi erinnert sich an Zootiere aus Kunststoff, die in den Nachkriegsjahren den Linde-Kaffeepackungen beigefügt waren. Und Heike denkt gern an die von Opa selbstgezimmerte Puppenstube. Was außerdem bei Großeltern mit eigenem Haus und Grundstück oft dazugehörte: ein Spielhäuschen im Garten. Heutzutage ist es wohl am häufigsten ein Trampolin.

Bravsein

Früher war eine von Großeltern besonders geforderte und geförderte Enkeleigenschaft das Bravsein. Bei Mädchen vielleicht noch mehr als bei Jungen. Nicht selten wurde es finanziell belohnt, immer jedoch gelobt. Bravsein bei Tisch, beim Zubettgehen, in der Schule, beim Aufräumen und im Straßenverkehr – so konnte man bei den Großeltern auf jeden Fall punkten.

Uhren

Verblüffend, wie oft in unseren Gesprächen von Uhren die Rede war. Erzählt wurde von Armbanduhren, Taschenuhren, Metallweckern und vor allem von schlagenden Wanduhren. Wie Symbole für die Vergänglichkeit ticken sich die verschiedensten Zeitmesser durch die Erinnerungen der Enkelkinder. In Zeiten von iPhones und Smartwatches werden wir da ganz nostalgisch.

Gebürstet

Rückenbürsten mit Stiel am Badewannenrand, hölzerne mit Silberfäden gespickte Haarbürsten, Kleiderbürsten gegen Fusseln auf der Jacke und Rasierpinsel. Unsere Omas und Opas hatten noch echte Markenware aus Naturmaterialien im Haus. Die Dinger waren unverwüstlich und damit konstantes Inventar der großelterlichen Wohnung. Wir

Enkelkinder beäugten diese borstigen Hygienegegenstände mit schaurig-schönem Grusel und haben sie für immer im Gedächtnis behalten.

Back- und Kochkünste

Omas kannten sich in der Küche aus. Das war früher ein Naturgesetz. Und sie fuhren für ihre Enkel immer ein kulinarisches Verwöhnprogramm der Extraklasse auf. Da wurde auf Teufel komm raus gebacken und gekocht, in der Wohnung hingen die besten Düfte, und es durfte so viel gegessen werden, wie man nur wollte. Essen und Großmutter-Erinnerungen gehören untrennbar zusammen. Ursi denkt sofort an Pfeffernockerln und Marillenkuchen. Heike schmeckt noch die Pfannkuchen mit Apfelmus und die Dampfnudeln …

Der Wochen-Speiseplan

Wenn die Enkelkinder da waren, wurde gerne mal davon abgewichen, um ihren Wünschen zu entsprechen, doch ansonsten galt bei vielen Großeltern ein geregelter Speiseplan, der für jeden Wochentag festlegte, welche Art Gerichte auf den Tisch kamen. Zum Beispiel: Fleisch gab es nur sonntags – und allerhöchstens am Montag noch, wenn man nämlich die Reste vom Vortag aß. Dienstags und donnerstags wurden Mehlspeisen serviert, am Mittwoch ein Kartoffelgericht, freitags natürlich Fisch und am Samstag Suppe oder Eintopf. Immer. Eigentlich ganz praktisch, nicht ständig überlegen zu müssen, was man kochen könnte, oder?

Einkochen und Einmachen

Die Großeltern, die auf dem Land lebten und einen Garten hatten, ernteten laut den Erzählungen ihrer Enkelkinder oft massenhaft Obst und Gemüse – so viel, dass es gar nicht alles zeitnah gegessen werden konnte. Daher wurde ein Teil der Ernte auch sauer eingelegt, eingeweckt oder zu Säften und Marmeladen verarbeitet. Nicht selten durften (oder mussten) die Enkel dabei helfen – und sei es nur beim Kirschenentkernen, Bohnenschnippeln oder Mus-Umrühren. Wenn die lieben Kleinen nach zehn Minuten keine Lust mehr auf die anstrengende Arbeit hatten, lächelten die Großmütter nur milde und machten den Rest allein (was dann vermutlich auch viel schneller ging).

Werkstattgeräusche

Oft hörten wir auch Geschichten von Opas in Werkstätten. Da wurden Holzautos für die Enkel gebastelt, Sachen repariert und Schrauben sortiert. Heike hat ja schon erzählt, dass aus dem ursprünglichen Arbeitsraum ihres Opas später ihr Hauswirtschaftsraum wurde. Alle berichten auf jeden Fall von unvergesslichen Stunden, in denen mit den Opas über Gott und die Welt gesprochen wurde.

Überhaupt: das typische Opa-Programm

Gemeinsam mit Opa etwas bauen, wandern oder angeln gehen, am Auto herumschrauben, auf dem Dorffest einen ersten Schluck Bier aus seinem Glas trinken – das sind Erinnerungen, die viele teilen. Und das Kreuzworträtsel oder das Preisausschreiben blieb ihm vorbehalten – besser, man versuchte sich nicht selbst daran. Und wenn, dann allerhöchstens dünn und mit Bleistift …

Stricksachen

Vielleicht ein Klischee, aber eins, das auf viele Omas zutraf: Sie strickten. Spätestens wenn das erste Enkelkind unterwegs war, legten sie damit los. Und von da an versorgten sie sämtliche Nachkommen mit Socken, Schals, Handschuhen und Pullovern. Vor allem die Strümpfe waren sehr beliebt, weil sie eine Kunst für sich sind. Natürlich haben die Omas selbst am liebsten handgestrickte Socken getragen, und das nicht nur im Winter. Nett, wie viele Großeltern (zugegeben nach wie vor eher Großmütter) auch heute wieder nach den langen Nadeln greifen.

Großmütterliche Warnungen

»Pass auf, wenn du über die Straße gehst« – diese Warnung konnten Omas einfach nicht bleiben lassen. Als wäre es eine Zauberformel, die Unheil abwendet. Irgendwann wurde daraus »Lauf im Dunkeln nicht allein nach Hause« und »Fahr vorsichtig«. Was in keinem Enkel-Alter fehlen durfte, sind Hinweise zur Kleidung: »Willst du dir nicht noch eine Jacke überziehen? Oder zumindest ein Halstuch mitnehmen?« Omas waren eben immer um die lieben Enkel besorgt. Zuweilen konnte das ein bisschen nerven, aber meistens wurde es als Zeichen der Liebe und Zuneigung wahrgenommen – und dann doch ignoriert. Wir sind aber ziemlich sicher, dass wir das alles als Großmütter auch sagen werden.

Nichts wurde weggeworfen

Viele Großeltern hatten den Krieg oder die entbehrungsreiche Nachkriegszeit erlebt. Dinge, die noch funktionierten oder irgendwie brauchbar waren, konnten sie einfach nicht wegwerfen. Das widerstrebte all ihren Erfahrungen und Überzeugungen. Und erstreckte sich selbst auf jahrzehntealte Zeitschriften, längst abgelaufene Vorräte oder Kleidung, die schon ewig nicht mehr modern war und auch nicht mehr passte. Aber: Man wusste ja nie. Der Keller war groß, und was da gelagert war, fraß schließlich kein Brot.

Teil 3

Plötzlich Großeltern

Neue Rolle, neue Herausforderungen

Was tun vor lauter Vorfreude? Wenn ein Enkelkind unterwegs ist

Heike

Die Vorstellung, eines – vielleicht nicht mehr allzu fernen – Tages Oma zu werden, ist eine ganz wunderbare. Was ich nach den anfänglichen Freudentränen und dem Anstoßen mit Schampus tun werde? Ich weiß es ehrlich gesagt noch nicht. Als ich selbst schwanger war, habe ich allerhand Ratgeber über Schwangerschaft, Geburt und Kindererziehung gelesen. Und tatsächlich bin ich ebenso vorgegangen, als wir acht Jahre später planten, uns einen Hund anzuschaffen. Bevor das neue Familienmitglied ins Haus kam, wusste ich alles über den Umgang mit ihm. So bin ich nun mal – ich fühle mich einfach nur dann gut vorbereitet, wenn ich möglichst viel über das weiß, was auf mich zukommt.

Mein Mann tickt da völlig anders. Er ist ein Praktiker und verlässt sich auf sein Bauchgefühl. Und das funktioniert bei ihm einwandfrei. Wir sind eben total unterschiedlich, und das ist auch völlig okay so.

Zurück zum Thema »Großeltern werden«: Ich schätze also, dass ich mich dann gründlich einlesen werde. Vermutlich werde ich Stammleserin von *Grosseltern*, dem Schweizer Magazin über das Leben mit Enkelkindern. Und natürlich habe ich vor, mich mit meinen Freundinnen und Bekannten, die schon Enkelkinder haben, auszutauschen. Mit einigen von ihnen habe ich mich bei der Vorbereitung auf dieses

Buch bereits über das Großelternwerden unterhalten und bin nach dem Gespräch mit Edda, Claudia und Angelika schon ziemlich gut im Thema.

Ich: Wie habt ihr euch auf die neue Rolle vorbereitet? Was habt ihr gemacht, um eurer Vorfreude Ausdruck zu verleihen?

Edda (57, werdende Großmutter)**:** Ich habe natürlich sofort angefangen zu stricken *(lacht)*. Kurz nachdem die Gynäkologin die Schwangerschaft definitiv bestätigt hat, sind wir gemeinsam verreist – mein Mann Kalle und ich, unsere Tochter Antonia, ihr Partner und dessen Eltern. Da war die Neuigkeit noch ganz frisch, und alle waren völlig aus dem Häuschen. Und mir kamen jedes Mal, wenn von dem Thema die Rede war, die Tränen.

Ich: Das kann ich gut verstehen. Was genau ist da in dir vorgegangen?

Edda: Es ist ein total schönes Gefühl, dass demnächst die nächste Generation kommt. Antonia und ich hatten schon immer eine besonders enge Mutter-Tochter-Bindung, deshalb erlebe ich das alles so intensiv mit. Dass mein Kind bald Mama wird, rührt mich sehr. Ich sehe meine Tochter auf einmal mit ganz anderen Augen. Irgendwie passiert da auch gerade ein Rollenwechsel …

Ich: Wie habt ihr anderen diesen Rollenwechsel erlebt?

Angelika (59, hat einen 3-jährigen Enkel): Ich bin eine absolut begeisterte Oma! Dennoch hat es mir anfangs wirklich zu schaffen gemacht, dass ich dadurch auf einmal in die »alte Generation« gerutscht bin. Einer Freundin, deren erste Enkeltochter demnächst zur Welt kommt, geht es übrigens ganz ähnlich. Obwohl wir mit etwas Glück noch viele Jahre oder sogar ein paar Jahrzehnte vor uns haben, gehören wir auf einmal zur »Sterbegeneration«. Das klingt zwar hart, aber es ist nun mal so. Und als meine Tochter schwanger wurde, ist mir das mit einem Mal bewusst geworden. Ich habe eine Weile ganz schön damit gehadert, doch das ist inzwischen vorbei. Jetzt genieße ich das Oma-Leben.

Ich: Hast du die Vorfreude dennoch erlebt?

Angelika: Ja natürlich, absolut. Und wenn ich darf, möchte ich werdenden Omas und Opas einen wichtigen Tipp für diese Phase mit auf den Weg geben: Bloß nicht in einen Kaufrausch geraten. Das habe ich nämlich bei vielen anderen Großeltern erlebt. Die haben massenhaft Geschenke für das ungeborene Enkelkind gekauft, ohne das mit ihren Kindern und Schwiegerkindern abzustimmen. Und diese Geschenke kamen oft gar nicht so gut an wie erhofft. Die Enttäuschung ist dann vorprogrammiert. Ich würde deshalb dringend dazu raten, die werdenden Eltern zu fragen, was sie noch brauchen und sich wünschen. Wir haben mit den anderen Großeltern zusammengelegt, wenn es um größere Anschaffungen ging. Aber ich fand es auch schön, dass eine Sache – nämlich das Babykörbchen, das man ans Elternbett dranhängen kann – nur von mir war. Es war für mich ein wunderschöner Gedanke, dass da mein Enkelkind drin lag. Mittlerweile ist er ja längst zu groß dafür.

Claudia (63, zweifache Oma)**:** Als meine Tochter Charlotte schwanger war, beklagte sie sich einmal während eines unserer Telefonate, dass sie überhaupt nicht zum Einkaufen käme. Daraufhin fuhr ich in eine tolle Boutique für Umstandsmoden und habe eine kleine Vorauswahl getroffen. Die habe ich Charlotte dann per Videocall präsentiert, und sie hat sich ein Kleid, ein Oberteil und einen Badeanzug ausgesucht. Das hat mir viel Spaß gemacht – und meiner Tochter ebenso. Das war ein toller gemeinsamer Einkaufsbummel, wenn auch über mehrere hundert Kilometer Distanz.

Und als die Kinder dann da waren, freuten sie sich immer riesig über Bücher. Wir bringen ihnen bei jedem Besuch welche mit, und inzwischen haben sie eine richtige kleine Kinderbibliothek.

Angelika: Ich bin auch eher die Bücher- und Vorlese-Oma. Mein Enkelsohn hat durch die Patchwork-Familiensituation so viele Großelternpaare, dass niemand alle Rollen übernehmen muss, sondern die herauspickt, die zum eigenen Naturell passt. Das finde ich ganz cool.

Ich: Noch mal zurück zu der Vorbereitungsphase, bevor das Enkelkind auf der Welt ist. Edda, du erlebst das ja gerade. Was geht da in dir vor?

Edda: Ganz praktisch, indem wir beispielsweise unserem Hund einen Maulkorb gekauft haben und versuchen, ihn an

Bus und Bahn zu gewöhnen. Damit ich ihn schnappen und spontan mein Enkelkind in Hamburg besuchen kann, wenn mir danach ist. Und emotional – nun, ich muss noch in die neue Rolle hineinwachsen. Am Anfang sprach ich über das Baby, als würden wir selbst wieder eins erwarten. Kalle korrigierte mich dann und machte mir klar: »Das wird nicht unser viertes Kind sein, sondern Antonias Baby.« Logisch, das weiß ich ja – aber gefühlsmäßig musste ich das erst richtig einsortieren. Ein Enkelkind ist nun mal etwas anderes als eigener Nachwuchs. Zumal man es ja noch mit dem zweiten Großelternpaar teilen muss, sozusagen. Ich werde das Kind hoffentlich oft sehen und sein Aufwachsen begleiten, aber eben nicht tagtäglich.

Ich: Und welche Konsequenzen ziehst du aus dieser Erkenntnis?

Edda: Ich habe mir vorgenommen, mich in Zurückhaltung zu üben. Grundsätzlich werde ich mit meinen Enkeln wohl nicht viel anders umgehen als mit meinen eigenen Kindern, aber unaufgeregter. Mehr genießen und unterstützen, nicht erziehen.

Ich: Und wie bereitet sich dein Mann auf seine Rolle als Opa vor?

Edda: Während ich anfing zu stricken, hat er sich das Baumhaus im Hof vorgenommen. Es soll erneuert und um eine Rutsche ergänzt werden. Ich glaube, er sieht das Kind schon laufen und krabbeln, obwohl es noch gar nicht auf der Welt ist! Aber mir geht es ja ganz ähnlich. Gemeinsam überlegen wir bereits, wieder ein Spielzimmer einzurichten, so wie früher, als unsere Kinder klein waren.

Ich: Zurückhaltung und Vorfreude – das ist sicher nicht immer leicht zu vereinbaren, vor allem, wenn es dann auf den Geburtstermin zugeht, oder? Da steigt doch auch bei den werdenden Großeltern die Aufregung …

Claudia: Allerdings! Unsere Tochter lebte damals in Bayern, wir in der Pfalz. Um in ihrer Nähe zu sein, wenn es losging, machten wir Urlaub in der Region. Als wir erfuhren, dass die Wehen eingesetzt hatten, waren wir furchtbar aufgeregt und konnten kaum schlafen. Die ganze Nacht über haben wir aufs Handy geschaut und uns schon Sorgen gemacht. Endlich kam die erlösende Nachricht, dass die kleine Nora geboren war. Natürlich wollten wir sie recht bald kennenlernen, aber Charlotte bremste uns. Sie würde uns Bescheid geben, sobald es passt.

Wir saßen also in unserer Ferienwohnung wie auf glühenden Kohlen und warteten auf das Signal, dass wir kommen durften. Mit einem Riesenluftballon sind wir dann ins Krankenhaus gefahren. Ein unvergesslicher Glücksmoment.

Allerdings erfuhren wir später, dass die anderen Großeltern schon lange vor uns da gewesen waren. Die waren nämlich clever genug, gar nicht groß um Erlaubnis zu fragen, und sind einfach dort aufgekreuzt *(lacht)*.

Ich: Abschließend noch eine Frage an euch drei. Sicher habt ihr euch vorgenommen, eine gute Oma und zugleich eine gute Mutter zu sein. Wie würdet ihr das definieren?

Angelika: Ich habe ja anfangs erwähnt, dass ich mit dem Aufrücken in die Oma-Generation zunächst so meine Schwierigkeiten hatte. Während gleichaltrige Frauen in meinem Umfeld, die ihre Kinder nicht so früh bekommen haben wie ich, noch mitten in der Erziehungsphase sind, erlebte ich mein Omawerden zeitgleich mit meinem Älterwerden als Frau. Auf einmal wachsen nur noch graue Haare nach, und man bekommt Falten an Stellen, von denen man dachte, sie blieben ewig glatt. Dadurch wurde mir umso deutlicher, dass jetzt ein neuer Lebensabschnitt beginnt.

Gleichzeitig machte es mir bewusster, wie kostbar die gemeinsame Zeit ist. Deshalb bedeutet für mich, eine gute Mutter und Oma zu sein, dass ich diese Zeit bewusst gestalte und genieße – und nichts für selbstverständlich nehme.

Claudia: Als ich Oma wurde, habe ich zu meiner Tochter gesagt: Ich will da sein, wenn sie Hilfe braucht, ich möchte ihr auch gerne Tipps geben – aber nur, wenn sie das möchte. Denn wie heißt es doch so schön? Ungebetene Ratschläge sind auch Schläge. So was nervt furchtbar, und als junge Mutter will man erst einmal selbst zurechtkommen, nicht bevormundet werden.

Edda: Auf jeden Fall habe ich vor, jederzeit für unsere Kinder und Enkel da zu sein, wenn sie mich brauchen, und mir immer Zeit für sie zu nehmen. Ich freue mich auf gemeinsame Urlaube mit der Großfamilie und ihre Besuche hier bei uns. Denn ich liebe es, ein volles Haus zu haben – das gefiel mir schon bei meinen eigenen Großeltern so gut, und ich möchte, dass es bei uns auch so wird.

Tipps für werdende Großeltern

Einige relevante Punkte haben meine Gesprächspartnerinnen ja schon genannt: Zurückhaltung ist ganz wichtig, ebenso Hilfsbereitschaft und Geduld. Was mir in weiteren Interviews mit auf den Weg gegeben wurde, habe ich hier für Sie (und eines Tages auch für mich) zusammengefasst:

Wenn Sie vorhaben, das Enkelkind regelmäßig zu betreuen, sollte das so organisiert sein, dass es für alle Beteiligten passt. Sprechen Sie mit den Enkeleltern ab, was zu beachten ist – und akzeptieren Sie, dass bestimmte Dinge jetzt anders laufen, als Sie es früher mit den eigenen Kindern gehandhabt haben.

Es ist aber auch okay, dass manche Regeln bei Ihnen nicht ganz identisch sind wie bei den Eltern. Ihre Enkelkinder lernen dadurch, dass nicht überall alles gleich läuft.

Besorgen Sie sich eine Wickelunterlage und ein paar Windeln, einen Autositz, etwas Spielzeug und Kinderbesteck.

Machen Sie Ihre Wohnung wieder ein bisschen kleinkindgerechter – zum Beispiel mit Treppengittern, Sicherheitssteckdosen und Schubladensperren.

Informieren Sie sich über neueste Trends und Erkenntnisse im Umgang mit Babys und Kleinkindern. Vielleicht ist so manches, was in Ihrer Zeit als junge Eltern noch angesagt war, längst überholt? So weiß man inzwischen zum Beispiel, dass Kinder auch ohne strenges Training trocken werden und dass »schreien lassen« keine gute Idee ist.

Und genießen Sie die Zeit mit den Enkelkindern! Es ist wunderbar, die nächste Generation auf ihrem Weg ins Leben begleiten zu können. Sei es nun in Form regelmäßiger Betreuung oder durch Besuche in den Ferien. Denn die bleiben, wie Sie im Kapitel *Von Kuchenbacken bis Freizeitpark: So vielfältig ist gemeinsam verbrachte Zeit mit Oma und Opa* gelesen haben, einfach unvergesslich.

Und bei aller Freude über die Enkelkinder: Vergessen Sie Ihre Kinder und Schwiegerkinder nicht! Auch die brauchen als frischgebackene Eltern etwas Aufmerksamkeit und freuen sich, wenn man sie fragt, wie es ihnen geht.

Was sollten richtig gute Großeltern nie tun? Und wodurch können sie sich auszeichnen?

Ursi

In meinen Interviews habe ich den Gesprächspartner*innen auch immer die Frage gestellt, ob sie Tipps für Großeltern haben. Worauf kommt es an, damit die Beziehung zu den Enkelkindern richtig gut wird und bleibt? Und was sind absolute No-Gos?

Hier eine kleine Sammlung, was mir die Leute so geantwortet haben:

Großeltern-No-Gos:

»Großeltern sollten spätestens jetzt ihre Kinder, die inzwischen selbst Eltern sind, nicht mehr weiter erziehen.«

»Überraschungsbesuche finde ich persönlich nicht so toll. Wenn Oma und Opa kommen, will ich das vorher wissen, damit ich dann auch wirklich Zeit habe.«

»Wenn meine Oma mir ungefragt ihre Hilfe aufdrängen will, nervt mich das.«

»Es gibt Großeltern, die Meister der Manipulation sind und die Enkelfamilie dazu zwingen, nach ihren Vorstellungen zu leben. Für mich ist das der direkteste Weg in eine schlechte, unaufrichtige Beziehung zueinander.«

»Mein Opa neigt zu schlimmen Verallgemeinerungen. Die Jugend heutzutage ist unmöglich, sagt er. Weil ihm mal jemand auf der Straße nicht ausgewichen ist, sondern nur aufs Handy geglotzt hat. So etwas kränkt mich.«

»Ganz ehrlich? Wer stolz darauf ist, dass seine Enkelkinder keinen Computer haben und Computerspiele nicht kennen, ist nicht ganz auf der Höhe der Zeit.«

»Ich mag es nicht, wenn Oma und Opa herumnörgeln. Das macht negative Stimmung und ist meistens ja auch keine konstruktive Kritik.«

»Es gibt tatsächlich auch unter Großeltern Mobber. Da werden Familienmitglieder ausgegrenzt, schikaniert und angeprangert. So etwas ist furchtbar und geht natürlich überhaupt nicht.«

»Was ich unmöglich finde: Wenn Großeltern ein Enkelkind extrem bevorzugen und das andere krass benachteiligen. Denn das schürt bloß Neid und Eifersucht und führt nicht selten zu Streit innerhalb der Familie.«

»Enkelkinder sollten nicht die Verantwortung dafür tragen müssen, dass der Kontakt gehalten wird. Dann melden sie sich eben nie. Na und? Mache eben immer ich den ersten Schritt.«

»Ein leerer Kühlschrank bei Oma und Opa geht gar nicht!«

»Alles, was die elterliche Erziehung angeht, ist ein Minenfeld. Ungefragte Ratschläge, Einmischungen oder ein Torpedieren sind samt und sonders nicht dienlich für alle Beteiligten.«

»Die Oma meiner Freundin ist ziemlich übergriffig mit ihren Küsschen und aufgedrängten Umarmungen. Einfach nur schrecklich.«

»Für die Nachkriegsgeneration ist es hart, wenn Essen weggeschmissen werden muss. Aber Enkelkinder sollte man trotzdem nicht zum Aufessen zwingen.«

»Gerade wenn Eltern geschieden sind, ist es brandgefährlich, vor den Enkelkindern schlecht über deren Vater oder Mutter zu reden.«

»Meine Mutter hat immer zu meiner Tochter gesagt: ›Lass die Mama, die ist überarbeitet!‹ Sie hat dadurch mein Kind von mir ferngehalten, und das geht nicht.«

Tipps für Großeltern:

»Am besten kann man die Enkelkinder unterstützen, indem man ihre Stärken und positiven Seiten hervorhebt. Kritik und negative Vergleiche soll man besser sein lassen.«

»Geschenke sind natürlich immer willkommen. Aber es empfiehlt sich doch, sich vorher ein wenig mit den Eltern abzusprechen.«

»Es ist normal, dass sich Enkelkinder in der Pubertät abnabeln wollen. Natürlich auch von den Großeltern. Und da ist es wichtig, dass das Bedürfnis nach Abgrenzung ernst genommen wird.«

»Für uns als Großeltern war es immer das Beste, uns nicht vereinnahmen zu lassen. Selbstverständlich nehmen wir aktiv am Leben der Enkel teil. Aber dennoch haben wir unsere eigenen Wünsche und Vorstellungen.«

»Großeltern dürfen und sollen ihren Toleranzbereich ganz genau artikulieren. Es ist absolut in Ordnung, nicht alles hinzunehmen. Ich zum Beispiel mag es nicht, wenn die Kinder bei uns mit den Schuhen durchs Haus laufen. Also sage ich das, und dann ist es auch kein Problem mehr. Still ärgern bringt auf jeden Fall niemandem was!«

»Sollte ein Enkelkind einmal in ernsthafte Gefahr geraten – ich sage jetzt als Stichwort mal Drogensucht –, ist es ratsam, als Oma und Opa professionelle Hilfe zu holen. Zu denken, man könnte in solchen Situationen selbst viel ausrichten, ist naiv.«

»Ich finde, die Alten sollten für die Belange der jungen Generation offenbleiben. Ich finde es super, wenn meine Großeltern in Situationen, in denen ihnen was befremdlich erscheint, nicht gleich abwinken. Wann immer ich ihnen Dinge erklären oder zeigen kann, verbindet uns das ganz wunderbar.«

»Es ist wichtig, dass sich Großeltern ihr eigenes Leben bewahren.«

»Für mich war es notwendig zu realisieren, dass ich nicht mehr das Familienoberhaupt bin. Das sind nun die Jungen, in ihrer Rolle als Eltern.«

»Großeltern fordern oft Respekt ein, geben ihn den Enkelkindern aber mitunter nicht zurück. Ein Kind so zu respektieren, wie es ist, auch wenn es schwierige Seiten hat, ist ein Akt der Achtung, und das sollte für Omas und Opas selbstverständlich sein.«

»Es ist in Ordnung, wenn sich in Großfamilien auch mal Untergruppen bilden. Ich weiß, es ist manchmal schwer, aber es ist wichtig, dass Großeltern es aushalten, nicht überall dabei zu sein.«

»Großeltern sollen mit ihrer Meinung zur Partner*innenwahl der Enkelkinder hinterm Berg halten. Es ist förderlich für die gute Beziehung, wenn sie da neutral bleiben.«

»Die Welt hat sich geändert. Was vor zehn Jahren noch okay war, ist es jetzt nicht mehr. Oft zu Recht! Daher rate ich allen Großeltern, das Gewicht und die körperliche Erscheinung ihrer Enkelkinder niemals zu kommentieren. Egal, ob sie zu- oder abgenommen haben. Enkelkinder sind immer genau so okay, wie sie gerade sind!«

»Es bringt nichts, Hilfe aufzuzwingen. Besser ist es, wenn Großeltern fragen, was sie tun können, um die Enkelkinder zu unterstützen. Oft brauchen die ja eine Form von Beistand, auf den Oma und Opa nie gekommen wären.«

Wenn die Großelternrolle das eigene Leben neu definiert

Heike

»Enkelkinder sind der Nachtisch des Lebens«, sagt ein schwedisches Sprichwort, das mir sehr gut gefällt. Tatsächlich: Enkelkinder zu haben, empfinden die meisten Großeltern als sehr erfüllend. Sie sehen es als ihre Aufgabe an, in dieser neuen Lebensphase für ihre Kinder, die jetzt Eltern sind, und natürlich für die jüngste Generation da zu sein. Indem sie die frischgebackene Familie aktiv unterstützen, aber auch ihr Wissen und ihre Erfahrungen weitergeben.

Wie sehr Omas und Opas ihren Alltag auf die Enkel ausrichten, ist individuell verschieden und hängt von vielen Faktoren ab. Beispielsweise davon, wie weit entfernt sie wohnen und ob sie selbst noch berufstätig sind.

Die Bereitschaft, bei der Betreuung der Kinder zu helfen, ist in den meisten Fällen groß. Ebenso herrscht heutzutage die Einsicht, dass man sich bei Erziehungsfragen lieber heraushalten sollte – und das, obwohl man vieles anders machen würde.

Unterstützen, aber zurückhalten; Wissen weitergeben, aber keine ungebetenen Ratschläge erteilen – das erweist sich oft als Spagat.

Hinzu kommt, dass viele Menschen in einem Alter Großeltern werden, in dem sie noch einmal richtig durchstarten, gern und oft verreisen und Dinge ausprobieren, für die früher nie Zeit war. Da kann man eben nicht immer zur Verfügung stehen, wenn man als Oma und Opa gebraucht wird, oder?

Es ist gar nicht leicht, die neue Großelternrolle für sich selbst so zu definieren, dass alle Beteiligten zufrieden sind.

In einigen Fällen gelingt das überhaupt nicht. So wie bei Petras Schwiegermutter. »Sie erklärte sich bereit, die Kinder an den Tagen, an denen mein Mann und ich lange arbeiteten, von der Schule abzuholen. Doch dann ersetzte sie ihr großes Auto durch einen sportlichen Zweisitzer, sodass sie immer nur ein Kind mitnehmen konnte. Das machte die Organisation ganz schön kompliziert, und ihr Einsatz war gar keine echte Hilfe.«

Auch was das Einmischen betrifft, übte sich diese Oma nicht gerade in Zurückhaltung. »Vor allem unseren Sohn hat sie ständig kritisiert, und sie machte dabei deutlich, dass sie unseren Erziehungsstil missbilligte«, erzählt Petra. »Meine Schwiegermutter legt großen Wert auf Äußerlichkeiten – ganz anders als mein Mann und ich. Wenn die Kinder bei ihr waren, mussten sie sich zuallererst komplett umziehen – sie hatte für beide Markenklamotten gekauft, damit die Enkel nach ihren Maßstäben vorzeigbar waren. Bevor wir sie abholten, kleideten sie sich wieder um. Davon erfuhr ich übrigens erst nach Jahren, und das durch puren Zufall. Ich war wie vor den Kopf gestoßen.«

Natürlich ist das ein extremes Beispiel. Wie unterschiedlich die Oma-Rolle definiert werden kann, zeigen die folgenden recht gegensätzlichen Standpunkte, die beide von Liebe und Selbstfürsorge motiviert sind.

Carla: »Manchmal muss man sich eben einmischen – und manchmal auch an sich selbst denken«

Carla ist Anfang sechzig, seit wenigen Wochen Rentnerin, verheiratet, Mutter zweier Töchter und Großmutter einer Vierjährigen.

Wie sehr hat das Omasein deinen Alltag verändert?
»Wir lieben unsere Kinder und Enkel abgöttisch, aber möchten unser Leben nicht komplett nach ihnen ausrichten. Mein Mann ist schon seit einigen Jahren im Ruhestand, ich seit Kurzem. Und mein Plan ist, erst mal keine Pläne mehr zu haben. Ich lasse das alles auf mich zukommen und genieße es, einfach mal nichts zu tun. Außer natürlich, meine Tochter Veronika braucht uns als Babysitter – dann lassen wir uns gerne verplanen …«

Ratgeberin sein, ohne sich einzumischen – wie funktioniert das?
»Bereits in der Schwangerschaft hat Veronika lieber stundenlang das Internet befragt, als mich um Tipps zu bitten. Alles, was ich sagte, wurde mit den Worten ›Ach, das macht man schon längst nicht mehr so‹ abgetan. Ich wollte so gerne meine Erfahrungen an meine Tochter weitergeben, doch das war nicht erwünscht. Es hat mich enttäuscht, dass sie mein Wissen nicht wertschätzte.

Fairerweise muss ich zugeben, dass ich früher auch nicht immer auf die Ratschläge meiner Eltern gehört habe. Als junge Mutter will man eben vieles selbst ausprobieren, und natürlich bin ich nicht überall auf dem neuesten Stand. Aber das heißt ja noch lange nicht, dass das, was vor dreißig Jahren richtig war, plötzlich nicht mehr zählt. Einmal habe ich

Veronika gefragt, ob ich denn so eine schlechte Mutter war, die alles falsch gemacht hat, dass sie nichts von mir annehmen möchte. Da fühlte sie sich auf den Schlips getreten.

Ich bemühe mich um Zurückhaltung, aber es gibt Dinge, die muss ich einfach ansprechen. Weil ich mir Sorgen mache.

Ein Punkt ist beispielsweise, dass Veronika so viel arbeitet. Nach einer kurzen Babypause hat sie einen tollen neuen Job angenommen, in dem sie voll aufgeht und auch richtig gut ist. Ihr Mann ist Hausmann und kümmert sich hervorragend um die Kleine.

Aber wenn sie zur Arbeit geht und meine Enkelin weinend ›Mama, geh nicht weg‹, bettelt, dann blutet mir das Herz.

Ich habe meine Tochter darauf angesprochen, und sie machte mir klar, dass ich kaum so reagieren würde, wenn sie ein Mann wäre. Touché. Ich musste zugeben, dass ich da wohl in alten Rollenbildern verhaftet war.

Tatsächlich bin ich wahnsinnig stolz auf meine Tochter und freue mich, dass sie in ihrem Job so glücklich und erfolgreich ist. Gleichzeitig sorge ich mich um sie, denn Veronika ist eine Perfektionistin und kniet sich in ihre Projekte mehr rein, als sie müsste. Bei ihrer letzten Stelle hat sie sich fast in ein Burn-out geschuftet. Ich möchte nicht, dass ihr das wieder passiert.

Natürlich wäre sie als Hausfrau völlig unglücklich, das weiß ich. Aber es muss doch auch ein Kompromiss möglich sein.

Ich würde meine Sorge gern ansprechen, halte mich jedoch zurück. Wir sehen uns nicht sehr häufig, weil Veronika und ihre Familie einige hundert Kilometer entfernt von uns wohnen. Und wenn wir einmal zusammen sind, möchte ich die Stimmung nicht durch heikle Themen verderben. Aber sie ist doch mein Kind, und ich will das Beste für sie. Kann es so falsch sein, wenn ich sie vor Problemen bewahren möchte?«

Wie siehst du deine Rolle als Oma – und wie auf keinen Fall?

»Wir treffen unsere Tochter und damit auch unsere Enkelin eher selten, weil sie nicht gerade um die Ecke wohnen, aber wenn, dann freuen wir uns riesig. Inzwischen verkneife ich mir allerdings, das bei unseren Begegnungen allzu deutlich zu zeigen, denn Veronika reagiert darauf ziemlich genervt.

Mich macht das traurig. Einerseits will man eine liebevolle Mutter und Großmutter sein, aber andererseits soll man nicht zeigen oder sagen, wie sehr man sich freut, sie und die Kinder zu sehen. Tja – wie hätten sie es denn gern, die jungen Leute? Ich glaube, manchmal wissen sie es selber nicht.

Gleichzeitig denke ich in solchen Situationen an meine eigene Mutter, die ständig gejammert hat, sie sei so furchtbar einsam, sodass die – durchaus regelmäßigen – Besuche bei ihr immer mit schlechtem Gewissen behaftet waren und mit der Zeit zur Pflichtübung wurden. Ich will auf keinen Fall, dass das bei uns auch so wird!

Doch das passiert bestimmt nicht, denn unsere Situation ist völlig anders. Mein Mann und ich sind nicht so veranlagt, zu Hause zu sitzen und zu warten, dass etwas geschieht. Wir sind sehr aktiv und haben ein eigenes Leben.

Ich freue mich schon darauf, wenn unsere Enkelin alt genug ist, in den Ferien zu uns zu kommen. Dann werden wir garantiert jede Menge Spaß zusammen haben und eine für alle Beteiligten unvergesslich schöne Zeit erleben.

Angelika: »Ich habe mein Leben für meinen Enkel total umgekrempelt und genieße es, als Oma zu unterstützen.«

Angelika ist Ende fünfzig, Freiberuflerin, geschieden, Mutter eines Sohnes und einer Tochter sowie Großmutter eines Dreijährigen.

Wie sehr hat das Omasein deinen Alltag verändert?
Dass ich dieses Enkelgeschenk bekommen habe, markiert in meinem Leben tatsächlich einen Rieseneinschnitt. Und war auch ein wesentlicher Faktor, warum mir gelungen ist, was ich seit Jahren vergeblich versucht hatte: nämlich weniger zu arbeiten.

Zuvor schaffte ich das deshalb nicht, weil alles, was ich stattdessen hätte tun können, nicht bedeutend genug war. Ich liebte ja meinen Job, und Geldverdienen war auch cool. Eigentlich wollte ich zwar weg von den knappen Deadlines und dem großen Pensum, aber es klappte einfach nicht.

Dann kam der Enkel. Und plötzlich fand ich das ständige Am-Schreibtisch-Sitzen überhaupt nicht mehr attraktiv. Stattdessen wollte ich möglichst viel Zeit mit ihm verbringen, sein Lachen hören, ihm etwas fürs Leben mitgeben. Das ist mir, seit er da ist, wesentlich wichtiger als die Arbeit.

Doch kurz nach seiner Geburt begann die Corona-Pandemie, und ich konnte meinen Enkel fast ein halbes Jahr nicht sehen. Ich hatte das Gefühl, ganz viel zu verpassen, was ich wirklich schlimm fand.

Die Sehnsucht nach meinem Enkel führte dazu, dass ich meine Lebenssituation völlig überdachte. Ich schaffte mir einen Campervan an, der es mir ermöglichte, die Menschen, die mir wichtig sind, jederzeit zu sehen, ohne bei ihnen oder im Hotel übernachten zu müssen. Inzwischen habe ich meine Wohnung komplett aufgelöst – ich lebe und arbeite nur noch mobil. Manchmal steht mein Campervan auf einem Dauerstellplatz, aber meistens bin ich mit ihm unterwegs.

Mein Enkel liebt den Campervan. Einmal hat er bereits darin übernachtet und sogar durchgeschlafen, was bei diesem Kind absolut ungewöhnlich ist. Ich finde das wunderschön, denn es macht meine Oma-Rolle so besonders.

Ratgeberin sein, ohne sich einzumischen – wie funktioniert das?

Am wichtigsten finde ich, kein ungefragtes Feedback in Sachen Kindererziehung und Umgang mit dem Baby hinauszuposaunen. Das ist ja sowieso im Zwischenmenschlichen eine sinnvolle Regel. Und zwischen den Generationen bewährt sie sich ganz besonders. Statt meiner Tochter ungebetene Ratschläge zu geben, frage ich eher: »Du, ich hab da in diesem oder jenem Zusammenhang was beobachtet, darf ich dir dazu mal was sagen?« Manchmal ist sie dafür aufgeschlossen, manchmal antwortet sie aber auch: »Weißt du, das ist gerade ein schwieriges Thema, ich frage dich, wenn ich es wissen will.« Und dann warte ich einfach ab. Wenn sie zwei Wochen später doch um meinen Tipp bittet, ist es okay. Und wenn nicht, auch. Das funktioniert wunderbar.

Wie siehst du deine Rolle als Oma – und wie auf keinen Fall?
Zunächst einmal muss ich erwähnen, wie unmöglich ich es finde, dass der Begriff »Oma« auch häufig abwertend für »alte Frau« verwendet wird. Als wäre das ein Schimpfwort. Mich ärgert das sehr, weil es doch ein Privileg ist, Oma sein zu dürfen. Das Schöne daran ist für mich, dass man seine Enkel überhaupt nicht erziehen, sondern nur unterstützen muss. Insgesamt bin ich deutlich geduldiger als früher in der Mutterrolle. Weil ich viel weniger Zeit mit meinem Enkel verbringe als damals mit meinen Kindern und ihn nicht täglich um mich habe. Dadurch wird jeder Moment zu etwas Besonderem.

Es ist eine große Aufgabe, die Generation, zu der mein Enkel gehört, stark zu machen für die Herausforderungen, die da kommen. Denn es wird nicht leicht werden für diese Kinder in unserer komplizierten Welt. Ich nehme diese Aufgabe sehr ernst und trage auch gern ein Stück der Verantwortung. Und vor allem schenke ich ihm meine Liebe, mein Herz und meine Güte.

Und wie ist es als Opa?

Dieses Kapitel wäre nicht komplett, wenn nicht ein paar Großväter zu Wort kämen. Und auch sie haben sehr unterschiedliche Erfahrungen zu berichten:

Axels Tochter ist alleinerziehend, er selbst im Ruhestand. »Als meine Enkelkinder noch klein waren, habe ich mich ziemlich zurückgehalten und mein Leben weitergelebt wie zuvor. Ich bin im Umgang mit Babys eher unerfahren, weil ich früher sehr viel gearbeitet habe und meine Frau nach der Geburt der Kinder ein paar Jahre zu Hause geblieben ist – sie hat sich um fast alles gekümmert. Jetzt habe ich wesentlich mehr Zeit, und seit die Enkel größer sind, bin ich ein leidenschaftlicher Opa. Ich liebe es, mit ihnen durch die Wälder zu streifen, etwas aus Holz zu bauen, Ball zu spielen oder angeln zu gehen. Alles Dinge, die weder meine Tochter noch meine Frau abdecken wollen oder können. Es bedeutet mir viel, dass ich etwas beitragen kann, was sonst fehlen würde. Außerdem halten sie mich jung! Demnächst plane ich einen Wander-Camping-Urlaub mit dem ältesten Enkelsohn. Schwer zu sagen, wer von uns beiden sich mehr darauf freut.«

Marc ist freiberuflicher Physiotherapeut. »Ich habe mein Arbeitspensum etwas reduziert, als die Enkelkinder kamen, um meinen Sohn und seine Frau unterstützen zu können. Sie sind beide voll berufstätig, anders geht es finanziell heutzutage kaum noch, und sie wollen es auch so. Ich habe meine Arbeitszeiten entsprechend angepasst: Morgens fahre ich erst mal bei den Kindern vorbei, mache ihnen Frühstück und bringe sie anschließend in den Kindergarten oder in die Schule. Mittags holt meine Frau sie ab. Sie arbeitet halbtags und kocht dann für alle. Anschließend betreut sie die Hausaufgaben. Wenn ich Feierabend mache, spiele ich meistens noch eine Runde mit den Kleinen, bevor mein Sohn oder meine Schwiegertochter sie abholen. Natürlich ist es auch eine Verpflichtung, und wir sind, was unsere eigenen Aktivitäten betrifft, nicht mehr so flexibel, aber das macht uns nichts aus. Das Zusammensein mit den Enkeln ist das Schönste für mich – da kann kein Hobby mithalten.«

Rolf, ein pensionierter Mathelehrer, hatte die Hoffnung auf ein Enkelkind schon aufgegeben. »Als unsere Tochter uns vor Jahren mitteilte, dass sie lesbisch sei, hielt ich das erst einmal für eine Phase. Doch dann heiratete sie ihre Lebensgefährtin, und ich sah ein, dass es ihr wohl ernst damit war. Das machte mich traurig – nicht weil ich homophob wäre, sondern weil das für mich bedeutete, niemals Großvater zu werden. Jedenfalls glaubte ich das damals. Doch dann bekam sie doch ein Baby – per künstlicher Befruchtung mit Spendersamen. Das war die schönste Überraschung meines Lebens. Anfangs hatte ich zwar Bedenken, mein Enkelsohn könnte gehänselt werden, weil er zwei Mütter, aber keinen Vater hat. Doch die heutige Jugend ist da viel toleranter, als es frühere Generationen waren, und ich bin sehr froh, dass er zu einem glücklichen Jungen heranwächst, dem es an nichts fehlt, vor allem nicht an Liebe. Und sollte er eine männliche Bezugsperson brauchen, bin ich ja noch da. Ich bin richtig stolz, wenn er mich manchmal um Rat fragt, beispielsweise was Mädchen betrifft. Leider wohnt er in einer anderen Stadt, aber wir chatten und skypen viel, und in den Ferien verreisen wir gemeinsam. Das hat mein Leben sehr bereichert.«

Ob Großmutter oder Großvater – Enkelkinder bringen eine große Veränderung und führen dazu, dass man das eigene Leben mit ganz neuen Augen sieht. Wir haben viele Möglichkeiten, die Großelternrolle auszufüllen. Wie überall gibt es da kein Richtig und Falsch – entscheidend ist, dass es sich für alle Beteiligten gut anfühlt.

Eng verbunden – oft auch über viele Kilometer hinweg

In ihrer Auswertung der Studie *Generationenübergreifende Zeitverwendung: Großeltern, Eltern, Enkel* schreiben Carolin Seilbeck und Alexandra Langmeyer, dass sich 83 % der deutschen Großeltern ihrem Enkelkind eng oder sehr eng verbunden fühlen, bei Enkelkindern bis zu sechzehn Jahren sind es sogar 91 %. Wichtige Einflussfaktoren sind dabei unter anderem das Alter, die Fitness und der Gesundheitszustand der Großeltern, ihr soziales Netz und ihre Aktivitäten, aber natürlich auch die Entfernung zwischen Wohnort der Großeltern und der Enkel. Noch entscheidender für die Qualität der Beziehung ist jedoch die Kontakthäufigkeit – auch über große Distanzen hinweg.

Übrigens: Fast die Hälfte der Enkelkinder wendet sich bei Problemen an die Großeltern, wobei Omas etwas häufiger als Kummerkasten in Anspruch genommen werden als Opas. Das zeigt, dass Großeltern für ihre Enkel auch eine wichtige emotionale Stütze sind.

Leihomas und -opas – wenn Fremde einspringen

Ursi

Meine Freundin Birgit erzählt mir, dass sie nie Großeltern erlebt hat, weil alle vier vor ihrer Geburt starben. Daher fehlte ihr auch das Konzept, dass Oma und Opa die eigenen Vorfahren und gleichzeitig ein enges Familienmitglied sind.

»Ich dachte, es handelt sich einfach um nette alte Leute, die einen gelegentlich besuchen«, berichtet sie schmunzelnd.

Die Oma des Nachbarsmädchens fand sie auf jeden Fall großartig. Diese nahm sich stets Zeit für die Kinder, spielte mit ihnen *Mensch ärgere Dich nicht* und bastelte mit Engelsgeduld für sie kleine Fingerpüppchen aus Filz und Wolle. Natürlich las sie auch vor und backte Unmengen von Kuchen. Dabei war sie stets furchtbar lieb und füllte das Haus mit einer entspannten, wohligen Stimmung.

»Jetzt musst du aber auch mal zu mir kommen!«, sagte Birgit eines Tages zu der alten Frau und verstand nicht, warum darüber gelacht wurde.

Auch Katrin bedauert, dass für ihre Tochter keine Großeltern greifbar sind. Es leben zwar noch drei, aber alle wohnen viel zu weit entfernt. Da die junge Familie nach Neuseeland gezogen ist, sieht das Mädchen sie selten, und es konnte nie eine engere Bindung entstehen.

»Ein Glück für sie, dass unser alter Nachbar ähnlich weit weg von seinen Enkeln wohnt«, schwärmt Katrin. »Die zwei haben sich gesucht und gefunden.« Der Leihopa fährt mit Katrins Tochter ins Schwimmbad, lässt sie das Obst in seinem Garten essen und spielt mit ihr Ball. Beiden scheint der Kontakt richtig gutzutun.

Um eine solche »soziale Großelternschaft« dreht es sich auch in Helga Lemmrichs autobiografischem Bericht *Unsere Oma im Park* aus dem Buch *Damals bei Oma und Opa*. Sie erzählt von einer alten Frau, die immer an derselben Stelle auf einer Bank saß, wenn die Kinder zum Spielen in den Park kamen. Niemand aus dem Freundeskreis war mit ihr verwandt, und dennoch scharten sich die Mädchen und Jungen stets um sie. Lemmrich schätzt, dass die Dame über neunzig Jahre alt gewesen sein muss. Geduldig hörte diese sich die Probleme der Kinder an. Dabei kommentierte oder wertete sie nie. Den Kleinen tat es einfach gut, jemanden zu haben, bei dem sie ihr Herz ausschütten konnten. Eines Tages war die alte Frau dann plötzlich nicht mehr da, und niemand wusste, was mit ihr passiert war.

Geschichten wie diese belegen, wie groß die Sehnsucht nach Großelternfiguren tatsächlich ist. Eltern, die einen anstrengenden Alltag zu stemmen haben, können einfach nicht jedes Bedürfnis abdecken. Manchmal fehlt ihnen die Zeit, sich in aller Ruhe mit ihrem Nachwuchs zu beschäftigen. Und in Gesprächen haben sie nicht den nötigen Abstand, um wertfrei und geduldig zuzuhören. Ich finde es interessant, dass Kinder sich oft eigenständig Bezugspersonen – und die eben gern aus der älteren Generation – suchen. Meine Söhne liefen regelmäßig in Pyjamas zu unseren Nachbarn und klingelten dort. Dann wurde Feuer gemacht, im Gemüsegarten gearbeitet oder getöpfert und währenddessen geplaudert. Die Kinder liebten das und sahen das Nachbarsehepaar als drittes Großelternpaar, das bei Geburtstagen unbedingt dabei sein sollte.

Auch Eltern schätzen die Unterstützung von Leihgroßeltern sehr. Anders als bei den klassischen Babysitter*innen baut sich hier eine intensive zwischenmenschliche Bindung auf, die eine Betreuung noch verlässlicher macht.

»Ohne unseren Leihopa-Nachbarn wäre ich aufgeschmissen«, sagt Katrin. »Wenn meine Tochter krank ist und nicht in die Schule gehen kann, darf sie sich bei ihm aufs Sofa legen und fernsehen. Das macht alles leichter, denn mein Mann und ich können uns natürlich nicht wegen jeder Erkältung der Kleinen freinehmen.« Der alte Herr kocht dann Milch mit Honig, wickelt dem Mädchen seinen dicken Wollschal um den Hals und schaut mit ihm Kindersendungen an. »Da er in Rente und viel allein ist, freut er sich sogar über die Gesellschaft.« Umgekehrt fühlt sich Katrins Familie aber auch für ihn verantwortlich. Wenn sie den Nachbarn einen Tag nicht sehen, kontrollieren sie, ob es ihm gut geht, und wann immer er doch einmal die weite Reise zu seinen leiblichen Enkelkindern antritt, kümmern sie sich um Post und Garten.

»Wenn er zurückkommt, ist er voll der Kritik an seiner Tochter und dem Schwiegersohn. Offensichtlich können sie ihm in Sachen Kindererziehung und Haushaltsführung nichts recht machen«, erzählt Katrin. »An uns hatte er noch nie etwas auszusetzen. Wahrscheinlich entspannt es ihn, dass er bei uns keinen Erziehungsauftrag spürt.«

Der Bedarf an Leihomas und -opas ist riesig. Die Idee, die Generationen auch jenseits der verwandtschaftlichen Bande organisiert zusammenzuführen, ist über zwanzig Jahre alt. Seitdem sind zahlreiche Plattformen entstanden, die bei der Vermittlung helfen. Überall wird betont, dass es dabei nicht um einen Nebenjob oder ein Einkommen geht, sondern dass die zwischenmenschliche Beziehung im Vordergrund steht. Die Wunschgroßeltern sollen richtig in die Familien integriert und nicht nur als Babysitter*in eingesetzt werden. Der Plan ist, dass alle drei betroffenen Generationen von der Symbiose profitieren.

Natürlich kann es beim Prozess des Zusammenwachsens auch Schwierigkeiten geben, wie Xaver mir erzählt: »Über ein Portal haben wir ein Leihgroßelternpaar gesucht. Wir leben in München, die vier Großeltern in Hamburg – also fast achthundert Kilometer entfernt. Die Idee, auch vor Ort eine Oma und einen Opa für die Kinder zu haben, gefiel uns.«

Nach monatelanger Wartezeit meldete sich endlich ein kinderloses Ehepaar, beide in Rente, aber noch sehr rüstig. Sie waren meiner Frau und mir auf Anhieb sympathisch. Obendrein lebten sie im selben Stadtteil, besaßen einen kleinen Garten und hatten einen gutmütigen Hund, der ebenfalls ganz vernarrt in Kinder war. Perfekter konnte es also gar nicht sein.

»Zuerst trafen wir uns zu viert – nur die Erwachsenen. Ich wollte unsere Kleinen nicht verwirren. Immerhin bestand ja die Möglichkeit, dass wir das Ehepaar nicht mochten. Wir hatten vor, sie erst mal zu beschnuppern. Besonders meine Frau war skeptisch. Sie hatte noch Schwierigkeiten, sich mit der Idee anzufreunden, die Kinder Fremden anzuvertrauen.«

Ich kann diese Bedenken nachvollziehen. Ein Wagnis ist es auf jeden Fall, Leute über eine Onlineplattform kennenzulernen – ganz egal, worum es bei dem Kontakt gehen soll.

Aber die Sorgen stellten sich schnell als überflüssig heraus. Xaver und seine Frau fanden das ältere Ehepaar auf Anhieb toll.

»Herta und Max waren der Hauptgewinn, anders kann ich es gar nicht ausdrücken. Gebildet, menschlich top, rundherum sympathisch! Wir beschlossen also, sie mit den Kindern zusammenzuführen. Zuerst natürlich gemeinsam mit uns. Wir trafen uns in einem Biergarten mit großem Spielplatz. Unsere Tochter Julia liebte die beiden sofort heiß und innig. Schon nach etwa zehn Minuten saß sie bei Herta auf dem Schoß und futterte ihr die Butterbreze weg.« Xaver lacht bei der Erinnerung. »Man spürte, dass Julia einen Draht zu ihnen hatte. Unser zweijähriger Nathan hingegen leider gar nicht. Verunsichert klebte er an meiner Frau und wollte die neuen Großeltern nicht mal richtig anschauen. Als Max vorschlug, mit ihm zur Rutsche zu gehen, um das Eis zu brechen, fing der Knirps an zu brüllen. Eigentlich total untypisch für ihn, denn normalerweise hat er keinerlei Probleme mit Fremden.«

Xaver vermutet, dass Nathan die Restbedenken der Mutter gespürt haben muss. Eventuell lag da eine Art Trennungsschmerz in der Luft. Denn einer der Gründe für die Suche nach Leihgroßeltern war auch gewesen, mittelfristig als Paar wieder einmal allein für eine Nacht verreisen zu können.

»Fast ein halbes Jahr lang akzeptierte nur Julia das Arrangement. Zwischen den Leihgroßeltern und dem Mädchen ist im Nu eine enge Bindung entstanden. Doch Nathan weigerte sich standhaft, Herta und Max in sein Leben zu lassen. Meine Frau und ich waren schon drauf und dran, das Ganze abzublasen. Dass sich nur ein Kind von den beiden zu Unternehmungen abholen ließ, half uns nicht viel.«

Xaver und seine Frau probierten alles aus. Auch Herta und Max griffen tief in die Trickkiste: kreative Spielideen, wunderschöne Ausflüge mit der ganzen Familie und eine eigene Leine für den Hund, die speziell Nathan gehören sollte. Nichts half. Den Eltern blieb es ein völliges Rätsel, was Nathans Problem war. Sie tippten darauf, dass die Chemie einfach nicht stimmte.

Schließlich wurde es der großen Schwester Julia zu bunt. »Nathan, hör auf mit dem Theater!«, schimpfte sie altklug. »Wir gehen jetzt mit Oma und Opa ins Kasperltheater, und damit basta! Mit Mama kuscheln kannst du später auch noch.«

Daraufhin holte Nathan selbstständig seine Schuhe und brachte sie Max. »Anziehen!«, forderte er und ging dann bereitwillig mit, als wäre es nie anders gewesen.

Was genau den Knoten löste, weiß Xaver nicht. Aber danach gab es nie wieder Probleme. Herta und Max sind jetzt seit zweieinhalb Jahren Teil der Familie.

Zum Schluss will ich Ihnen noch von einem Gespräch berichten, das ich mit einer Leihoma führte. Ich fragte sie, warum sie sich dazu entschlossen hat, für eine fremde Familie in die Großelternrolle zu schlüpfen.

»Ich habe keine eigenen Kinder, bin geschieden und lebe mit meiner uralten Mutter in einer Wohnung«, antwortete sie mir. »Auch wenn ich ganz zufrieden war, merkte ich doch, dass etwas fehlte. Diese unvergleichliche Frische, die von Kindern ausgeht. Der Kontakt zur jüngsten Generation. Irgendwie hatte ich den Eindruck, ich verliere total den Anschluss zur Zukunft der Menschheit. Als dann neben uns eine Familie einzog und wir uns bei Gesprächen im Treppenhaus angefreundet haben, bin ich auf die Idee gekommen, ihnen meine Hilfe anzubieten. Zuerst war ich hauptsächlich mit dem Kinderwagen spazieren, damit die Mutter mal eine ruhige Minute hatte. Irgendwann wurden dann Spielplatzbesuche daraus. Als der Kleine zu sprechen begann, hat er mich beim Vornamen genannt, wie er es von seiner Mama gehört hat. Aber zu meiner Mutter hat er Oma gesagt. Ich weiß nicht mehr, wie es dazu gekommen ist. Mittlerweile sind es zwei Kinder, und sie sind oft bei uns in der Wohnung. Ich habe natürlich keine Ahnung, wie es sich anfühlt, eigene Enkelkinder zu haben. Aber ich kann sagen, dass ich die beiden richtig liebhabe. Wie sehr sie mein Leben bereichern, kann ich gar nicht beschreiben! Wahrscheinlich wird ein menschliches Dasein erst durch eine Großelternschaft komplett.«

Das Verhältnis zu den anderen Großeltern – von Konkurrenz bis echte Freundschaft

Heike

Oma und Opa zu werden, ist eine spannende Angelegenheit. Als mein Sohn unterwegs war, schlossen meine Eltern mit uns sogar Wetten ab: Würde es ein Junge oder ein Mädchen? Mit schwarzen Locken, wie mein Mann, oder mit spaghettiglatten blonden Haaren, wie ich? Und welche Augenfarbe würde das Kleine wohl haben?

Ich bin sicher, auch ich werde mir eines Tages derartige Fragen stellen.

Worüber ich heute schon nachdenke und was ich mindestens ebenso interessant finde: Was werden die anderen Großeltern dieses Enkelkinds wohl für Menschen sein? Werden wir eine ähnlich enge Bindung zu ihm haben wie sie? Und wie werden wir uns untereinander verstehen?

In meiner Wunschvorstellung gibt es natürlich weder Eifersucht noch Konflikte, das Co-Großelterndasein wird total harmonisch ablaufen, im Idealfall werden wir uns sogar mit dem anderen Großelternpaar anfreunden. Aber ist das überhaupt realistisch? Ich habe mich umgehört und festgestellt: Alles ist möglich. Lesen Sie selbst.

Friedliche Koexistenz

Von dieser Konstellation wurde mir in den Interviews am häufigsten berichtet.

»Meine beiden Großelternpaare lebten Tür an Tür – meine Eltern sind also quasi nebeneinander aufgewachsen«, erzählt Torsten. »Es herrschte von jeher eine gute Nachbarschaft, und an der Qualität dieser Beziehung änderte sich im Grunde nichts, als meine Eltern heirateten und wenig später wir Kinder zur Welt kamen. Natürlich wurden von da an sämtliche Familienfeste gemeinsam gefeiert, aber man könnte nicht behaupten, dass deswegen aus guter Nachbarschaft so etwas wie Freundschaft entstanden wäre. Allerdings zum Glück auch keine Konkurrenz – dadurch, dass sie so nahe beieinanderwohnten, sahen beide Großelternpaare ihre Enkel gleich oft.«

Bei Claudia – selbst zweifache Großmutter – ist das Verhältnis zu den »anderen Großeltern« ganz ähnlich, obwohl sie weiter voneinander entfernt wohnen. »Wenn wir uns sehen, verstehen wir uns gut und gehen freundlich miteinander um – aber diese Begegnungen finden eher selten statt«, sagt sie. »Ich bin glücklich darüber, dass meine Tochter in dieser Familie so herzlich aufgenommen wurde. Ihre Schwiegereltern sind nette, intelligente Menschen, und sie sind auch gut zu unseren Enkelkindern. Aber wirklich befreundet sind wir mit ihnen nicht, dazu ist der Kontakt nicht eng genug.«

Aus Enkelsicht ist es übrigens gar nicht so schlimm, wenn die beiden Großelternpaare nicht sonderlich eng verbunden sind. »An meinen Kindergeburtstagen saßen meine Omas und Opas nebeneinander auf dem Sofa und redeten kein Wort – sie hatten sich einfach nichts zu sagen«, erinnert sich

Dieter. »Dennoch habe ich es als kleiner Junge sehr genossen, dass sie alle vier da waren.«

Fazit: Hauptsache, Harmonie! Man hat ja genug andere Freunde.

Dicke Luft

Kristins Eltern verstanden sich anfangs richtig gut mit ihren Co-Schwiegereltern. Als die Enkelkinder da waren, übernahmen sie ganz unterschiedliche Aufgaben und kamen sich dadurch nicht ins Gehege: Während Oma und Opa väterlicherseits mit den Kindern herumtobten und gern mal auf dem Spielplatz mitbuddelten, fühlten sich Kristins Eltern eher fürs Basteln oder das Kochen gesunder Kindernahrung zuständig.

Kristins Vater starb, als der älteste Enkel vier war. Danach kippte die Stimmung. »Meine Mutter entwickelte eine immer stärker werdende Eifersucht den anderen Großeltern gegenüber und ließ sie das auch spüren. Meine Schwiegereltern wohnten nun mal näher und sahen deshalb die Kinder wesentlich öfter. Aber wenn wir bei ihr waren oder sie bei uns, konnte sie deutlich mehr Zeit am Stück mit den Enkeln verbringen – sie haben oft bei ihr übernachtet und sind dann morgens zu ihr ins Bett gekrabbelt.«

Kristin hätte sich sehr gewünscht, dass ihre Mutter sich bei den wenigen Gelegenheiten, zu denen sie die anderen Großeltern traf, zusammenreißen würde, doch das schaffte sie nicht. »Zwar flogen keine Fetzen, aber meine Mutter war dann sehr schweigsam und abweisend. Das trübte die Stimmung.«

Fazit: Eifersucht ist Gift für jede Beziehung.

Fremde Leute

Sonjas Kinder haben die Oma, die in den USA lebte, zwar mehrfach besucht, doch sie kam nie nach Deutschland, weil sie Angst vor dem Fliegen hatte. »Meine Eltern haben meine Schwiegermutter also nie kennengelernt. Ich weiß nicht, wie gut sie sich verstanden hätten – von der Sprachbarriere einmal ganz abgesehen. Darüber hinaus führten sie so unterschiedliche Leben und waren sich auch charakterlich überhaupt nicht ähnlich, dass daraus sicher keine Freundschaft entstanden wäre. Es war wohl besser, dass der große Teich zwischen ihnen lag.«

Jörg und seine Frau Maren kommen aus sehr gegensätzlichen Familien – ihre Eltern sind Landwirte, seine Akademiker. »Sie haben sich im Grunde nur auf unserer Hochzeit getroffen«, berichtet er. »Es war, als kämen sie von unterschiedlichen Planeten. Zwar gab es keinen Streit, aber auch keine Themen, die für beide Seiten interessant gewesen wären. Sie konnten einfach nichts miteinander anfangen. Inzwischen gibt es natürlich die gemeinsamen Enkelkinder, doch Maren und ich sind uns sicher, nicht einmal diese Tatsache würde als Basis für ein längeres Gespräch ausreichen. Deshalb haben wir einfach beschlossen, unsere Eltern abwechselnd zu besuchen beziehungsweise einzuladen. Wir wollen nämlich nicht, dass die Kinder eine eventuelle Missstimmung zwischen ihnen mitbekommen. Denn sie lieben beide Großelternpaare gleichermaßen – und sie haben beim Hühnerfüttern ebenso viel Spaß wie im Museum.«

Fazit: Gar keine Beziehung ist besser als eine schlechte.

Anderer Planet

Chiaras Großeltern waren so unterschiedlich, als kämen sie von verschiedenen Planeten. »Während Omi und Opi viel Geld hatten und das auch gern zeigten, waren Oma und Opa ganz einfache Leute. Opa bezeichnete die anderen Großeltern in deren Abwesenheit gerne als ›Bonzen‹ und machte sich über die vielen Klunker lustig, die Omi sich umhängte«, erinnert sie sich.

Ich frage Chiara, ob da eventuell Neid mit im Spiel war.

»Nein, das glaube ich nicht. Opa fand es nur unangenehm, dass Omi und Opi ihren Wohlstand so raushängen ließen.«

Die Konsequenz war, dass Chiaras Opa sich zurückhielt und keiner einzigen Einladung zu den anderen Großeltern folgte, während ihre Oma gute Miene zum bösen Spiel machte und sich eben zusammenriss. »Wohl fühlte sie sich in deren Anwesenheit sicher nicht«, sagt Chiara. »Das wird mir allerdings erst jetzt so richtig bewusst – als Kind bekam ich nur mit, dass die Stimmung sich veränderte, wenn beide Großelternpaare aufeinandertrafen. Aber nie in Bezug auf uns Enkelkinder. Wir fühlten uns allen vieren gleich nah.«

Fazit: Hauptsache, die Enkelkinder werden von allen geliebt.

Starkes Team

Angelikas Enkel hat – dank der Patchworksituation – insgesamt sieben Großelternteile. »Paul ist also reich gesegnet mit Omas und Opas«, erzählt sie, »und das ist unheimlich schön für ihn. Außerdem lernt er so, wie unterschiedlich Menschen sein können.«

Sie schätzt es, dass die Omas und Opas – ihrem Charakter und ihrer jeweiligen Situation entsprechend – verschiedene Rollen und Aufgaben im Leben des Enkels übernehmen. »Ich bin beispielsweise die Kuschel- und Vorlese-Oma, mein Ex-Mann ist für wilde Spiele zuständig, der finanziell gut gestellte Großvater und seine neue Partnerin sind die Schenke-Großeltern. Ein Opa ist eher distanziert, aber dennoch liebevoll – und auch damit kann Paul super umgehen.«

Angelika ist glücklich darüber, dass zwischen all den Omas und Opas keinerlei Rivalität herrscht, obwohl unter ihnen ja einige Ex-Ehepaare sind.

»Auf einem Familienfest hatte ich neulich Paul auf dem Arm. Da streckte er sein Ärmchen aus und forderte somit die neue Frau meines Ex-Manns zu einem Dreierkuscheln auf. Später schickte sie mir ein Foto dieser Umarmung zu dritt und schrieb dazu: ›Es ist so schön, gemeinsam mit dir Oma zu sein.‹ Das hat mich sehr berührt, und mir kommen sogar jetzt wieder die Tränen, wenn ich daran denke. Weil ich es so wunderbar finde.«

Auch das Enkel-Betreuen im Team mit ihrem Ex-Mann ist kein Problem. »Als wir uns trennten, bedauerte er, dass wir wohl nie zusammen Oma und Opa sein würden. Und schon damals sagte ich: ›Warte mal ab, das ist ja gar nicht gesagt.‹ Ich freue mich sehr, dass sich das jetzt auf so besondere Art und Weise bewahrheitet.«

Fazit: Gemeinsam ist das Großelternsein noch erfüllender.

Beste Freundinnen

Astrid und Vera haben sich in der Schulzeit kennengelernt und sind schon seit fünfundvierzig Jahren eng befreundet. Gemeinsam haben sie alle wichtigen Meilensteine erlebt – von Abitur und Ausbildung über Heirat und Mutterschaft.

Auch ihre Männer verstehen sich gut, die beiden Familien unternehmen viel miteinander, von Grillabenden bis zu Campingurlauben.

»Wir dachten, noch enger könnte unser Verhältnis nicht werden«, sagt Astrid, »doch dann wurden mein Sohn und Veras Tochter ein Paar, und inzwischen sind wir gemeinsam Großmütter zweier wundervoller Enkelsöhne. Das hebt unsere Freundschaft noch einmal auf eine ganz neue Ebene.«

Vor einigen Jahren hat es in der Ehe des jungen Paares allerdings etwas gekriselt. Das war für Astrid sehr schlimm. »Ich fürchtete, wenn die beiden sich trennen, würde sich das auch auf meine Freundschaft mit Vera auswirken, aber zum Glück haben sich die Kinder doch zusammengerauft, und es läuft alles wieder super.«

Astrid und Vera waren schon immer unzertrennlich, und nun sind sie es mehr denn je. Auch die Enkelsöhne nehmen sie als Duo wahr. »Sie nennen uns *die Omen*,« erzählt Astrid und lacht. »Wir finden das ziemlich lustig, weil wir beide Horrorfilme mögen und *Das Omen* der erste Film war, den wir gemeinsam im Kino gesehen haben.«

Fazit: Das Leben schreibt die schönsten Großeltern-Geschichten!

So schön das letzte Beispiel auch sein mag – so etwas kann man nicht erzwingen. Wohl aber kann man verhindern, dass es zum offenen Streit oder zu mieser Stimmung durch Eifersüchteleien kommt – was für alle beteiligten Generationen Stress bedeuten würde.

Zum Glück schaffen es die meisten Großeltern, sich zusammenzureißen, auch wenn das andere Paar nicht auf ihrer Wellenlänge liegt, denn schließlich geht es um das Wohl der Kleinen, nicht der Großen. Manchen gelingt das nicht so gut, einigen aber sogar in vorbildlicher Weise, wie Angelikas Beispiel zeigt.

Ich bin sicher, wenn die gemeinsame Liebe zu den Enkelkindern überwiegt, sollte ein harmonischer Umgang miteinander möglich sein. Man muss ja nicht unbedingt zusammen verreisen …

War früher alles idyllischer? – Großeltern im Laufe der Jahrhunderte

Ursi

Das vorherrschende Großelternbild hat sich in den letzten Jahrzehnten radikal geändert. Denn die Gesellschaft hat sich weiterentwickelt: Die Lebenserwartung steigt stetig, und die Menschen haben immer weniger Kinder. Dadurch wurde die Bevölkerungspyramide auf den Kopf gestellt. Zusätzlich sind auch andere Strukturen im Wandel: Es gibt viele Patchworkfamilien, alleinerziehende Eltern und Regenbogenfamilien. Jedes Lebensmodell stellt spezifische Herausforderungen an die Großeltern. Genauso zeigen die vermehrte Erwerbstätigkeit beider Elternteile und andere gesellschaftliche Zutaten ihre Auswirkungen auf die Beziehungen zwischen den Generationen. Völlig klar also, dass ein Leben als Oma oder Opa heute mehr denn je sehr individuell abläuft. Von der Oma, die man jeden Sonntag zu Kaffee und Apfelkuchen besucht, bis hin zum Opa, der mithilfe seines bei ihm wohnenden Stiefenkels auf Grindr-Dates geht, wird eine bunte Spanne der Möglichkeiten abgedeckt. Die Großelternrolle schlechthin gibt es also gar nicht mehr.

Wir alle haben jedoch Bilder im Kopf, wie Großeltern früher aussahen und lebten. Durch Bücher und Filme bildeten sich Klischees, die wir für bare Münze nehmen und die auch von Historikern oft genug in wissenschaftlichen Texten reproduziert werden. Aber stimmen diese Motive? Haben Großeltern anno dazumal tatsächlich meist mit im Haus gewohnt und die Enkelkinder mit großgezogen? Saßen sie Pfeife rauchend oder strickend auf der Bank und genossen ihren Lebensabend?

Ich habe zu diesem Thema recherchiert und will Ihnen nun einen kurzen historischen Überblick geben, wie ein Großelternleben in früheren Jahrhunderten aussah. Natürlich kann die Betrachtung in einem einzigen Kapitel nicht vollständig sein. Aber zumindest möchte ich eine Idee davon vermitteln, was es vor hundert, zweihundert und mehr Jahren hieß, Oma und Opa zu sein. Dabei beschränke ich mich auf unseren Kulturkreis. Einen Blick auf andere Länder werfe ich in einem separaten Kapitel weiter hinten im Buch.

Ich nehme es gleich vorweg: Das vorhin angedeutete Bild, das wir alle in den Köpfen haben, ist falsch. Früher haben Familien so gut wie nie in Mehrgenerationenverbänden unter einem Dach gelebt. Lustigerweise sind diesem allgemeinen Irrtum schon Historiker ab dem 19. Jahrhundert aufgesessen. Sie behaupteten, in der vorindustriellen Zeit wäre das vorherrschende Wohn- und Lebensmodell das der Großfamilie gewesen.

De facto hatte ein Kind damals aber nur sehr selten die Möglichkeit, seine Großeltern auch nur kennenzulernen. Dafür verantwortlich war die geringe Lebenserwartung. Noch im **16. und 17. Jahrhundert** machten die über Fünfundfünfzigjährigen nur einen Anteil von etwa zehn Prozent der Gesamtbevölkerung aus. Wenn man bedenkt, dass Frauen bis weit in ihre Vierziger hinein fruchtbar sind, kann man sich ausrechnen, dass besonders die später in den Geschwisterreihen Geborenen ihre Großeltern nicht erleben konnten. Aber auch Erstgeborene, die zumindest theoretisch einige Jahre gemeinsame Lebenszeit mit ihnen hatten, wohnten selten mit ihnen unter einem Dach. Aus Zürich gibt es von 1637 hierzu eine konkrete Zahl: Zweiundneunzig Prozent der über Sechzigjährigen lebten zu diesem Zeitpunkt im eigenen Haushalt, oft noch mit unselbstständigen Kindern. Und bis ins frühe 18. Jahrhundert geben die Aufzeichnungen von sämtlichen Städten Mitteleuropas ähnliche Zahlen wieder.

Auch auf dem Land sah es nicht viel anders aus, mussten dort Söhne doch oft sogar den Tod des Vaters abwarten, bevor sie heiraten und einen eigenen Hausstand führen durften. Das Heiratsalter war daher zumindest für Männer relativ hoch, was also auch in dieser Bevölkerungsschicht verhinderte, dass es für Großeltern eine gemeinsame Lebenszeit mit den Enkelkindern gab.

Frauen heirateten zwar jünger, wurden als Witwen dann aber oft rasch wieder geehelicht. Denn auf diesem Weg konnten Männer zum Beispiel in Handwerkszünfte einheiraten.

All diese Umstände führten dazu, dass ältere Menschen (heute würde man Leute in ihren Sechzigern so gar nicht bezeichnen, sondern eher *Best Agers*) in ihren eigenen Haushalten blieben. Für noch Betagtere, die nicht mehr fähig waren, allein zu wohnen, gab es in den Städten Siechenhäuser.

Nun stellt man sich vielleicht vor, dass zumindest jene Enkelkinder, die tatsächlich Großeltern hatten, sie stundenweise besuchen und auf diese Weise Kontakt halten konnten. In der frühen Neuzeit führte der Wanderzwang im Handwerk jedoch dazu, dass Söhne ein Gewerbe so gut wie nie beim eigenen Vater erlernten. Jungen zogen bald von zu

Hause weg und blieben als Gesellen an einem anderen Ort hängen. Und mit der damaligen Infrastruktur waren schon wenige Kilometer Entfernung ein echtes Hindernis für regen Kontakt.

Unterm Strich bleibt also die Erkenntnis: Großelternschaft, wie wir sie heute kennen oder wie wir sie uns für frühere Epochen vorstellen, existierte damals kaum. Durchforsten wir Literatur und Dokumente aus jener Zeit, erhalten wir dafür auch die Bestätigung: Niemals ist dort von einer Enkel-Großeltern-Beziehung die Rede. Selbst in biografischen Schriften werden die eigenen Großeltern oder später die Nachfahren nicht erwähnt. In Testamenten wurden nur selten Enkelkinder bedacht. Und in Kunstwerken jener Zeit existiert zwar das Bildmotiv der betagten Eltern, also derer, die in ihren Vierzigern noch Kinder bekommen haben, nicht aber das der Großeltern.

Erst ab dem **18. Jahrhundert** gab es mehr Menschen über sechzig. Das Heiratsalter der Männer blieb jedoch hoch, sodass ein Kind weiterhin bestenfalls die Großeltern mütterlicherseits erlebte. Auch dazu kann ich wieder mit einer Zahl aufwarten: Nur ein bis zwei Prozent der Alten lebten zu dieser Zeit bei ihrem Nachwuchs im Haushalt oder auf demselben Grundstück. Das passierte eher noch auf dem Land, denn in den Städten stieg der Anteil an Singlehaushalten mit betagteren Leuten.

Aus diesem Jahrhundert stammen nun aber erste literarische Dokumente für eine gefühlsbetonte Haltung älterer Menschen ihren Enkelkindern gegenüber und umgekehrt. Johann Wolfgang von Goethe schrieb 1811 seine Autobiografie *Aus meinem Leben. Dichtung und Wahrheit*, aus der hervorgeht, dass seine Großeltern mütterlicherseits in der Nähe wohnten. Sie waren noch berufstätig, es herrschte jedoch reger Kontakt. Er erzählt von größeren Freiheiten, die er und seine Geschwister bei den Großeltern genossen. Wohnung und Kleidung der beiden schildert er als altmodisch, und über ihre Lebensgewohnheiten wie Mittagsschläfchen wundert er sich. Das Ganze klingt für uns moderne Leser*innen also durchaus vertraut:

> *Ebenso fuhr er morgens aufs Rathaus, speiste nach seiner Rückkehr, nickte hierauf in seinem Großvaterstuhl, und so ging alles einen Tag wie auf den anderen.*

> *Alles, was ihn umgab, war altertümlich. In seiner getäfelten Stube habe ich niemals irgendeine Neuerung wahrgenommen.*

Zu den demografischen Veränderungen kam im 18. Jahrhundert noch ein weiterer Umstand hinzu, der zu einem sukzessiven gesellschaftlichen Wandel führte: Der Ruhestand für Beamte wurde eingeführt. Schließlich verschwand nach und nach auch in anderen Berufen die Erwerbstätigkeit bis zum Tod. Die Möglichkeit, sich in Ruhe mit den Enkelkindern zu beschäftigen, wurde erst durch diese Neuerung so richtig geschaffen. Zeugnis dafür liefert umfangreiche noch erhaltene Korrespondenz, denn im Bürgertum herrschte ein ausgeprägter Schriftverkehr. Briefe erfüllten damals zwischen Großeltern und Enkeln eine ähnliche Rolle wie im 20. Jahrhundert das Telefon und heute das Internet. Von Jacob und Wilhelm Grimms Großvater mütterlicherseits ist zum Beispiel Post erhalten, die von einer starken emotionalen Beziehung zu den Enkeln erzählt:

Lieber Jacob, Ich danke Dir recht sehr für das liebe Briefgen, das Du mir letzthin in Deinem und Deiner Brüder Nahmen geschrieben hast. Mit Vergnügen sehe ich daraus, daß Ihr Eure Großeltern beständig lieb habt, und deswegen fleißig an Sie denkt.

Die Rollennorm, dass man den letzten Lebensabschnitt vor allem den Enkelkindern zu widmen hat, entstand erst im **19. Jahrhundert**. Bildliche und literarische Darstellungen widmeten sich ab da immer stärker der Großmutter (davor eher dem Großvater), wobei sie zunächst gern als bescheiden und fromm beschrieben wurde. Die erschaffenen Klischees verbreiteten sich flächendeckend durch Zeitschriften und Bilderbögen, die billig zu kaufen waren.

Nun nahmen sich auch immer mehr Großeltern ihrer illegitimen Enkelkinder an. In Wien wurden Mitte des 19. Jahrhunderts zum Beispiel etwa ein Drittel aller Kinder unehelich geboren. Erst in der zweiten Jahrhunderthälfte stiegen die Heiratschancen für Fabrikarbeiterinnen an. Davor blieb den jungen Müttern nichts anderes übrig, als weiterhin ihrem Broterwerb nachzugehen. Bei der Kinderbetreuung waren sie auf die Großeltern angewiesen.

Gemälde dieser Zeit sind vor allem von der bürgerlichen Romantisierung des bäuerlichen Lebens geprägt. Oft wird dabei die Großfamilie in einer gefühlsbetonten Verbundenheit inszeniert, die so sicher nicht der Realität entsprach.

In der zweiten Hälfte des 19. Jahrhunderts verbreitete die Zeitschrift *Die Gartenlaube* Leitbilder für die soziale Großelternschaft. Dabei wurden sie durchwegs positiv dargestellt. Ganz anders war die Einstellung der Wissenschaftler jener Zeit, die sie einheitlich negativ bewerteten. Man vertrat die Meinung, Großeltern wären nicht geeignet, erzieherische Verantwortung für ihre Enkel zu übernehmen. Ihr Verwöhnen und Verhätscheln könnten die Eltern nur schwer wieder wettmachen. Die Fachliteratur für Kindererziehung blieb in der **ersten Hälfte des 20. Jahrhunderts** bei dieser Meinung, und psychoanalytische Untersuchungen der Zwanziger- und Dreißigerjahre beschäftigten sich einhellig nur mit der negativen Bedeutung der Großeltern für das Leben ihrer Enkel. Während bei Sigmund Freud noch nicht die Rede von Großeltern war, befassen sich in den sieben Büchern, die Alfred Adler zwischen 1929 und 1933 schrieb, vierundzwanzig Textstellen mit diesem Thema. In all diesen Passagen spricht er davon, wie sehr Großeltern die Kinder verwöhnen und sich ständig in die Erziehungsangelegenheiten der Eltern einmischen. Damit gibt er schlicht das damals übliche gesellschaftliche Vorurteil wieder.

In der Zeit um den Ersten Weltkrieg stieg der Altenanteil in der Bevölkerung erstmals deutlich an, und das durchschnittliche Heiratsalter verringerte sich. Immer mehr Menschen erlebten also ihre Enkel oder sogar Urenkel. Im Lauf der Jahrzehnte nahmen nun co-residente Formen im ländlichen und proletarischen Bereich zu. Erst in der Zeit **nach dem Zweiten Weltkrieg** sanken die Zahlen erneut. 1970 gab es in der BRD wieder nur noch 3,3 Prozent Drei-Generationen-Haushalte.

Ab den Fünfzigerjahren entdeckte die Wirtschaft Großeltern als sehr potente Einnahmequelle. Sie wurden zu wichtigen Adressaten der Werbung. Das führte zu einer

Verfestigung von Rollenbildern, deren Grundtenor von der unnatürlich süßlichen Stimmung der Nachkriegszeit bestimmt war. Dieses künstlich anmutende Großfamilienbild begann dann erst ab Mitte der Sechzigerjahre zu bröckeln. Ein starkes Streben nach Individualisierung trat an Stelle von schablonenhaften Großeltern-Enkel-Beziehungen. Die Lebensläufe der Menschen gestalteten sich immer unvorhersehbarer und beinhalteten mehr Brüche, was sich natürlich auch darauf auswirkte, wie die Gesellschaft Großeltern beurteilte. Endlich wurde ihnen nun die Wertschätzung zuteil, die sie verdienten. Denn sie stiegen in den letzten Jahrzehnten zum Fixpunkt im Leben der meisten jungen Menschen auf und wurden für Enkelkinder zur vielschichtigen Ressource und zum Anker in turbulenten Zeiten.

Großeltern heute – wer sind sie?

Ursi

Im vorigen Kapitel habe ich beschrieben, wie sich die Beziehung zwischen Enkelkindern und Großeltern früher gestaltete. Und wie sie jetzt aussieht, haben Heike und ich auch bereits aus den verschiedensten Blickwinkeln beleuchtet. Nun stelle ich mir jedoch die Frage, was für Menschen die Omas und Opas von heute wirklich sind. Die früheren Stereotype – selbst aus der Zeit unserer eigenen Großeltern – stimmen ja längst nicht mehr. Gibt es echte Fakten, die man über die heutige Großelterngeneration feststellen kann? Etwas, was sie verbindet?

Grob gesprochen sind diejenigen, die derzeit Enkel haben, im Krieg oder in der Nachkriegszeit geboren. Die Ältesten unter ihnen stammen wohl aus den Dreißigerjahren, die Allerjüngsten aus den frühen Siebzigerjahren. Das ist natürlich eine lange Spanne. Allein durch die unterschiedlichen zeitgeschichtlichen Ereignisse ergeben sich abweichende Lebensabläufe. Manche der heutigen Großeltern gehören zu den Achtundsechzigern. Andere sind eher von den strengen Fünfzigern geprägt. Unter den Omas und Opas gibt es Feministen und Klimaschützerinnen, genauso aber auch Konservative und Konsumliebhabende. Das Spektrum ist breit gefächert. Und wahrscheinlich trifft diese Feststellung heute noch viel stärker zu als in früheren Generationen, weil sich die Möglichkeiten zur Lebensgestaltung vervielfacht haben.

Aber einen gemeinsamen Nenner gibt es wohl doch: So gut wie alle heutigen Großeltern Deutschlands und Österreichs hatten Eltern, die ein bis zwei Weltkriege durchstehen mussten. Und über jene Erlebnisse, die das Familienleben in der Kindheit und Jugend damals so entscheidend prägten, fanden nur sehr selten offene Gespräche statt. Heute weiß man, dass so etwas oft Auswirkungen hat. Denn die sicherste Methode, ein Trauma weiterzugeben, ist, nicht darüber zu reden und die nächste oder sogar übernächste Generation mit Diffusem, schlecht Greifbarem alleinzulassen.

Schauen wir uns an, welche Spuren die Schrecken des Krieges abhängig vom Geburtszeitpunkt hinterlassen haben.

Die im Krieg Geborenen

Psycholog*innen sind sich einig, dass diejenigen, die zumindest ein paar Kinderjahre in Frieden erleben durften, bevor der Zweite Weltkrieg ausbrach, noch ein gewisses Grundvertrauen in die Welt entwickeln konnten. Für die während des Krieges Geborenen gilt das jedoch in den seltensten Fällen. Auch wenn sie zu klein waren, um sich später an Fliegeralarm, Nächte im Keller, Bombenlärm, Flucht und andere Arten der Bedrohungen zu erinnern, haben sie dennoch die Stimmungen mitbekommen. Die Väter waren in der Regel als Soldaten im Krieg, und die Mütter kämpften zu Hause ums Überleben. Von unbeschwerten Baby- und Kleinkindjahren konnte in den seltensten Fällen die Rede sein. Man glaubte damals, die Kleinsten wären nicht empfänglich für jegliche Art von seelischem Schmerz oder die Atmosphäre von Bedrohung. Diese Meinung vertraten auch die Ärzte. Wenn ein Kind kein körperliches Problem hatte, bedeutete das für die Fachleute automatisch, dass mit ihm alles in Ordnung sein musste. Mittlerweile weiß man längst, dass die Jüngsten Gefühle, mit denen sie nicht umgehen können, abkapseln und sich von ihnen distanzieren. Als Folge von diesen Erlebnissen bleibt oft ein lebenslang gestörter Umgang mit den eigenen Emotionen und eine allgemeine Gedämpftheit bestehen.

»Ich bin Ende der Dreißigerjahre geboren«, erzählt mir eine Gesprächspartnerin. »Ich habe natürlich kaum Erinnerungen an meine ersten Jahre. Doch ich weiß von den Eltern, dass ich Bombardements, eine Evakuierung und jahrelangen Hunger miterlebt habe. Ich war bis ewig nach dem Krieg Bettnässerin, aber man wäre früher nicht auf die Idee gekommen, das mit traumatischen Erlebnissen in Verbindung zu bringen.«

Oft zeigten sich die Auswirkungen des Ertragenen jedoch gar nicht so unmittelbar, sondern erst Jahrzehnte später. Es gibt Studien, die belegen, dass acht bis zehn Prozent jener, die als kleine Kinder Krieg und Vertreibung mitmachten, im Alter psychisch krank sind. Es heißt, weitere fünfundzwanzig Prozent hätten mit leichteren Spätfolgen ihrer Kriegskindheit zu tun. Da es lange Zeit nicht einmal Therapeut*innen in den Sinn gekommen wäre, die Symptome mit dem mittlerweile so weit zurückliegenden Krieg in Verbindung zu bringen, war und ist es oft schwer, davon geheilt zu werden. Vergleichszahlen belegen recht gut, worin die Ursachen der Beschwerden liegen, denn in der Schweiz sind nur 0,7 Prozent der Alten betroffen.

»Mein Mann ist jenseits der sechzig depressiv geworden«, erzählt mir eine andere Gesprächspartnerin. »Wir haben nie ganz verstanden, warum, weil er eigentlich glücklich gelebt hat und es auch in seiner Familie keine erbliche Vorbelastung gab. Ein Fernsehbeitrag hat uns dann auf die Idee gebracht, dass so etwas eine Spätfolge der Kriegskindheit sein könnte. Und tatsächlich hat eine Therapie einiges zutage gebracht: Er musste als Fünfjähriger eine schreckliche Flucht miterleben, auf der seine kleine Schwester gestorben ist.«

Nach wie vor ist das Bewusstsein für die eigene Traumatisierung in dieser Generation eher gering. Fragt man nach, wird abgewunken. »Das war halt damals so. Uns ist es trotz allem gut gegangen«, heißt es oft.

Die nach dem Krieg Geborenen

Menschen aus den Jahrgängen der späten Vierziger und der Fünfziger haben zwar die direkten Kriegsschrecken wie Bombenangriffe nicht miterlebt, aber sie wurden in eine in ihren Grundfesten erschütterte Welt hineingeboren. Die Städte waren zerbombt. Überall herrschte Hunger und Not. Dazu kam die große Kollektivschuld, die die Erwachsenen zusätzlich zu ihren Traumatisierungen zu tragen hatten.

Deutsche Kriegs- und Nachkriegskinder als Opfer des Naziregimes zu sehen, war lange Zeit verpönt. Also wurde ihrem seelischen Leid auch keine Beachtung geschenkt. In den Jahren nach 1945 galt die allgemeine Devise: Wir sind am Leben, und nun schauen wir nach vorn! Viele Eltern hatten Schlimmes erlebt und waren jetzt im Verdrängungsmodus. Unablässiger Fleiß half dabei.

»Meine Eltern haben den ganzen Tag gearbeitet. Abends waren sie erschöpft und konnten sich auch nicht mit uns abgeben. Und mein Vater hatte noch dazu schlechte Nerven. Er war an der Ostfront und dann in russischer Gefangenschaft gewesen und davon wohl angeknackst. Bei jeder Kleinigkeit schrie und prügelte er herum«, erzählt mir ein Gesprächspartner über seine Kindheit in den Fünfzigerjahren.

Noch lange Zeit vertrat man damals übrigens die Meinung, man dürfe seinen Nachwuchs nicht verhätscheln und verzärteln. Diese Überzeugung wurzelte in einem von den Nazis propagierten Erziehungsratgeber, der (sprachlich bereinigt) bis in die Achtzigerjahre erhältlich war. Darin wurde empfohlen, Babys schreien zu lassen, um ihren Willen zu brechen. Kinder mussten in jedem Fall gehorchen. Erwachsene hatten immer recht. Aus diesen autoritären Strukturen wollten sich die Jugendlichen oft befreien, daher war es in der Nachkriegsgeneration üblich, schnell von zu Hause auszuziehen und sich ein eigenes Leben aufzubauen. Viele haben sich von den Erziehungsvorstellungen und der Lebenseinstellung ihrer Eltern distanziert und sich Studentenbewegungen angeschlossen. Die Zeit der Revolte hatte begonnen, wobei die unzähligen neuen Freiheiten auch zu Unsicherheiten führten.

»Ich wusste lange nicht, wer ich wirklich bin«, bekennt eine Gesprächspartnerin. »Ich wollte nicht so sein wie meine Eltern oder die alten Nazis, die wir in der Schule als Lehrer hatten. Und die verlogenen süßen Filme und Bücher meiner Kindheit boten genauso wenige Identifikationsbilder. Das hat sich auch auf meine Beziehungsfähigkeit ausgewirkt, wie man an drei Scheidungen deutlich ablesen kann.«

Die Kinder der im Krieg Geborenen

In der Fachliteratur ist davon zu lesen, wie stark die in den Sechzigern und Siebzigern zur Welt Gekommenen mit dem Thema Angst zu kämpfen haben. Als Grund wird angegeben, dass die Kinder der im Krieg Geborenen oftmals nicht von ihren Eltern lernen konnten, dass die Erde ein sicherer Ort ist.

»Meine Mutter ist schon immer wahnsinnig argwöhnisch gewesen. Das hat mich natürlich verunsichert«, berichtet mir eine Gesprächspartnerin. »Es gab einfach niemanden, dem sie vertraute. Ich habe erst spät verstanden, dass ihre Eltern überzeugte Nazis gewesen waren und mit dem Kriegsende einsehen mussten, welche Verbrechen verübt worden waren. Den falschen Idealen hinterhergelaufen zu sein, dürfte ein fürchterliches Erwachen bedeutet haben. So etwas verdaut man wohl nie und gibt das dann auch an seinen Nachwuchs weiter. Und der später an die übernächste Generation.«

An dieser Stelle kann ich, als 1975 Geborene, einhaken und Persönliches beisteuern (auch wenn ich noch keine Oma bin): Unsere Lehrer am Gymnasium bissen sich förmlich an den Schrecken des Zweiten Weltkrieges fest. Wir Teenager wurden mit Bildern von Leichenbergen aus Konzentrationslagern und Schilderungen der Nazi-Verbrechen konfrontiert. Wenn ich zu Hause mit meinen Eltern darüber sprechen wollte, kam nicht viel zurück. Ich hatte große Schwierigkeiten zu verstehen, warum sie nicht ähnlich entsetzt reagierten wie ich. Wie konnte sie all das kalt lassen? Erst heute kapiere ich, dass sie als Kriegskinder ja selbst Opfer dieser schrecklichen Zeit waren. Es war ihr gutes Recht, sich zu weigern, im Geiste dorthin zurückzukehren. Nach vorn zu schauen anstatt zurück. Für den Aufbau meines eigenen Weltbildes bedeutete die Diskrepanz zwischen den fürchterlichen historischen Tatsachen und der distanzierten Position der Eltern dazu aber, dass ich Einordnungsschwierigkeiten hatte. Gleichzeitig herrschte der Kalte Krieg, und wir Jugendlichen der Achtziger fühlten uns durch ihn ständig latent bedroht. Im Fernsehen liefen amerikanische Dokus, was im Falle eines Atomangriffes zu tun sei (*»Duck and cover!«*) und Sting sang über die Gefahr, die von Russland ausging (*»In Europe and America there's a growing feeling of hysteria. Conditioned to respond to all the threats in the rhetorical speeches of the Soviets. Mister Krushchev said, ›We will bury you‹.«*).

Einmal im Jahr gab es eine Atomübung in unserer Schule. Bei der ersten, die ich im Gymnasium miterlebte – ich war wohl zehn oder elf –, hatte ich so viel Angst, dass ich haarscharf an einer Panikattacke vorbeischrammte. Ich konnte einfach nicht beurteilen, ob ich gerade in Gefahr war oder nicht, obwohl uns klar gesagt worden war, dass es sich um eine Übung handelt.

»Noch etwas kommt hinzu«, pflichtet mir ein Gesprächspartner, der etwa mein Jahrgang ist, bei. »Wenn wir Kinder ein schlimmes Erlebnis oder Angst hatten, wurden wir von den Eltern höchstens beschwichtigt. Aber im Grunde haben sie uns oft mit unseren Emotionen alleingelassen. Sie sahen, dass wir körperlich unversehrt waren, und damit hatte sich der Fall für sie erledigt. Bei mir hat das unterm Strich die Überzeugung festzementiert, dass ich emotional allein zurechtkommen muss.«

Vielleicht konnten Sie sich, Ihre Eltern oder Ihre Großeltern in diesem zugegeben sehr kurzen Überblick bereits wiedererkennen. Allen, die sich näher für die Kriegskinder, die Nachkriegsgeneration und die Kriegsenkel interessieren, kann ich die Bücher von Sabine Bode ans Herz legen. Die 1947 geborene Journalistin hat unzählige Gespräche mit Betroffenen geführt und zeichnet ein sehr akkurates Bild, wer die heutigen Großeltern – geboren von den Dreißigern bis in die Siebziger – eigentlich sind und mit welchen Lebensthemen sie zu tun hatten und haben.

Bei meinen Gesprächen sind mir noch einige Punkte aufgefallen, die immer wieder genannt wurden, die somit vielleicht bei einer Charakterisierung der heutigen Großeltern helfen:

Ahnenforschung

Im Dritten Reich waren die Menschen gezwungen, sich für Ariernachweise mit der eigenen Abstammung zu beschäftigen. Damit hing eine Menge Leid zusammen. Daher ist es nur verständlich, dass Ahnenforschung in der Nachkriegszeit zunächst unbeliebt war.

Mittlerweile ist die Suche nach Informationen über die eigenen Vorfahren – jetzt aber natürlich nur für private Zwecke – wieder weit verbreitet. Der Fall des Eisernen Vorhangs, die Wiedervereinigung Deutschlands und die neuen technischen Möglichkeiten (Archivbestände im Internet) haben einen Boom ausgelöst. Viele, die jetzt Großeltern sind, erforschen ihre Familiengeschichte und erstellen Ahnentafeln. Das Durchforsten der Vergangenheit tut den meisten gut. Natürlich werden dabei auch Entdeckungen gemacht, die nicht angenehm sind. Der Großvater, von dem es geheißen hat, er hätte Juden geholfen, war eigentlich ein schuldig gewordener Nazi. Die Urgroßmutter endete kläglich in einer »Irrenanstalt«. All so etwas verunsichert zunächst. Ist der Schrecken erst einmal verdaut, hilft es aber, die Wahrheit und damit die eigenen Wurzeln zu kennen.

Kindheitserinnerungen

Die heutigen Alten beschäftigen sich aber nicht nur mit ihren Vorfahren, sondern gern auch mit ihren eigenen – in erster Linie guten – Erinnerungen. Eine ganze Heerschar von Großeltern ist aktuell damit beschäftigt, Geschichten von früher niederzuschreiben. Das ist eine großartige Sache, denn junge Menschen interessieren sich oft erst viel zu spät dafür. Was schriftlich festgehalten ist, bleibt für die Nachwelt bestehen. Großeltern sind somit Geschichtsbewahrer.

Fleiß

Fleißige und Faule hat es immer gegeben und wird es immer geben. Trotzdem fällt auf, dass vor allem bei den heutigen Großeltern viele Menschen zu finden sind, die offensichtlich unter Zwang stehen, sich beschäftigt zu halten und Dinge abzuarbeiten. Ich erinnere mich, was für eine passionierte Chillerin meine eigene Oma – geboren 1910 – im Alter war. Und die Begabung, dem süßen Nichtstun zu frönen, findet man eher wieder in der Generation nach uns. Recht haben sie!

Beziehungssache

Diejenigen, die jetzt Großeltern werden, haben in der Regel zu ihrem Nachwuchs ein ausgesprochen enges Verhältnis. Sie bemühen sich um eine ausgeglichene Beziehung zu ihren erwachsenen Kindern und Schwiegerkindern. Harmonie steht hoch im Kurs. Diese war nur eine einzige Generation davor nicht in diesem Ausmaß gefragt. Umgekehrt fühlen sich die in den Sechzigern und Siebzigern Geborenen sehr verantwortlich für ihre Eltern und sind oft sogar ein bisschen zu wenig von ihnen abgenabelt. Die Gestaltung des eigenen Lebens machen sie mitunter stark von den Bedürfnissen ihrer Väter und Mütter abhängig.

Neue Medien

Wir haben heute verstärkt die Situation, dass Eltern und Großeltern von ihren Kindern und Enkeln lernen müssen, um den Anforderungen der modernen Welt entsprechen zu können. Das führt zu einer Abflachung des Machtgefälles zwischen Alt und Jung. Es kommt zu einem ausgeprägteren Miteinander der Generationen.

Zum Schluss will ich noch einige kurze Stellen aus einer verschrifteten Tonbandaufnahme aus dem Jahr 2000 wiedergeben. Meine Großmutter hat mir darin vom Krieg erzählt. Die Berichte rühren ans Herz und zeigen, dass die Kinder damals – also die heutigen Großeltern – mitnichten eine normale Kindheit durchleben durften. Friedi ist meine Mutter (*1939), Gernot ihr kleiner Bruder (*1944). Insgesamt hatte Oma, wohnhaft in Oberösterreich, fünf Söhne und Töchter, die zwischen 1937 und 1948 zur Welt kamen.

> *Ich musste ewig gehen ums Trinkwasser, und gerade als ich weit weg war von daheim, war ein Fliegerangriff. Ich bin zurückgerannt und habe beinahe das ganze Wasser ausgeschüttet. Der Gernot war winzig klein. Die Friedi hat ihn gepackt und in den Keller hinuntergetragen. In den letzten Kriegstagen war es mit den Angriffen so arg, dass man mir riet, mit den Kindern auf die Alm zu flüchten, aber ich hätte ja nicht so viele Windeln und Grießkoch mitschleppen können, also blieb ich im Tal.*

Eine Frau hat mir einmal rote Rüben aus ihrem kleinen Schrebergarten gebracht. Die Schalen haben dann die Kinder aus der Müllkiste herausgegessen vor lauter Hunger, da sind mir die Tränen gekommen.

Auch wenn es noch nicht im allgemeinen Bewusstsein angekommen ist, die Großelterngeneration, die heute in Deutschland und Österreich lebt, hat noch mit den Spätfolgen des letzten Krieges zu tun. Sich als Betroffene*r damit zu beschäftigen, kann heilend wirken. Und als Kind oder Enkelkind einmal nachzufragen, ist eine Geste der Zuneigung.

Berühmte Großeltern – berühmte Enkelkinder

Sigmund Freud und seine Enkel

Der Begründer der Psychoanalyse Sigmund Freud (1856–1938) war – ganz der früheren Sitte entsprechend – nach seinem Großvater väterlicherseits benannt, der kurz vor seiner Geburt verstorben war. In Freuds Schriften fehlt die Auseinandersetzung mit Großeltern komplett. Aus psychologischer Sicht scheint ihn das Thema nicht interessiert zu haben. Er selbst hatte insgesamt acht Enkelkinder. Zwei von ihnen traten dann auch in seine Fußstapfen: Ernest, der älteste Enkel und Sohn von Freuds Lieblingstochter, wurde ein bekannter Psychoanalytiker. Ursprünglich hieß er Ernst Halberstadt, änderte aber später seinen Nachnamen in den des Großvaters. Enkelin Sophie wurde Psychologin in den USA und kritisierte ihren Großvater in ihrer Arbeit scharf. Zum Beispiel nannte sie die analytischen Sitzungen, die Freud mit seiner Tochter Anna abhielt, »emotionalen Inzest«. 2006 schrieb sie einen Brief an ihren verstorbenen Großvater, aus dem sich etwas zu der Beziehung zwischen ihm und den Enkeln herauslesen lässt: *Lieber Großvater, dass ich Dein Enkelkind bin, hat mein Leben gestempelt. Du warst eine gütige und schützende, aber auch distanzierte Anwesenheit in meinen jungen Jahren …*

Amy Winehouse und Grandma Cynthia

Über die Beziehung des Grammy-gekürten Popstars Amy Winehouse zu ihrer Großmutter wurde vor allem in der Klatschpresse immer wieder berichtet. Auch Cynthia war Sängerin. Sie erkannte wohl schon früh das herausragende Talent ihrer Enkelin und ermutigte diese, den Traum von der Karriere im Musikbusiness zu verfolgen. Die Bindung zwischen den beiden soll zeitlebens eng gewesen sein. Es heißt, die nonkonformistische Amy hätte am ehesten auf ihre Großmutter gehört. Als Grandma 2006 mit achtundsiebzig an Lungenkrebs verstarb, muss das Amy aus der Bahn geworfen haben. Zur Erinnerung ließ sie sich ein Tattoo einer Frau im Stil der Fünfzigerjahre auf ihren Arm tätowieren und mit dem Schriftzug *Cynthia* verzieren. Danach ging es mit Amy nur noch bergab. Drogenexzesse und Alkoholsucht nahmen überhand und hatten schlimme Folgen. Amy verlor zum Beispiel wegen des Rauchens von Crack ihre Stimme. Eine Tournee musste abgesagt werden. Bereits wenige Jahre nach der Großmutter starb 2011 auch Amy. Todesursache war wohl eine Alkoholvergiftung. Ihre Asche wurde mit jener der Oma vermischt und in derselben Urne auf dem jüdischen Friedhof im Norden Londons beigesetzt. Auf dem Grabstein steht in pinkfarbenen Lettern: *In loving memory of Cynthia Levy and her beloved granddaughter Amy Jade Winehouse.*

Karl May und seine Großmutter

Der berühmte Winnetou-Autor Karl May wurde 1842 in bitteres Elend hineingeboren. Er war das fünfte Kind eines alkoholkranken Webers, wobei aber nur noch eine ältere Schwester am Leben war, als Karl zur Welt kam. Seine frühsten Kindheitsjahre waren von durch Hunger und Vitaminmangel verursachten Infektionskrankheiten geprägt. Unter anderem litt er an einer funktionellen Blindheit, die bis zu seinem fünften Lebensjahr andauerte. Zum Glück nahm sich Großmutter Johanne Christiane seiner liebevoll an. Sie erzählte ihm wortreich Geschichten und regte damit seine Fantasie an. Die mit der Großmutter verbrachte Zeit schildert er in seiner Autobiografie als einzigen Lichtblick seiner Kindheit. Sie starb, als er bereits erwachsen war und nach mehrfachem Betrug in Haft saß. Von ihrem Dahinscheiden erfuhr er erst über ein Jahr später, nachdem er wegen guter Führung vorzeitig entlassen worden war. Die Nachricht setzte ihm sehr zu. Er schrieb: *Es begann das frühere Elend, die frühere Marter, der frühere Kampf mit unbegreiflichen Mächten, die umso gefährlicher waren, als ich absolut nicht entdecken konnte, ob sie Teile von mir seien oder nicht.*

Christa Wolf und Jana Simon

Die Berliner Autorin und Journalistin Jana Simon ist die Enkelin der bekannten DDR-Schriftstellerin Christa Wolf (1929–2011). Simon hat das gemacht, was viele verabsäumen: Zehn Jahre lang befragte sie ihre Großeltern gezielt in Gesprächen über die Vergangenheit. Die Unterhaltungen kann man im Buch *Sei dennoch unverzagt* nachlesen. Die Offenheit, mit der Christa und Gerhard Wolf darin zu ihrer anfänglichen Begeisterung für Adolf Hitler und dann für den kommunistischen Staat stehen, ist für ihre Generation sicher außergewöhnlich. Üblicher sind diesbezüglich eher schamvoll ausweichende Antworten. Alle, die noch Großeltern haben, kann das Buch vielleicht anregen, diese ebenso über die Vergangenheit zu befragen, solange dazu Gelegenheit ist. Im Vorwort stellt Simon fest, dass ihre Großeltern in den Gesprächen wenig von ihr wissen wollten und stattdessen hauptsächlich von sich erzählten. Wir teilen diesbezüglich die Meinung des Philosophen und Psychotherapeuten Michael Lehofer, der sagt, ein Anzeichen des Alters sei, aufzuhören, Fragen zu stellen.

Hape Kerkeling und seine Großeltern

Die innige Beziehung des deutschen Komikers zu seinen Großeltern ist berührend im autobiografischen Roman *Der Junge muss an die frische Luft* erzählt. 2018 wurde das Buch verfilmt. Bis zur Einschulung verbrachte Kerkeling (geboren 1964) fast jeden Wochentag im Tante-Emma-Laden seiner Großmutter mütterlicherseits. Auch die Wochenenden gehörten den Großeltern Änne und Willi Bönke, wenn die extrovertierte Oma den kleinen Hape und seinen Bruder für Ausflüge abholte. Alle Enkelwünsche wurden erfüllt, und es ging stets lustig zu. Viel Einfühlungsvermögen zeigte die Großmutter auch anlässlich einer Prinzessinnenverkleidung ihres Enkelsohns an Fasching. Und selbst wenn die Kinder mit den Eltern Stress hatten, ergriffen die Großeltern immer für sie Partei. Leider starb die geliebte Oma früh. Im Sterbebett sagte sie noch zu Klein-Hape: »Aus dir wird einmal etwas ganz Besonderes werden, denn du wirst eines Tages sehr berühmt sein!«

Die glückliche Kindheit endete, als die Mutter nach einer Operation ihren Geruchs- und Geschmackssinn verlor. Die daraus folgende Depression sorgte für einen bedrückenden Alltag und war schließlich auch für den Suizid verantwortlich. Um den nunmehr alleinerziehenden Vater zu unterstützen, zogen die Großeltern Bertha und Hermann

Kerkeling in den Haushalt und wurden zum emotionalen Rettungsanker für den Enkelsohn.

Karl Valentin und Anneliese Kühn

Auch wenn der begnadete Münchner Komiker Karl Valentin (1882–1948) schon an einer Lungenentzündung starb, als seine Enkelin Anneliese neun Jahre alt war, hing sie ihr Leben lang an ihm. »Der Opa und ich, wir hatten ein sehr inniges Verhältnis«, sagte sie einmal. Sie wohnte in seinem Haus inmitten all der vielen kleinen Erinnerungsstücke. In Interviews, in einem Buch und bei Führungen durch die Räume erzählte sie gern Anekdoten wie diese: Karl Valentin trug immer einen Hut, selbst dann, wenn er aufs Klo ging. »Es könnte ja in der Zwischenzeit Besuch kommen, pflegte er zu sagen.« Dass sich Enkelkinder ihrer Großeltern in liebevoller Verklärung erinnern, ist nichts Außergewöhnliches. Taucht man ein wenig tiefer in Kühns Erinnerungen an den berühmten Großvater, merkt man aber schnell, dass das Zusammenleben mit Karl Valentin wohl nicht immer ganz einfach war. Sein »Herzkäferl«, wie er die Enkeltochter nannte, schämte sich mitunter vor anderen Kindern für den verhaltensauffälligen Opa. Und er scheint auch eine sadistische Ader gehabt zu haben. Denn er liebte es, zu necken, wobei er durchaus die Grenzen eines harmlosen Spaßes überschritt. Er tat zum Beispiel gern so, als wolle er Anneliese ein schwarzes Sofakissen aufs Gesicht drücken. Schon allein, sie mit dem Ausruf »Kissi, Kissi« zu ängstigen, amüsierte ihn.

Mahatma und Arun Gandhi

Wofür der indische Rechtsanwalt und Friedensaktivist Mohandas Karamchand »Mahatma« Gandhi (1869–1948) einstand, ist uns spätestens seit der oscarprämierten Filmbiografie aus 1982 geläufig. Weniger bekannt ist jedoch, dass Gandhi auch ein liebevoller Großvater (*Bapuji*) war. Arun Gandhi (1934–2023) wurde in Südafrika geboren und mit zwölf für zwei Jahre zum Großvater in den Sevagram-Ashram gebracht. Er sollte von ihm lernen, seine Wutanfälle in den Griff zu bekommen. Doch Gandhi zeigte ihm so viel mehr. Unter der Anleitung des großen Pazifisten begriff Arun, wie die Welt funktioniert und wofür es sich einzusetzen lohnt. Mahatma Gandhi, der so sehr in der Öffentlichkeit stand, vergaß dabei nie, seinem Enkel die nötige Aufmerksamkeit zu schenken. Arun sagte später, sein Opa hätte ihm immer das Gefühl vermittelt, wichtig zu sein. Er erinnerte sich, mittlerweile selbst Aktivist, voll Dankbarkeit an seinen *Bapuji*, den »freundlichen, lustigen Mann, der gerne seine Späßchen machte«.

Micky Beisenherz und Omma Lore

Der Stern-Kolumnist, TV-Moderator und Dschungelcamp-Autor Micky Beisenherz ist in einem Mehrgenerationenhaushalt aufgewachsen. Eine besonders wichtige Bezugsperson war seine Großmutter, »Omma Lore«, der er mehrere Kolumnen widmete, beispielsweise eine Liebeserklärung zu ihrem neunzigsten Geburtstag im Jahr 2015. Darin bezeichnet er sie als *zweite Mutter, Seelsorgerin und emotionale Komfortzone in einem*, außerdem als *sozialen Kitt*, *Herz des vielköpfigen Wohnkörpers* und *Castrop Rauxeler Variante von Queen Elizabeth*. Seiner Beschreibung nach war Omma

Lore unerschrocken, warmherzig, tatkräftig, verständnisvoll, pragmatisch und sensationell witzig. Dank ihres Enkels wurde sie bei seinen Followern fast so bekannt wie er selbst und auf ihre alten Tage noch zum Social-Media-Star. Als sie im August 2022 starb, nahm die ganze Community Anteil. Und am Tag ihrer Beisetzung postete Micky: *»Spaß muss sein, sonst geht keiner auffe Beerdigung.« Da werd ich heute mit nem Schmunzeln dran denken, Omma.*

Wofür der Autor keinerlei Verständnis hat, ist die Respektlosigkeit junger Menschen gegenüber ihren Eltern und Großeltern. *Das fand ich schon als Kind beschämend. Eine Oma ist doch das Beste, was einem passieren kann*, schrieb er. Recht hat er!

Dakota Johnson und Tippi Hedren

Nicht nur die Eltern von Dakota Johnson – Melanie Griffith und Don Johnson – sind berühmte Filmstars, sondern auch ihre Großmutter Tippi Hedren, die wir vermutlich alle aus Hitchcocks Meisterwerk *Die Vögel* kennen.

Doch Hedrens Karriere endete relativ früh. Nachdem sie sich dem übergriffigen Regisseur verweigert hatte, bekam sie keine Rollen mehr. In den Sechzigerjahren gab es eben noch keine #MeToo-Bewegung. Tippi Hedren beschränkte sich darauf, Hitchcock als »Fettsack« (*fatso*) zu beschimpfen – und die Konsequenzen zu ziehen. In ihrer Autobiografie von 2016 schildert Hedren die Vorkommnisse ausführlich und beschreibt ihn als perversen Sadisten.

Dakota Johnson verbrachte als Kind viel Zeit auf Omas Farm am Rande der Mojave-Wüste, wo diese ihr Leben fortan der Pflege von Raubkatzen widmete.

Heute erhebt sie schwere Vorwürfe gegen den 1980 verstorbenen Regisseur, weil er ihre Oma sexuell belästigt und anschließend deren Karriere ruiniert hat. Ihre Großmutter habe sie dennoch immer dazu ermutigt, selbst eine Schauspielkarriere anzustreben. Und, was noch wichtiger ist, sich von niemandem etwas gefallen zu lassen.

Dakota Johnson wurde durch ihre Rolle in der Erotik-Filmreihe *Fifty Shades of Grey* bekannt. Ihre Großmutter soll sich diese Streifen nie angeschaut haben – doch dem guten Verhältnis zwischen Oma und Enkelin tat das wohl keinen Abbruch, wie gemeinsame Auftritte auf dem Red Carpet zeigen.

Uwe Seeler und Levin Öztunali

Kein Zweifel – Uwe Seeler war einer der bekanntesten und beliebtesten Fußballspieler Deutschlands. Seine Erfolge und Auszeichnungen lassen sich gar nicht alle aufzählen. Bundesliga-Torschützenkönig, Vizeweltmeister, Fußballer des Jahres, Bundesverdienstkreuz, Ehrenbürger Hamburgs … »Uns Uwe«, wie man ihn liebevoll nannte, sammelte Titel um Titel – und blieb doch immer auf dem Boden.

Ganz schön riesige Fußstapfen für Levin Öztunali, einen von Seelers sieben Enkeln und der Einzige von ihnen, der ebenfalls Fußballprofi wurde. Schon früh galt er als Riesentalent und wurde auch oft mit seinem berühmten Großvater verglichen. Obwohl er bereits zweifacher Europameister ist, gilt er ein bisschen als »ewiges Talent«. Was – trotz seiner Erfolge und der zahlreichen Einsätze in der Nationalmannschaft – möglicherweise auch mit seinen häufigen Vereinswechseln zu tun hat.

Uwe Seeler sagte einmal über seinen Enkel: »Ich will nicht, dass ständig Vergleiche gezogen werden und der Junge unter Druck gerät.« Umgekehrt äußerte sich Ötztunali über ihn: »Ich bin stolz auf das, was er alles in seinem Leben geleistet hat. Für mich ist er ein ganz normaler Opa.« Und das ist wahrscheinlich das Schönste, was ein Enkel über seinen Großvater sagen kann.

Olivia Newton-John und Max Born

Als die Sängerin und Schauspielerin Olivia Newton-John, die durch Filme wie *Grease* und Songs wie *Xanadu* bekannt wurde, im Sommer 2022 starb, wurde in vielen Nachrufen auch ihr berühmter Großvater erwähnt: der Göttinger Physik-Nobelpreisträger Max Born, nach dem nicht nur zahlreiche Schulen und wissenschaftliche Institute, sondern sogar ein Mondkrater und ein Asteroid benannt sind.

In ihrer 2019 veröffentlichten Autobiografie *Hör nicht auf zu träumen* schrieb Olivia über ihn: *1933 floh mein jüdischer Großvater mit seiner Frau Hedwig aus Deutschland, um dem Hitlerregime zu entkommen. Er war nicht nur ein brillanter Kopf, sondern auch ein Menschenfreund, der Juden half, aus Deutschland zu fliehen. Ich bin sehr stolz auf meinen friedliebenden Großvater.*

In den Fünfzigerjahren, als Olivia fünf Jahre alt war, wanderte ihre Familie nach Australien aus. Der Großvater kehrte aus seinem Exil nach Göttingen zurück, wo er 1953 Ehrenbürger wurde. Ein Jahr später erhielt er den Nobelpreis für seine Arbeiten zur Quantenmechanik. 1957 gehörter er zu den achtzehn Unterzeichnern des Göttinger Manifests gegen die damals geplante atomare Aufrüstung der Bundeswehr.

Als Max Born 1970 starb, hatte er zwar noch die Anfänge von Olivias Musikkarriere miterlebt, nicht aber ihren Durchbruch zum Weltstar, den sie 1978 mit *Grease* schaffte.

Übrigens liebte auch Max Born die Musik. In ihrer Autobiografie schildert Olivia, dass ihr Großvater abends gern gemeinsam mit seinem Freund Albert Einstein musizierte – Born saß dann am Klavier, während Einstein dazu Geige spielte. Das stelle ich mir ganz schön inspirierend vor.

Teil 4

Von wegen Zuckerguss …

Drei Generationen, unzählige Konflikte

Wenn Großeltern Lieblingsenkelkinder haben – und umgekehrt

Heike

Vermutlich bemühen sich fast alle Eltern darum, keines ihrer Kinder zu bevorzugen, ja, es sich nicht einmal selbst gegenüber einzugestehen, wenn sie sich phasenweise einem Kind näher fühlen als den anderen. Doch wie ist das bei Großeltern?

Mit einer Generation Distanz haben sie in verschiedenen Bereichen – etwa beim vielbesprochenen Verwöhnen – etwas mehr Narrenfreiheit. Umgekehrt ist es schließlich ebenso: Kinder mit zwei (oder dank Patchwork sogar noch weiteren) Großelternpaaren fühlen sich oft einer Oma oder einem Opa stärker verbunden als den anderen.

Die Gründe für eine außergewöhnlich enge Beziehung können sehr unterschiedlich sein, wie meine Interviewpartner*innen berichten. Betrachten wir das Phänomen zunächst einmal aus Enkelsicht:

Es ist schön, das Lieblingsenkelkind zu sein …

Karin

»Ich habe immer gespürt, dass ich der Liebling meiner Oma war. Ein bisschen lag das auch daran, dass sie schon mehrere Enkelsöhne hatte und sich über ein Mädchen besonders freute«, erzählt Karin. »Vor allem aber rührte es daher, dass ich ihrer Tochter so ähnelte, die im Alter von zwölf Jahren gestorben war. Kurz vor Kriegsende war Rosemarie von einem Granatsplitter getroffen worden, während sie sich schützend über ihren kleinen Bruder beugte. Ein echtes Drama. Mich aufwachsen zu sehen, half meiner Oma dabei, den Verlust zu verarbeiten und sich vorzustellen, wie Rosemarie im jeweiligen Alter wohl ausgesehen hätte.«

Torsten

»Mein Lieblingsopa war der, bei dem ich in meiner Kindheit so gerne übernachtet habe und der mir zum Einschlafen immer Geschichten erzählt hat«, berichtet Torsten. »Später, als ich anfing auszugehen, aber noch keinen Führerschein hatte, übernahm er es gern, mich abzuholen. Wenn er zur vereinbarten Uhrzeit aufkreuzte, sagte er meistens: ›Lass dir Zeit, Junge, ich trinke erst mal gemütlich ein Bier.‹ Und dann blieb er mit diesem Bier stundenlang am Tresen sitzen, damit ich länger bleiben und mich amüsieren konnte. Was ich natürlich super fand.«

Eifersucht gab es unter den Geschwistern deswegen aber nicht. »Meine Schwestern und Cousinen kamen mit den Omas besser zurecht, jedes Kind hatte einen Großelternteil, zu dem es sich am meisten hingezogen fühlte und dem es sich auch mal anvertrauen konnte. Bei mir war das definitiv dieser Opa.«

Lara

Auch Lara verstand sich besonders gut mit ihrem Großvater. »Opa sah ein bisschen aus wie Clark Gable. Er war ein eleganter Herr, vom Typ her eher kühl und etwas distanziert, aber mir gelang es ohne Schwierigkeiten, ihn um den Finger zu wickeln. Ich musste nur lieb gucken, und schon erlaubte Opa mir, länger aufzubleiben und fernzusehen. Oder er kaufte mir das Kleidungsstück, das ich mir wünschte«, erzählt Lara. »Meine schönste Erinnerung ist aber, wie wir zusammen die Sendung *Tanzen mit dem Ehepaar Fern* schauten und dabei im Wohnzimmer den Letkiss übten. Zu derartigen Aktivitäten hätte ihn außer mir sicher niemand bewegen können. Wir hatten auf jeden Fall viel Spaß miteinander. Als er starb, hinterließ er mir seinen coolen Lokführermantel, der wunderbar zu dem wavigen Style passte, in dem ich in meinen Zwanzigern unterwegs war.«

… aber es ist auch kein Problem, wenn man es nicht ist.

Martin
»Meine Oma hat all ihre Enkelkinder geliebt, aber meine Cousine hat sie regelrecht vergöttert«, erinnert sich Martin. »Schon deren Mutter war Omas Lieblingstochter gewesen, und diese Bevorzugung ging nun auf die nächste Generation über. Ich weiß gar nicht, ob das meiner Cousine so bewusst war, aber wir anderen nahmen den Unterschied durchaus wahr. Mir machte das nichts aus, ich war ohnehin viel lieber mit dem Opa zusammen, der oft mit mir angeln ging oder mir Schach beibrachte.«

Isabel
»Manchmal, wenn ich meine Großeltern in den Ferien besuchte, waren auch meine Cousinen dort. Die durften sich alles erlauben – egal, wie frech sie waren, Oma verzieh ih-

nen jeden Streich oder jedes vorlaute Wort. Ich dagegen wurde wegen der geringsten Kleinigkeiten bestraft.«

Aber war sie deswegen neidisch auf die Cousinen?

»Kein bisschen. Meine Oma kann man nur als wirklich böse Frau beschreiben. Ich versuchte, ihr so gut es ging aus dem Weg zu gehen. Wenn sie sich mit den Cousinen abgab, war ich aus der Schusslinie, was mir nur recht sein konnte. Eifersucht empfand ich nicht. Ich fand ihr Verhalten nur interessant. Von meinem Vater weiß ich, dass sie schon immer so war. Meine Tante, die Mutter dieser Cousinen, hat sie gegenüber ihren anderen Kindern ebenfalls bevorzugt.«

Edda

Eddas Großmütter waren grundverschieden, daher deckten sie jeweils ganz andere Rollen in ihrem Leben ab, sodass es Edda heute schwerfällt zu sagen, welche sie lieber hatte.

»Die eine Oma war sehr gebildet, sie spielte Klavier und las viel. Wenn ich Probleme hatte und jemanden zum Reden brauchte, fand ich in ihr die richtige Ansprechpartnerin. Sie konnte super zuhören und gab mir gute Ratschläge. In mancherlei Hinsicht lagen wir auf einer Wellenlänge«, erklärt Edda. »Aber bei der anderen Oma war alles viel ungezwungener. Da konnte ich jederzeit reinschneien und sogar Freundinnen und Freunde mitbringen, ohne das vorher abzusprechen. Es gab immer Limo und Bauernbrot mit Butter und Zucker – herrlich ungesund und lecker. Ich durfte bei ihr schon früh Dinge tun, die zu Hause verboten waren, zum Beispiel mit einem echten Bügeleisen hantieren und mit einem scharfen Messer Äpfel schälen – alles Sachen, die meine Eltern für gefährlich hielten.«

Je nach Bedürfnis und Situation war also mal die eine und mal die andere Großmutter ihre Lieblingsoma. »Entscheidend ist ja, dass ich mich bei beiden wohlgefühlt habe und sie jeweils auf ihre Weise für mich da waren.«

Und wie stehen Eltern zum Thema Lieblingsenkel?

Petra

»Meine Schwiegermutter behandelt ihre beiden Enkelkinder definitiv sehr unterschiedlich«, sagt Petra. »Chiara, meine Jüngste, wurde schon immer nach Strich und Faden verwöhnt. Der Oma machte es Spaß, sie mädchenhaft auszustaffieren, ihr hübsche Sachen zu kaufen und mit der kleinen Prinzessin anzugeben. Chiara durfte auch mehrfach mit ihr verreisen. Lucas dagegen, mein großer Sohn, war schon immer eher laut und wild – und hatte überhaupt kein Interesse an schicken Klamotten. Die Oma konnte mit dem Jungen einfach nichts anfangen.«

Ich frage Petra, wie das für sie als Mutter ist.

»Mir tut Lucas leid. Ich empfinde das Verhalten meiner Schwiegermutter als ungerecht. Chiara bekommt von ihr nicht nur mehr emotionale Zuwendung, sondern auch mehr Geschenke.«

Ich hake nochmals nach und will wissen, ob Lucas sich denn benachteiligt vorkommt und gekränkt ist.

»Er tut so, als würde es ihm nichts ausmachen«, erklärt Petra. »Aber ich glaube das nicht recht. Andererseits fühlte er sich schon immer mehr zu seiner anderen Oma hingezogen, und deren Liebling war eindeutig er.«

Kai
»Meine Frau und ich behandeln unsere beiden Kinder absolut gleich und wollen auch nicht, dass die Großeltern Unterschiede machen«, sagt Kai. »Wenn wir den Eindruck haben, dass sie eins der Kinder bevorzugen, reden wir mit ihnen darüber. So etwas widerstrebt meinem Gerechtigkeitssinn.«

Ich frage Kai, ob er als Kind keine besonders enge Beziehung zu einem Großelternteil hatte.

»Eigentlich doch«, gibt er nach einigem Überlegen zu. »Ich verstand mich ausgesprochen gut mit meiner Oma väterlicherseits. Sie war eine herzensgute und sehr kluge Frau. Manchmal hatte ich das Gefühl, sie ist die Einzige in der ganzen Familie, die mich versteht. Das tat mir gut.«

Gut möglich, dass Kai nach unserem Interview seinen Standpunkt noch mal überdenkt. Natürlich sollten auch Großeltern zu allen Enkelkindern gleich liebevoll und großzügig sein, aber zu einem von ihnen einen besonderen Draht zu haben, ist einfach nur menschlich.

Haben Großeltern eigentlich ein schlechtes Gewissen, wenn sie ein Enkelkind bevorzugen?

Um es kurz zu machen: Ja, haben sie. Jedenfalls diejenigen, mit denen ich gesprochen habe. Auch wenn es gute Gründe dafür gibt, wie bei Ellen, die mit ihren ältesten Enkeln mehr unternehmen konnte als mit den jüngeren, weil sie in deren Kindheit noch deutlich fitter war. Dadurch hat sie einfach einen stärkeren Bezug zu ihnen. Oder bei Jürgen, dessen Lieblingsenkelsohn ihn an sich selbst erinnert – die beiden teilen Hobbys, Talente, sogar Gestik und Mimik sind ähnlich.

Was auch immer die Gründe sein mögen – ist es nicht schön, dass zwischen den Generationen so enge Bindungen entstehen? Niemand hätte etwas davon, wenn es diese besonderen Großeltern-Enkel-Beziehungen nicht gäbe. Das ist doch gerade der Vorteil daran, dass Großeltern nicht in der Erziehungsverantwortung sind, sondern für einen Hauch Zuckerguss im Leben ihrer Enkel sorgen dürfen.

Hauptsache, die anderen Kinder fühlen sich nicht zurückgesetzt oder benachteiligt. Aber meist suchen sie sich dann einfach einen eigenen Lieblingsopa oder eine eigene Lieblingsoma …

Oma und Opa nah und fern – macht der Wohnort einen Unterschied?

Ursi

Während der Gespräche, die ich für dieses Buch geführt habe, war immer wieder auch Thema, ob es eine Rolle spielt, wie nah Enkelkinder und Großeltern beieinanderwohnen. Es waren Leute dabei, die im selben Haus oder in unmittelbarer Nachbarschaft zu den Großeltern aufgewachsen sind. Quasi von allen Entfernungen bis hin zum anderen Ende der Welt war die Rede. Ich hörte immer wieder, dass die weit von den Kindern entfernt lebenden Omas und Opas es bedauern, sie nicht häufiger zu sehen. Mir wurde vom Schmerz erzählt, der auftritt, wenn die Kleinsten beim Wiedersehen fremdeln. Von Störenfriedgefühlen, weil man nur selten zu Besuch kommen kann. Eine Interviewpartnerin hat mir sogar berichtet, dass sie mit dem baldigen Ruhestand ihre Zelte in München abbrechen will, um nach Berlin zu ziehen, wo ihre Enkelkinder leben.

Seitens der Enkel war jedoch immer zu hören, dass es keinen Unterschied macht, ob Oma und Opa ganz nah oder weit weg wohnen. Das habe wenig Einfluss auf die Beziehung. Da spielten völlig andere Faktoren eine Rolle.

Ich kann das aufgrund der eigenen Großmutter-Erlebnisse bestätigen. Die Oma im selben Ort war mir fremd, die weiter weg wohnende eine absolute Seelenverwandte – davon habe ich ja schon berichtet.

Und auch die Erfahrungen meiner Kinder untermauern die Theorie, dass Entfernung kein Hindernis für eine enge Bindung ist. Meine Schwiegermutter wohnt fast vierhundert Kilometer von uns entfernt, meine Eltern nur zwei. Doch unsere Söhne könnten nicht sagen, wer ihnen nähersteht.

»Völlig gleich«, antworten sie.

Sie sehen die Oma in Bayern natürlich seltener, aber wenn, dann verbringen sie viel Zeit am Stück mit ihr. Die steirischen Großeltern treffen sie immer nur für ein paar Stunden – dafür häufiger.

Gibt es eine räumliche Distanz zu überwinden, muss man eben erfinderisch sein. Die Jungs haben zum Beispiel als Kleinkinder mit Oma und Opa (er ist mittlerweile leider verstorben) per Skype Kontakt gehalten. Es wurde – ewig vor Corona – im Video-Meeting geplaudert, vorgelesen und sogar Verstecken gespielt. Eine Zeit lang haben sie die Großeltern deswegen Video-Oma und Video-Opa genannt.

Früher mussten zum Kontakthalten natürlich andere Medien herhalten. Meine Freundin Rita hat mir Briefe gezeigt, die sie an ihre Oma schrieb. Als diese starb, tauchten die Kuverts bei der Wohnungsauflösung auf. Die großmütterlichen Antworten sind leider nicht erhalten geblieben. Rita war einverstanden, dass wir hier lesen dürfen, was sie 1985/86 als zehnjähriges Mädchen verfasste. Ihre Oma wohnte drei Stunden Autofahrt von ihr entfernt.

September 1985

Liebe Oma,
danke für deinen Brief. Ich habe ihn nicht einmal der Mama gezeigt. Sie wollte wissen, was du geschrieben hast. Ich habe gesagt, das ist ein Geheimnis. Hoffentlich kommst du bald wieder zu uns. Alleine mag ich nicht Klavier üben. Ich mag, wenn du mitspielst. Und wenn du sagst, ich spiele gut. Allein ist es echt langweilig.
Jetzt weiß ich nicht mehr, was ich schreiben soll.
Schreib mir bald wieder!
Liebe Grüße
Deine Rita

Liebe Oma,
danke für die Spardose! Das ist ja ein lustiger Vogel! Die aufgeklebten Filzhaare finde ich witzig. Ich versuche jetzt immer was hineinzusparen. Wenn du mich wieder besuchen kommst, können wir zusammen zur Bank gehen. Darauf freue ich mich!
Du fragst, ob ich mit Tim streite. Nicht mehr so oft. Nur mehr einmal am Tag. Aber meine Freundinnen streiten auch mit ihren Geschwistern.
Sitzt du auf der Bank vor dem Haus und redest mit den Leuten? Ist der schwarze Hund wieder vorbeigekommen? Wenn ich bei dir bin, können wir wieder zusammen über ihn lachen.
Liebe Grüße
Deine Rita

Oktober 1985

Liebe Oma,
entschuldige, dass ich nicht geschrieben habe. Ich war krank und war nicht in der Schule. Jetzt ist Tim krank. Als ich einmal bei dir Fieber hatte, hast du mir einen Brustwickel gemacht und Salbeitee mit Honig gekocht. Mama macht das nicht. Sie gibt mir Medizin. Sie hat mir aber ein Micky-Maus-Heft gekauft.
Jetzt muss ich aufhören, weil ich noch eine Karte für Erdkunde zeichnen muss. Wenn du uns besuchen kommst, können wir wieder zusammen die Schulaufgaben machen.
Liebe Grüße
Rita

Liebe Oma,
heute schicke ich dir nur eine Postkarte. Vorne drauf ist der Turm, den wir am Wochenende besucht haben. Ich habe schon sehr viele Münzen in den Sparvogel geworfen. Er ist schon ganz schwer.
Liebe Grüße auch von den anderen
Rita

Dezember 1985

Liebe Oma,
danke für deinen Brief. Jetzt kommst du bald zu uns. Wenn du da bist, können wir Monopoly spielen. Ich weiß, das magst du nicht so gerne. Also spielen wir auch Dame.
Du schreibst, dass du bei einem Preisausschreiben mitgemacht

hast. Mama sagt, du gewinnst sicher nie etwas. Ich glaube aber schon. Du kannst ja immer alle Rätsel lösen. Dass du den Gewinn mit mir und Tim teilen willst, freut uns sehr.
Du fragst, was ich mir zu Weihnachten wünsche. Einen Schminkkopf, ein Tagebuch mit Schloss oder eine Barbie im Brautkleid.
Was wünschst du dir? Du sagst sicher wieder, gar nichts, aber das gilt nicht.
Liebe Grüße
Deine Rita

Januar 1986

Liebe Oma,
danke für deinen Brief. Mir geht es gut. In der Schule ist alles so wie immer. Übermorgen schreiben wir eine Arbeit.
Dass dir dein Rücken oft so wehtut, finde ich doof. Wenn du zu Besuch kommst, machen wir zusammen Gymnastik, und dann wird es sicher bald besser. Vielleicht kannst du zum Arzt gehen.
Du fragst mich, welches Buch ich lese. Ich finde es eine gute Idee, dass du es dir auch aus der Bibliothek holen willst. Dann können wir zusammen lesen. Obwohl du so weit weg bist. Wir telefonieren und reden über das Buch. Ich lese Rosa Riedl Schutzgespenst *von Christine Nöstlinger.*
Gehst du morgen zum Markt? Sicher setzt du deinen Hut auf. Wenn ich groß bin, will ich auch einen Hut haben. Vielleicht hat der dann Federn drauf.
Liebe Grüße
Deine Rita

Liebe Oma,
danke für deinen Brief. Es tut mir leid, dass dein Rücken wehtut. Ich kann mir vorstellen, dass es sehr schwer ist, immer in den Keller zu gehen und dort Koks zu schaufeln. Wenn Tim und ich dich besuchen kommen, kann er den Koks hinauftragen. Dann kannst du dich ausruhen. In der Schule haben wir heute von den Ägyptern gelernt. Weißt du, dass die schon Operationen gemacht haben? Sie haben sogar Köpfe aufgebohrt. Vielleicht hätten sie dich mit deinen Rückenschmerzen operiert.
Bei uns schneit es. Bei dir auch? Wenn es schneit, musst du deinen Stock mitnehmen und aufpassen, dass du nicht ausrutschst.
Liebe Grüße
Deine Rita

Liebe Oma,
heute bin ich sehr traurig. Ich sitze in meinem Zimmer und will nicht, dass jemand hereinkommt. Weißt du noch, wie schwer der Sparvogel zu Weihnachten schon war? Und dann habe ich noch mehr Münzen hineingeschmissen. Mama hat geglaubt, der Vogel gehört meinem Bruder. Er hat ihn zur Bank gebracht und ausleeren lassen. Das ist so gemein! Das ist mein Vogel! Er hat seinen eigenen. Nur weil der noch nicht so voll ist wie meiner! Mama hat gesagt, sie gibt mir das Geld. Aber das ist nicht das Gleiche. Ich will mein Geld aus meinem Sparvogel. Wenn du da wärst, würdest du mit Mama schimpfen. Du sagst ja immer, sie soll nicht so schusselig sein.
Ich bin so traurig, dass mein Sparvogel jetzt wieder leer ist. Ich kann gar nicht weiterschreiben.
Liebe Grüße
Deine Rita

Februar 1986

Liebe Oma,
es war so schön, dass du übers Wochenende bei uns warst! Die Klavierlehrerin hat es gleich bemerkt und gefragt, ob du da warst, weil ich so gut spiele. Sogar die Etüde habe ich gekonnt.
Weißt du noch, der Junge aus meiner Klasse, von dem ich dir erzählt habe? Martin? Er hat heute wieder gesagt, dass ich hässlich aussehe mit meiner Brille. Und dann habe ich ihm das gesagt, was du mir vorgeschlagen hast. Dass er wohl selber schlecht sieht. Da hat er dann keine Antwort mehr gewusst. Dass er mich eigentlich mag und deshalb immer kommt und mich ärgert, glaube ich nicht. Ich glaube, er mag die Susi.
Liebe Grüße
Deine Rita

Liebe Oma,
danke für deinen Brief. In Biologie haben wir heute über Zähne gesprochen. Ich habe erzählt, dass du dritte hast, aber nicht gern darüber reden magst. Die anderen in der Klasse wissen gar nicht, ob ihre Großeltern noch Zähne haben. Auf jeden Fall finde ich nicht, dass es schlimm ist, falsche Zähne zu brauchen. Ich brauche eine Brille. Die Mama eine Dauerwelle. Vielleicht zeigst du mir doch, wie du die Zähne herausnehmen kannst, wenn wir uns sehen?
Du fragst, ob Tim und ich viel streiten. Ich nicht. Er streitet schon viel. Heute wollte er mir sein tric-O-tronic nicht borgen. Papa sagt, er ist in der Pubertät und ich soll mich nicht ärgern.

Wie geht es deinem Rücken? Musst du beim Staubsaugen noch Pause machen?
Liebe Grüße
Deine Rita

März 1986

Liebe Oma,
diesen Brief schreibe ich auf Papas Schreibmaschine. Es ist ganz schön schwer, die richtigen Buchstaben zu finden. Aber es macht Spaß. Vielleicht kannst du dir auch eine Schreibmaschine kaufen. Da kann man Durchschläge machen.
Wie geht es dem schwarzen Hund? Warst du auf dem Markt?
Jetzt tun mir die Finger weh.
Schreib bald!
Liebe Grüße
Deine Rita

Zu Ostern 1986 wurde Ritas Oma an der Hüfte operiert und war danach auf Reha. Der Briefwechsel riss zu diesem Zeitpunkt ab. Nach dem Eingriff waren die Rückenschmerzen eine Zeit lang besser. Eine dauerhafte Linderung brachte er jedoch nicht. Rita sagt, sie wusste, dass ihre Großmutter immer Schmerzen hatte, sie aber nicht wahnsinnig viel darüber nachdachte. Sie glaubte, es sei normal, wenn alte Leute Leiden haben.

Ritas Oma hatte übrigens recht, was den Schulkollegen Martin anging. Er ärgerte Rita noch einige Jahre lang und gestand ihr dann in der zehnten Klasse seine Liebe. Martin wurde Ritas erster fester Freund, und sie waren acht Monate ein Paar. Rita erinnert sich, dass ihre Oma ihn einmal kennenlernte und bezüglich seiner Gelfrisur meinte: »Er könnte sich mal die Haare waschen!«

Alle unter einem Dach: mit den Großeltern zusammenwohnen

Heike

Schätzen Sie mal, in wie vielen Familien drei oder mehr Generationen zusammenleben! Na? Tatsächlich waren es laut Statistischem Bundesamt im Jahr 2015 gerade mal 0,5 Prozent – Tendenz fallend. In Österreich und der Schweiz sieht es ganz ähnlich aus. Dass die Großeltern im selben Haus, aber dort in einer separaten Wohnung mit eigener Abschlusstür leben, kommt etwas häufiger vor, gilt jedoch ebenfalls als Ausnahme.

Fast ein Wunder, dass ich zu dem Thema überhaupt Interviewpartner*innen gefunden habe, denn die Zahlen waren auch vor einigen Jahrzehnten nur unwesentlich höher, wie Ursi in ihrem Kapitel *War früher alles … idyllischer? – Großeltern im Laufe der Jahrhunderte* beschreibt. Die folgenden Erinnerungen haben also sozusagen Seltenheitswert.

Karin: »Meine Großeltern so oft sehen zu können, wie ich wollte, war Luxus pur«

Als Karin etwa zehn Jahre alt war, zogen ihre Großeltern in das neugebaute Haus ihrer Eltern mit ein. »Oma und Opa wohnten oben, wir unten«, erinnert sie sich. »Eine bauliche Trennung gab es nicht, daher wusste Oma, die ziemlich gute Ohren hatte, immer über alles Bescheid, was bei uns besprochen wurde.«

Der Opa, ein pensionierter Jurist, strahlte eine gewisse Strenge aus. Karin hätte beispielsweise nie gewagt, ihn während seines Mittagsschläfchens zu stören, denn das war ihm heilig. Er liebte es, mit Karins Brüdern Latein zu pauken.

»Ich dagegen hatte Französisch gewählt, damit konnte ich bei ihm nicht punkten«, sagt Karin. »Das machte aber nichts, denn ich war eher ein Omakind. Meine Großmutter, eine echte Städterin, interessierte sich sehr für Mode und schneiderte vieles selbst – unter anderem für mich, jedenfalls bis ich in die Pubertät kam und coole Jeans wollte statt Stoffhosen mit Reißverschluss auf der Seite. Sie brachte mir nicht nur das Nähen, sondern auch Stricken und Häkeln, Backen und Kochen bei. Meine Mutter hätte das zwar genauso gut tun können, aber Oma hatte für solche Dinge eben mehr Zeit.«

Karin begriff schon als Mädchen, wie praktisch es war, einfach nur die Treppe hochlaufen zu müssen, wenn sie Oma und Opa besuchen wollte – die meisten anderen Kinder sahen ihre Großeltern viel seltener. »Das war im Grunde purer Luxus, und ich habe ihn auch sehr genossen«, sagt sie.

Was sie von ihrer Oma übernommen hat, sind diverse Rezepte. »Vor allem die Weihnachtsplätzchen backe ich noch genauso, wie sie es mir beigebracht hat. Sie schmecken nicht nur köstlich, sondern erinnern mich auch an meine Kindheit und das Zusammenleben mit den Großeltern.«

Kristin: »Unser Verhältnis wurde erst inniger, als Oma krank war und ich bei der Pflege half«

Am liebsten wäre Kristins Oma niemals aus Hamburg weggezogen – schon gar nicht in den Hunsrück. »Sie hatte bis zu ihrem Tod Heimweh nach ihrer Heimatstadt«, sagt Kristin,

»aber zu meinen Eltern in die Einliegerwohnung zu ziehen, war nun mal vernünftiger. Sie war einfach zu alt, um noch allein zu leben.«

Kristin sah ihre Oma mindestens einmal am Tag, nämlich wenn diese zum Essen hochkam.

»Wir hatten kein sehr inniges Verhältnis«, sagt Kristin. »Meistens kritisierte sie an mir herum oder machte süffisante Bemerkungen wie ›Trägst du mal wieder einen Pulli deiner Mutter? Hast wohl nichts Eigenes im Schrank‹. Und später, als ich studierte und nur an den Wochenenden nach Hause kam, reagierte sie eifersüchtig, wenn ich zuerst meine Eltern begrüßte und erst anschließend sie.«

Als ihre Großmutter krank und zum Pflegefall wurde, verbesserte sich jedoch ihr Verhältnis – vor allem, wenn Kristin und sie allein miteinander waren. »Wenn meine Eltern in den Urlaub fuhren, übernahm ich die Pflege. In dieser Zeit haben wir uns super verstanden. Ich erinnere mich daran, dass ihr einmal ein Pups rausgeflutscht ist und sie daraufhin kicherte wie ein kleines Kind. Ich prustete ebenfalls los, und wir hatten zum allerersten Mal einen gemeinsamen Lachanfall.«

In dieser an sich schwierigen Lebenssituation fanden Oma und Enkeltochter endlich zueinander. »Auf einmal spürte ich, dass ich sie lieb hatte. Dafür bin ich dankbar.«

Marius: »Dank unseres Vier-Generationen-Hauses fühlte ich mich nie allein, obwohl ich Einzelkind war«

Das Haus, in dem Marius aufwuchs, hatten seine Eltern gemeinsam mit den Großeltern und den Urgroßeltern gebaut – und alle wohnten darin, sogar eine Tante mit Mann und zwei Söhnen.

»Jede Familie hatte maximal zwei Zimmer für sich, und insgesamt gab es drei Küchen. Aber meistens saßen wir bei der Uroma am Tisch. Sie hat für alle gekocht und auch morgens für uns Kinder das Frühstück gemacht – Haferflocken mit Milch und einem dicken Zuckerrand«, erinnert sich Marius.

Mit den Cousins zusammen aufzuwachsen, tröstete ihn über die Tatsache hinweg, dass er keine Geschwister hatte. Und überhaupt gefiel es ihm, mit so vielen Menschen unter einem Dach zu leben. »Es gab immer jemanden, der Zeit für mich hatte«, sagt er. »Niemand hatte das Gefühl, zu kurz zu kommen – und es gab weder unter uns Kindern noch unter den Großeltern irgendwelche Eifersüchteleien. Nur zwischen meinem Vater und dem Onkel flogen hin und wieder die Fetzen, aber das waren Machtkämpfe, die ich kaum beachtete. Ich empfand das Zusammenleben als sehr harmonisch und bereichernd.«

Hanna: »Ich habe alles versucht, aber mein Kuchen nach Omas Rezept schmeckt einfach nicht so gut wie ihrer«

Hanna kam wenige Monate nach dem Tod ihres Großvaters zur Welt. Für die Großmutter bedeutete das neue Familienmitglied nicht nur Ablenkung von der Trauer, sondern auch eine Aufgabe.

»Meine Eltern waren beide berufstätig, deshalb verbrachte ich viel Zeit oben bei Oma«, erzählt Hanna. »Ich weiß nicht, wie oft ich als Kind die Treppe hoch- und runtergeflitzt bin.«

Die Großmutter veranstaltete kein großartiges Kinderprogramm mit der kleinen Hanna, sondern ließ sie einfach an ihrem Alltag teilhaben. Gespielt wurde nicht. »Einzige Ausnahme war nach dem Mittagessen, wenn sie alles gespült und weggeräumt hatte. Das war meine liebste Omazeit: Sie setzte mich auf den Küchentisch und nahm selbst auf einem Stuhl davor Platz. Dann machten wir Handklatschspiele und sagten die dazugehörigen Reime auf. Das liebte ich sehr.«

Als Hanna ein Teenager war, versuchte sie der Großmutter die Rezepte ihrer Lieblingsspeisen zu entlocken, um sie später nachbacken oder -kochen zu können. »Doch das funktionierte nicht. Oma wusste die Mengenangaben selbst nicht so genau, weil sie alles nach Gefühl machte. Eine Zeit lang unterbrach ich sie immer und wog die Zutaten ab, aber das brachte sie aus dem Konzept. Nach Omas Tod habe ich ihr Rezeptheft gefunden. Wenn ich daraus etwas ausprobierte, schmeckte es allerdings nie so wie bei ihr. Denn sie hat alle Rezepte variiert und verfeinert – wie genau, stand da leider nicht.«

Als junge Erwachsene verbrachte Hanna nicht mehr ganz so viel Zeit mit ihrer Oma – sie hatte jetzt andere Interessen, wollte ausgehen und verliebte sich. »Ständig warnte mich Oma vor Gefahren, das nervte mich ziemlich«, erinnert sie sich. »Was mir aber viel bedeutete, war, dass sie meinen Freund und späteren Ehemann so gern mochte. Meine Eltern waren von meiner Wahl nicht gerade begeistert. Umso schöner fand ich, dass Oma sie guthieß und mir eine glückliche Zukunft mit ihm vorhersagte.«

Ganz ehrlich – wenn man diese Erinnerungen liest, fragt man sich wirklich, warum das Mehrgenerationenwohnen nicht wesentlich beliebter ist. In modernen Wohnprojekten liegt das generationenübergreifende Zusammenleben ja voll im Trend. Und in den Niederlanden lösen kostenfreie Zimmer für Studierende in Seniorenheimen gleich zwei Probleme: die schwierige Wohnungssuche der jungen Leute und die Einsamkeit der alten Menschen. Denn die Studierenden »bezahlen« für ihre Unterkunft, indem sie mit den Senioren spazieren gehen, Karten spielen oder ihnen vorlesen. Ein sehr cooles Modell.

Okay, bei solchen Wohnprojekten handelt es sich ja nicht um Verwandte, sodass sich das Konfliktpotenzial automatisch verringert. Aber das scheint es zwischen Enkeln und Großeltern ohnedies nicht in dem Maß zu geben wie zwischen Eltern und ihren Kindern.

Auch ich selbst habe, wie mehrfach in diesem Buch erwähnt, als junge Erwachsene ein paar Jahre lang mit meinen Großeltern zusammengewohnt. Und das ohne eigenen Eingang oder eine Wohnungstür (aber immerhin mit separaten Küchen). Das hat mir Oma und Opa noch einmal wesentlich nähergebracht, und ich bereue nicht, dieses Experiment gewagt zu haben. Im Gegenteil, am Ende haben wir alle davon profitiert.

Aus vollem Herzen und klingelnden Kassen – Großeltern und Geldgeschenke

Ursi

Ich habe schon davon berichtet, wie unterkühlt die Beziehung zu meiner Großmutter väterlicherseits immer geblieben ist und dass sie allgemein nicht sonderlich an ihren sechs Enkelkindern interessiert war. Die jeweils zwei Älteren jedoch bekamen zumindest ein Minimum an Aufmerksamkeit. Meine Eltern mutmaßten einmal, dass Oma dritte Kinder überflüssig fand und deshalb den jüngsten Cousin und mich ignorierte. Ich weiß nicht, ob das stimmt, und kann sie jetzt natürlich auch nicht mehr fragen. Fakt ist aber, dass meine großen Schwestern immerhin materielle Zuwendung erfuhren, ich jedoch nicht. Unsere Mutter hat stets versucht, die Ungerechtigkeit auszugleichen. Weil Susi und Julia zum Beispiel silberne Tauftaler geschenkt bekamen, besorgte sie für mich auch einen. Und als Oma nur den beiden Großen für ihre ersten Flugreisen Koffer finanzierte, sprang Mutti hierbei ebenfalls ein. Und sie gab mir später aus dem großmütterlichen Nachlass eine Kette, weil die Schwestern schon zu Lebzeiten jeweils eine geschenkt bekommen hatten. Die habe ich bei einem Juwelier verkauft und für das Geld Eheringe erworben, als mein Mann und ich heirateten. Die Reihe der ungleichen monetären Zuwendungen meiner Großmutter ließe sich noch fortsetzen, aber da das immer nach demselben Schema ablief, erspare ich uns das.

Hört es sich so an, als wolle ich Ihr Mitleid? Nur her damit, liebe Leserin, lieber Leser! Ich war zwar nie besonders materialistisch eingestellt, dennoch wurmte mich die ganze Sache. Zumindest solange die Großmutter am Leben war. Nicht Neid war es, den ich spürte, sondern Eifersucht. Denn ich durchschaute, dass Geschenke für immer die einzige Art bleiben würde, wie sie ihre Zuneigung ausdrückte. Warum ignorierte sie mich? Hatte ich etwas an mir, das ihr nicht gefiel? Oder stimmte die elterliche Theorie doch, dass drei Kinder für ihren Geschmack eins zu viel waren?

Um das Ganze etwas besser zu verstehen, frage ich meine Tante, wie sie ihre Mutter als Großmutter empfunden hat.

»Ach«, antwortet sie mir, »als Oma war sie eine richtige Enttäuschung. Als Tochter habe ich mich von ihr sehr geliebt gefühlt. Aber sie muss irgendeine Sperre gehabt haben. Für andere Kinder hat sie sich einfach nicht interessiert. Ich erinnere mich, dass sie einmal erzählt hat, ihr hätte niemand geholfen, als wir klein waren, und dass sie sich schwor, das genauso zu handhaben. Sie würde sich ebenfalls nicht zur Verfügung stellen. Wie eine Rache am Leben.«

Ich kann den Gedanken nicht nachvollziehen, bin mir aber dessen bewusst, dass meine Großmutter ihre Kinder während des Zweiten Weltkrieges bekam. Als unsere Stadt wegen der hier ansässigen Stahlindustrie gegen Kriegsende bombardiert wurde, hatte sie ein Kleinkind und ein Krabbelkind zu versorgen. Mein Vater erinnert sich daran, dass er, seine Schwester und die Mutter mit dem Zug zu Verwandten nach Tirol fliehen sollten. Während der Fahrt gab es Fliegeralarm, und der Zug musste zum Schutz der Reisenden in einem finsteren Tunnel abgestellt werden. Wir können nur ahnen, was noch alles an traumatischen Ereignissen passiert ist. Vielleicht war der totale emotionale Rückzug ja eine Bewältigungsstrategie der Großmutter?

Ich frage auch meinen Vater, wie er ihr späteres Verhalten empfunden hat. Dass sie ihn als jungen Vater einmal so schmählich im Stich ließ, habe ich ja bereits berichtet.

»Meistens war es mir egal«, antwortet er stoisch. »Aber einmal wollte sie sogar zu Weihnachten zu Hause bleiben und lieber fernsehen. Da habe ich mit ihr geschimpft: ›Das sind deine Enkelkinder! Komm und verbring gefälligst zumindest zu Weihnachten Zeit mit ihnen!‹«

Aber zurück zu den materiellen Zuwendungen. Als meine Schwestern schon Studentinnen waren und am Wochenende nach Hause in die Kleinstadt kamen, bedeutete ein Abstecher zu Oma immer eine kleine Finanzspritze. Ich besuchte zu jener Zeit noch das Gymnasium und hatte das Gesellschaftsleben der Kleinstadt für mich entdeckt. Abendliche Barbesuche, Bälle, Partys – das alles interessierte mich in dieser Phase mehr als familiäre Bande. Aus irgendeinem abstrusen Grund ist mir in Erinnerung geblieben, dass ein Weißer Spritzer (= Weinschorle) einundzwanzig Schilling kostete. Wie knapp bei Kasse und auf der Suche nach Geldquellen ich deshalb stets war, brauche ich wahrscheinlich nicht erst zu erwähnen.

Als eine meiner Schwestern wieder einmal mit einigen Scheinen von Oma heimkam, beschloss ich, aktiv zu werden. Obwohl ich ja schon längst die Erfahrung gemacht hatte, dass sie mich anders behandelte als die Großen, war ich mir sicher, sie würde mir auch etwas geben, wenn ich sie besuchte. Wenn zwei Enkelinnen so zeitnah hintereinander vorbeischauten, musste sie doch sehen, wie unfair es wäre, der einen etwas zu schenken und der anderen nicht! Weil es mir aber komisch vorkam, mit leeren Händen und grundlos vorbeizuschauen – immerhin wohnte ich ja noch in derselben Stadt und war nicht wie meine Schwestern aus dem aufregenden Wien zu Besuch – flocht und verzierte ich einen Adventskranz. Über dieses vorweihnachtliche Mitbringsel würde sie sich bestimmt freuen.

So war es dann auch. Sie platzierte das Ding auf dem Küchentisch, wo wir eine Zeit lang saßen und uns unterhielten. Die Gespräche mit ihr blieben immer eher oberflächlich und fühlten sich an, als würde man mit einer Fremden sprechen.

Ich will es kurz machen: Als ich dann aufbrach, schenkte sie mir tatsächlich etwas. Sie öffnete eine Schublade und holte eine Dose Thunfisch heraus. Diese überreichte sie mir dann feierlich. Völlig fassungslos und niedergeschlagen schlurfte ich nach Hause.

Vielleicht denken Sie jetzt beim Lesen, ich hätte diese Story erfunden. Aber ich schwöre, dass sie sich genau so ereignete: Meine vierundachtzigjährige Großmutter schenkte ihrer siebzehnjährigen Enkelin eine Dose Thunfisch! Die Geschichte wurde in unserer Familie noch lange erzählt, wenn wir uns mal wieder köstlich amüsieren wollten. Sosehr ich mich im ersten Moment wie Aschenputtel gefühlt hatte, so lustig fand ich den Vorfall schon bald. Und irgendwie war er auch heilsam, denn ich beschloss, in meinem ganzen Leben nie wieder etwas derartig Berechnendes zu tun, wie für jemanden einen Adventskranz zu binden, um dafür Geld abzusahnen. Daran halte ich mich bis heute. Ich erwarte für keinen Gefallen oder Besuch und keine Hilfe jemals mehr eine Gegenleistung. Meine verkorkste Großmutter hat mich also völlig unbeabsichtigt durch ihre wirklich schrullige Aktion bestens erzogen.

Die Dose Thunfisch gab mir dennoch lange Zeit Rätsel auf. Wie konnte man bitte auf die Idee kommen, so etwas zu verschenken? Mir erschien Thunfisch als Präsent für einen finanziell abgebrannten Teenager ähnlich lasch wie der berühmte Essigschwamm für den durstigen Jesus am Kreuz. Oder wie eine Rolle Klopapier als Partymitbringsel vor dem ersten Corona-Lockdown.

Es dauerte fünfundzwanzig Jahre, bis ich meine Meinung zum Thema Fischdose als Großmuttergeschenk änderte. Es tauchten nämlich Briefe meines Vaters auf, die er als Teenager aus dem Internat an seine Mutter schickte. Er schrieb: *Ich habe immer Hunger. Bitte schick mir Essen! Sardinen und andere Dosen wären gut.*

Daher kam also vielleicht ihre Idee, dass ich mich über eine Dose Fisch freuen würde! Plötzlich erschien das Geschenk nicht mehr wie der blanke Hohn.

Und noch ein letztes Puzzlesteinchen fehlt, um das Bild zu vervollständigen: Als mir unlängst eine siebenundachtzigjährige Bekannte bei einer Essenseinladung als kleines Gastgeschenk eine Dose Thunfisch mitbrachte, fiel ich ihr vor nostalgischer Freude um den Hals. Etwas Schöneres hätte sie mir gar nicht mitbringen können.

Großelterliche Geldgeschenke

Es gilt in unserer Kultur als gesellschaftliche Konvention, dass Großeltern ihre Kinder und Enkel finanziell unterstützen. 2008 wurde der jährliche Geldtransfer von Großeltern auf die beiden Generationen unter ihnen in Deutschland auf 21,5 Milliarden Euro geschätzt.

Eine Schweizer Studie von François Höpfinger über Vorstellungen zur Großelternschaft kam übrigens zu dem Ergebnis, dass 78 % der befragten Großeltern finanzielle Solidarität (also materielle Hilfe im Notfall) als wichtige Aufgabe wahrnahmen. Umgekehrt teilten diese Erwartung nur 29 % der zwölf- bis sechzehnjährigen Enkelkinder.

Aber wie sieht die Realität rund um großelterliche Geldgeschenke nun wirklich aus? Mein Fischdosen-Erlebnis schlägt ja doch ein wenig aus der Art.

Der Universitätsprofessor und Diplompsychologe Dr. Günter Heisterkamp schreibt in seinem Buch *Vom Glück der Großeltern-Enkel-Beziehung*, dass Geldgeschenke ein liebevoller Akt sein können. Das kann ich bestätigen. Meiner anderen Großmutter war es ein starkes Bedürfnis, ihre Kinder und Enkel nach ihrem Tod gut versorgt zu wissen. Von ihrer Mini-Rente sparte sie eifrig, damit sie nur ja genug hinterlassen konnte. Für sie war dies Ausdruck ihrer großen Liebe für uns alle. Auch andere Gesprächsparter*innen berichten Ähnliches: emsiges Sparen, um zu Weihnachten

Kuverts unter den Baum zu legen, oder für großzügige Geschenke, selbst wenn man sonst eher knausrig war.

Mitunter – so Heisterkamp – stehen Geldgeschenke von Großeltern aber auch im Dienst von Manipulation und Kontrolle, Bestrafung, Belohnung oder Verwöhnung.

Manipulation und Kontrolle

Sobald Geldzuwendungen an Bedingungen geknüpft sind, dienen sie nicht mehr dazu, dem geschenkten Enkelkind eine Freude zu bereiten, sondern es zu manipulieren und kontrollieren. »Wenn du dich nicht tätowieren lässt, zahle ich dir ein teures Schmuckstück«, heißt es da zum Beispiel. Oder es werden nur Klamotten bezahlt, die auch Omas Geschmack und Sittlichkeitsempfinden entsprechen. Dazu gibt es sicherlich zahllose Geschichten und Erinnerungen.

Bestrafung

Viele Großeltern zahlen ihren Enkeln Taschengeld. Eine derartige Unterstützung – falls sie im angemessenen Rahmen bleibt – ist sicherlich eine schöne Sache. Kinder haben stets irgendwelche kleinen und großen Wünsche, auf deren Erfüllung sie sparen. »Immer wenn ich mich danebenbenommen habe, wurde mir von meinem Opa das Taschengeld gekürzt«, erzählt mir Sven. »Das war seine Haupterziehungsmaßnahme. Oft fand ich das aber ganz schön willkürlich, denn er folgte dabei keinem klar erkennbaren Muster. Mal war ich unartig, und es passierte gar nichts. Dann brauchte ich wieder nur ein wenig zu kichern, und das Geld für einen gesamten Monat war gestrichen.«

Belohnung

Katrin erzählt mir, dass ihre Großmutter ihr das Nagelbeißen dadurch abgewöhnen konnte, dass sie ihr für jeden Nagel, der tatsächlich geschnitten werden konnte, im Monat fünf Mark bezahlte. Der Deal zeigte großen Erfolg, und beide waren stolz darauf.

Gut gemeinte Belohnungen können aber auch leicht ins Negative kippen – vor allem dann, wenn sie das Leistungsdenken zu stark fördern.

Verwöhnung

In manchen Familien in meinem Umkreis ist es üblich, dass Enkelkinder zum bestandenen Abitur ein Auto von ihren Großeltern bekommen. Hier stellt sich für mich die Frage, ob Leistung und Geschenk in einer ausgewogenen Relation zueinander stehen. Vermieden werden muss, dass die Erwartungshaltung der Enkel für weitere finanzielle Zuwendungen ins Absurde steigt.

Umgekehrt können natürlich auch Enkel in Geldangelegenheiten sehr berechnend sein, wie man an meiner Adventskranz-Thunfisch-Story unschwer erkennen kann. Mir wurde von Jugendlichen erzählt, die nur dann die Großeltern im Pflegeheim besuchen, wenn gerade die Rente ausbezahlt wurde.

Dass längst nicht alle so sind, zeigt Dieters Geschichte:

»Irgendwann wurde meine Oma dement und hat sich verändert«, erzählt er. »Plötzlich hat sie den Opa regelmäßig aufgefordert, uns Enkeln Geld zu geben, sobald wir nur den Raum betraten. Das war mir unangenehm. Ich hätte es als Student schon brauchen können, aber ich dachte mir, sie soll auf keinen Fall das Gefühl bekommen, ich besuche sie nur, wenn sie zahlt. Also habe ich gesagt: Oma, ich komme gern zu euch. Es ist nicht notwendig, dass du den Geldbeutel aufmachst.«

Wenn ein Großelternteil allein zurückbleibt

Heike

Wie ich bereits erzählt habe, war ich schon fast dreißig, als mein Opa starb. Mich traf sein Tod hart, denn ich hatte bis dahin noch nie bewusst erlebt, dass jemand, der mir so nahestand, für immer ging. Und das so plötzlich! Zwei Tage zuvor hatte er meinem Bruder noch dabei geholfen, ein Autoradio einzubauen, und abends saßen wir gemütlich zusammen und tranken Rotwein. Am nächsten Morgen konnte Opa schon nicht mehr aufstehen. Diagnose: Schlaganfall. Im Krankenhaus versuchten die Ärzte ihr Möglichstes, doch am folgenden Tag – es war sein achtundsiebzigster Geburtstag – wurden die Maschinen abgestellt. Und statt Gratulationen nahmen wir Beileidsbekundungen im Empfang.

Das war für die ganze Familie ein Schock. Natürlich vor allem für meine Oma. Wie sehr sein Tod sie mitnahm, spürte ich jeden Tag, denn wir wohnten ja zusammen. Und mir wurde bewusst, was das Wort »Trauerhaus« bedeutet. Es ist mehr als nur die Adresse, an die man seine Kondolenzpost schickt. Sondern der Ort, an dem die Trauer zu Hause ist – man ist permanent von ihr umgeben.

Oma weinte viel, las täglich sämtliche Trauerkarten, war nur noch ein Häufchen Elend. Ich tat alles, was ich konnte, um ihr beizustehen. Einen ganzen Winter lang schaute ich mit ihr die (für meinen Geschmack) grauenvollsten Fernsehsendungen, von *Traumhochzeit* über *Forsthaus Falkenau* bis *Musikantenstadl*, damit sie sich nicht so allein fühlte.

Dabei hatte ich ja selbst an meiner Trauer zu knabbern, zumal mein Opa allgegenwärtig war. Oma brachte es nicht über sich, irgendetwas von ihm wegzuwerfen. Auf dem Regal lag noch seine Lesebrille, im Flur standen seine Hausschuhe, und die Werkstatt sah aus, als hätte er nur kurz seine Arbeit unterbrochen.

Oma zu trösten, half mir dabei, meine eigene Trauer zu verarbeiten beziehungsweise in sinnvolle Bahnen zu lenken. Zumal Oma auch praktische Hilfe brauchte. Denn sie konnte weder Auto fahren, noch hatte sie jemals zuvor eine Überweisung ausgefüllt oder sich überhaupt um Papierkram gekümmert. Von all diesen neuen Aufgaben fühlte sie sich überfordert. Wir nahmen ihr einiges ab, anderes brachten wir ihr bei.

Für meinen Mann und mich stand nun auch fest, dass unsere Wohnsituation keine Übergangslösung bleiben konnte, so wie ursprünglich geplant, sondern zum Dauerzustand wurde. Nun, da Opa nicht mehr da war, konnten wir Oma nicht alleinlassen. Wer weiß, ob wir dieses Haus je gekauft und umgebaut hätten, wären meine Großeltern so, wie es in meiner Vorstellung hätte geschehen sollen, mit über hundert Hand in Hand sanft entschlafen.

Es dauerte seine Zeit, aber irgendwann fand Oma langsam aus dem tiefen dunklen Loch der akuten Trauer heraus. Sie fing wieder an, mit Freundinnen zu verreisen. Und vor allem: zu schreiben. Teil zwei ihrer Memoiren ist zwar, im Gegensatz zu ihren Kindheitserinnerungen, nie als Buch erschienen, sondern bleibt als privates Erinnerungsstück in der Familie, doch es half ihr, den Verlust zu verarbeiten.

Worüber wir alle sehr glücklich waren. Und als ich dann schwanger wurde, blühte sie zusätzlich auf. Dazu mehr in meinem Kapitel über Urgroßeltern.

Ich habe mich bei meinen Interviewpartner*innen umgehört, wie es bei ihnen war, als Oma oder Opa allein zurückblieb. Die Geschichten, die ich zu hören bekam, waren höchst unterschiedlich – und das völlig unabhängig davon, wie innig und glücklich die Ehe der Großeltern zuvor gewesen war.

Verbitterung und Selbstaufgabe

Petra

Kurz nach dem Tod seiner Frau fing Petras Opa an zu trinken. Er wurde mit dem Verlust einfach nicht fertig. »Da mehrere Generationen unserer Familie zusammen in einem Haus lebten, wirkte sich seine Alkoholsucht auf uns alle aus«, erinnert sich Petra. »Ich war zwar zu klein, um das Ganze richtig zu begreifen, bekam aber schon mit, dass er öfters mal hinfiel und dann verarztet werden musste.«

Natürlich versuchten seine Kinder und Schwiegerkinder, ihm zu helfen, doch die Sucht und die Trauer waren stärker.

»Meine Mutter hat ihn regelmäßig mit Essen versorgt, damit er sich nicht ausschließlich von Bier ernährte«, sagt Petra. »Drei Jahre später starb er. Es hieß damals, er wäre verkalkt gewesen. Das Wort ›Demenz‹ war noch nicht gebräuchlich. Im Nachhinein vermute ich allerdings, dass ihn der Alkohol umgebracht hat.«

Edda

Daran, dass ihre Großeltern jemals zärtlich miteinander umgegangen wären, kann sich Edda nicht erinnern – obwohl sie sehr lange ein Paar waren und sogar Diamantene Hochzeit feierten. Händchenhalten oder Küsse? Fehlanzeige. »Ich dachte eigentlich, dass sie so eine Art Versorgungsehe führten. Oma kümmerte sich um Essen und Kleidung, er brachte Geld ins Haus und tat alles, damit es ihr gut ging. Den Umgang zwischen den beiden empfand ich dennoch immer als eher kumpelhaft, fast schroff.«

Umso erstaunter war Edda, als ihr Großvater nach dem Tod seiner Frau schier zusammenbrach. »Es waren wohl doch tiefe Gefühle mit im Spiel«, weiß sie jetzt. »Mein Opa ist kein Jahr später gestorben. Ohne meine Oma wollte er nicht mehr leben.«

Lucas

»Die Ehe meiner Großeltern war nicht besonders innig«, sagt Lucas, »aber als mein Opa schwer krank wurde und bald darauf starb, warf das meine Oma völlig aus der Bahn. Nach fast sechs Jahrzehnten kam sie ohne ihren Partner einfach nicht zurecht. Erst als wir ihr eine Katze schenkten und sie somit wieder ein Lebewesen hatte, um das sie sich kümmern konnte, fand sie zurück ins Leben. Dass die Katze ziemlich eigensinnig war und jeden kratzte, der sie streicheln wollte, außer Oma, machte ihr nichts aus. Die beiden wurden unzertrennlich.«

Passivität und Anspruchsdenken

Angelika

»Mein Opa hat Oma um einige Jahre überlebt«, sagt Angelika. »Er hat kaum getrauert oder es zumindest nicht gezeigt. Die beiden waren nie sehr liebevoll miteinander umgegangen. Ich habe ihre Ehe als konfliktbeladen und insgesamt ziemlich schrecklich erlebt. Zwar war ich noch klein, als Oma starb, aber mir ist immer aufgefallen, wie selten sie sich unterhielten.«

Da Angelikas Eltern geschieden waren und ihr Vater wenig Kontakt zu ihr pflegte, übernahm der Opa in gewisser Weise Vaterfunktionen. »Ich mochte ihn sehr, aber er war auch ausgesprochen schwierig«, erinnert sie sich. »So betrachtete er es beispielsweise als selbstverständlich, dass sich meine Mutter – seine Tochter – ganz intensiv um ihn kümmerte, obwohl sie voll berufstätig war. Rückblickend finde ich es schade und auch traurig, dass meine Mutter dadurch so wenig Zeit für mich hatte. Sie hat im Grunde permanent geschuftet.«

Isabel

Sie erinnern sich an Isabel aus Venezuela? Genau, die mit der bösen Oma, die verlangte, dass ihre Enkel sie siezten, und dem netten Opa, der starb, als Isabel eine junge Erwachsene war. Während sie bei ihren früheren Besuchen auf Curaçao der Großmutter aus dem Weg gegangen war und möglichst viel Zeit mit dem Opa verbracht hatte, war das nun nicht mehr möglich. Und das Verhalten der Großmutter wurde, nachdem sie Witwe geworden war, nicht besser, sondern schlimmer.

»*Señora* kommandierte mich herum, als wäre ich ein Dienstmädchen«, erzählt Isabel. »Ich musste Gardinen waschen, staubsaugen, putzen … Manchmal war ich erschöpft und bat um etwas zu trinken, und dann bekam ich ein Glas Leitungswasser. Den Kühlschrank hatte sie mit einer Kette und einem Vorhängeschloss verriegelt. *Señora* glaubte, man würde sie sonst bestehlen. Ich weiß, wie verrückt das klingt, aber so war es tatsächlich.«

Später erkrankte Isabels Großmutter an Alzheimer – gut möglich, dass das schon erste Anzeichen davon waren. Doch nicht all ihre Kapriolen lassen sich durch beginnende Demenz erklären.

»Unter dem Vorwand, einen guten Augenarzt konsultieren zu wollen, flog sie nach Caracas und quartierte sich bei meiner Mutter und mir ein. Und das, obwohl sie seit der Trennung meiner Eltern nichts mehr mit der verhassten Schwiegertochter zu tun haben wollte. War das etwa auf einmal vergessen? Auch meine Mutter schluckte ihren Groll hinunter – aus Mitleid, schließlich war *Señora* eine alte Frau. Sie überließ der bösen Schwiegermutter sogar ihr Bett und schlief selbst auf dem Sofa. Meine Großmutter wollte ja nur eine Woche bleiben.«

Doch aus einer Woche wurden viele. Und statt des Augenarztes war auf einmal von plastischer Chirurgie die Rede.

»Die Großmutter ließ sich von meiner Mutter und mir bedienen wie eine Prinzessin. Aber irgendwann reichte es uns. Schließlich musste meine Mutter arbeiten, und bei mir ging das Semester wieder los. Als dann die Sache mit der Schönheitsoperation aufkam, telefonierten wir mit ihren Töchtern. Die überredeten sie, zurück nach Hause zu fliegen – und wir schlugen drei Kreuze.«

Neuanfang und zweiter Frühling

Hanna

Auch Hannas Mutter blieb allein zurück – jedoch nicht, weil ihr Mann starb, sondern weil er sie wegen einer wesentlich jüngeren Frau verlassen hatte.

»Meine Mutter trauerte lange um diese Ehe und brauchte Jahre, um sich mit der Single-Rolle zu arrangieren«, berichtet Hanna. »Als meine Kinder zur Welt kamen und sie Oma wurde, kümmerte sie sich intensiv um ihre Enkel und blühte auf, wann immer sie mit ihnen etwas unternahm. Vor allem, wenn sie nicht für die Großmutter, sondern für die Mutter der Kleinen gehalten wurde. Das war Balsam für Ego und Seele.«

Je älter die Enkel wurden, desto größer wurde der Radius der Oma-Enkel-Aktivitäten. Aus Spaziergängen zum Spielplatz wurden Tagestouren und Campingausflüge, später Städtereisen nach London, Paris oder New York und Urlaube auf Mallorca oder Kreta.

»Meine Mutter hatte lange gehofft, noch einmal einen Partner zu finden, mit dem sie alt werden konnte. Daraus wurde leider nichts. In gewisser Hinsicht trösteten die Enkel sie darüber hinweg. Und sie liebten es, mit ihrer reiselustigen Oma die Welt zu entdecken. So hatten alle Generationen etwas davon – auch ich, denn für mich bedeutete es Entlastung und mehr Zeit für die jüngeren Kinder.«

Sonja

Als Sonjas Oma starb, kümmerte sich zunächst deren Tochter um den Haushalt des Witwers. Später engagierte er eine Hilfskraft. »Als aus den beiden ein Paar wurde und Opa diese Frau sogar heiratete, war meine Mutter empört«, erzählt Sonja. »Sie unterstellte ihr Erbschleicherei.«

Sonjas Großvater bekam eine gute Rente, und da seine neue Partnerin sich so liebevoll um ihn kümmerte, wollte er sie, falls er vor ihr starb, gut versorgt wissen.

»Das fand ich nur gerecht – und ich gönnte ihm das späte Glück«, sagt Sonja. »Außerdem hat das Arrangement ja auch meine Mutter entlastet. Ich verstehe bis heute nicht, was sie daran gestört hat.«

Manuel

Zu einer zweiten Ehe kam es bei Manuels Opa nicht, wohl aber zu Frühlingsgefühlen. Einmal, als Manuel bei seinem verwitweten Großvater übernachtete, wunderte er sich sehr, dass dessen Wecker um Mitternacht klingelte.

»Hast du ihn versehentlich falsch gestellt?«, fragte er.

Der Opa druckste herum, dann gab er zu, dass eher das Gegenteil der Fall war. Seine neue Bekannte, eine echte Nachteule, telefonierte um diese Zeit gerne mit ihm. Manuels Opa allerdings war Frühaufsteher und ging am liebsten schon um neun Uhr ins Bett.

»Sie soll nicht denken, dass ich alt bin«, sagte der damals knapp Achtzigjährige.

»Ich konnte es kaum fassen«, amüsiert sich Manuel. »Dieser verliebte Gockel hatte doch tatsächlich ein Telefon-Date.« Natürlich zog er den Großvater damit auf – aber er gönnte ihm die Frühlingsgefühle im Herbst des Lebens aus vollem Herzen.

Wie gut ein Großelternteil den Verlust des Partners oder der Partnerin verkraftet, hat nur zum Teil damit zu tun, wie harmonisch ihr Miteinander zuvor war. Manchmal stürzt jemand während der Trauerphase in eine tiefe Krise, obwohl die Ehe eher unglücklich war. Manchmal geschieht es aber auch nach einer ausgesprochen innigen Beziehung, dass sich der oder die Zurückbleibende schon bald wieder neu verliebt.

Das ist natürlich ganz individuell.

Doch wie auch immer der Großelternteil, der allein zurückbleibt, mit der Trauer umgeht – die Enkelkinder nehmen den Opa oder die Oma nun anders wahr. Nämlich nicht mehr als Teil eines Zweierteams, sondern als Einzelwesen. Mit eigenen Wünschen, Träumen und Bedürfnissen. Und manchmal erleben sie sogar einen zweiten Frühling, wie es Ursi in ihrem Kapitel *Wenn Großeltern sich neu verlieben* beschreibt …

Generationenkonflikte – manchmal gehen die Meinungen auseinander

Ursi

Eine Generation wird der Einfachheit halber mit dreißig Jahren gerechnet. Großeltern und Enkelkinder trennen demnach etwa sechs Jahrzehnte. Bedenkt man, wie sehr sich ein Mensch und die ihn umgebende Gesellschaft in mehr als einem halben Jahrhundert verändert, wundert es nicht, dass es beim Aufeinandertreffen von Alt und Jung zu Kontroversen kommen kann. So harmonisch es meist zwischen Großeltern und Enkeln zugehen kann, so sehr begegnen sie einander manchmal auch mit einer Portion Vorurteilen. Die Werte haben sich gewandelt. Während früher Tugenden wie Pünktlichkeit, Sauberkeit und Gehorsam zählten, bemüht man sich heute um Gleichwertigkeit, Selbstermächtigung und Diversität. Großeltern gewinnen den Eindruck, die Jungen hätten keinen Respekt mehr. Umgekehrt belächeln Enkelkinder die für sie verstaubten Überzeugungen der Alten.

Auslöser für Konflikte kann im Grunde alles sein. Ich habe einige exemplarische Situationen gesammelt:

<u>Politik</u>

Meine Großmutter war – im Gegensatz zu ihrem Mann – nicht in der nationalsozialistischen Partei. Wenn sie später beteuerte, nie etwas gegen Juden gehabt zu haben, erschien das durchaus glaubwürdig. Und doch schrillten während des einen oder anderen Gesprächs meine Alarmglocken. Und zwar deshalb, weil sie in Erzählungen gern betonte, wenn jemand jüdisch gewesen war. Von ihrer Arbeitssuche in den frühen Dreißigerjahren berichtete sie zum Beispiel so: »Ich habe die Anstellung als Lehrerin nicht bekommen. Sie haben eine andere genommen. Die Tochter eines Juden!«

Mir war bewusst, dass sie da in den Denkmustern ihrer Jugend sprach und wie sinnlos es wäre, zu versuchen, sie auf ihre alten Tage noch umzumodeln.

Religion

Reingard erzählt mir davon, wie sehr es sie stört, dass ihr Enkelkind nicht getauft wurde und dass es sich nun auch nicht für Religion interessiert. »Mir gibt es so viel, zumindest ab und zu in die Kirche zu gehen, und ich kann nicht verstehen, warum mein Enkel das für sich rigoros ablehnt. Beten ist Meditation, und Glaube schenkt Halt. Klar kann man Schlechtes über die Organisation Kirche sagen. Aber unsere Gesellschaft fiele auseinander, gäbe es nicht das Christentum als Klammer.« Reingards Enkel ist Teenager und findet Religion reaktionär. Will er im hektischen Alltag zu sich finden, sieht er sich auf YouTube ASMR-Videos an (ASMR = *autonomous sensory meridian response* = entspannendes, beruhigendes Gefühl, das sich von der Kopfhaut über den gesamten Körper ausbreitet). Engagement zeigt er bei Fridays for Future, und er findet, die Menschheit solle unabhängig von Religion und Lebenseinstellung im Klimaschutz zusammenhalten.

Mode

Hildes Bruder hatte in den Siebzigern längere Haare. Das war dem akkurat gescheitelten Opa ein Dorn im Auge. »Du siehst aus wie ein Beatle«, bemerkte er und steckte seinem Enkel Geld für den Frisör zu. Als die beiden sich das nächste Mal sahen, waren zwar die Haare ab, dafür trug der Junge Schlaghosen.

»Großvater hat sich gesorgt, ob wir in unserer Aufmachung jemals einen Job bekommen würden.« Hilde lacht bei der Erinnerung. »Und das Lustige ist, dass ich mir jetzt dasselbe denke, wenn ich sehe, wie meine Enkelin mit zerrissenen Jeans in die Schule geht. Ich kann einfach nicht verstehen, was das für eine Mode sein soll und warum die sich so lange hält.«

Erziehung

Ilse liebt ihre Enkeltöchter heiß und innig. Als Oma hat sie diese auch immer verwöhnt. Ihr wäre nicht in den Sinn gekommen, sich in die Erziehung ihrer Kinder einzumischen.

»Klar, das war anders, als wir das damals gemacht haben, aber die Enkelinnen waren wohlgeraten, also gab es da sowieso keinen Handlungsbedarf.«

Wie diese nun jedoch als junge Mütter agieren, kann sie überhaupt nicht nachvollziehen. »Jetzt dreht sich alles ums Kind. Die ganze Großfamilie muss sich nach den Bedürfnissen des Kleinkindes richten. Und man darf nix sagen!«

»Oma, das ist halt heute so«, erhält sie als Kommentar von den Enkelinnen.

Ilse kann nur den Kopf darüber schütteln, dass Kinder toben und schreien dürfen und die Eltern das nicht einmal kommentieren.

Belastungen

Katrins Schwiegermutter wird nicht müde zu betonen, wie leicht es die Enkel haben. Sie müssten nichts tun, findet sie. Als Jugendliche hätte sie selbst noch die Wäsche von Hand gewaschen. Eine ganze Reihe an Pflichten wären ihr auferlegt worden, und das hielt man für normal und richtig.

»Meine eigene Mutter sieht das anders«, erzählt Katrin. »Sie sagt immer wieder, dass ihr die Enkelkinder leidtäten mit dem, womit sie heute konfrontiert wären. Nicht einmal die Kriegsjahre wären so schlimm gewesen wie die emotionalen Belastungen der heutigen Jugend.«

Insgesamt stellt Katrin fest, dass ältere Menschen gern ihr eigenes Leid an dem der Enkelgeneration messen und dabei Äpfel mit Birnen vergleichen. »Wenn die Großelterngeneration den Hunger der Nachkriegsjahre mit dem *social distancing* der Pandemie aufwiegt, zeugt das von einer gewissen Ignoranz den Enkelkindern gegenüber.«

Respekt

»Opa kann sich fürchterlich darüber aufregen, wie wenig Respekt meine Generation angeblich hat«, berichtet Dennis. »Vor allem Vandalismus ist ständig Thema. Bei ihm ums Eck gibt es einen öffentlichen Bücherschrank, bei dem immer wieder die Glasscheibe eingeschlagen oder Graffiti draufgesprüht wird. Das ist für ihn der Hinweis auf eine verrohte Jugend. Er ist da ganz schnell beim Verallgemeinern. Wenn ich ihn dann nach Davidstern-Schmierereien in der Nazizeit, Halbstarkenkrawallen in den Fünfzigern oder Sachbeschädigungen der Achtundsechziger frage, behauptet er, das sei nicht vergleichbar.«

Technik

Elsas Enkel hat schon ein Tablet. Darüber kann die Oma sich ziemlich aufregen, denn früher hätte man Bilderbücher gehabt und die seien doch viel kindgerechter.

Ich frage sie, was Linus auf dem Tablet macht.

»Mein Sohn hat ihm Geschichten draufgeladen, die er sich anhören kann. Irgendwelche Programme mit Spielen gibt es auch. Da muss er zum Beispiel auf alle Gegenstände mit der gleichen Farbe klicken. Und neulich hat er mir Bilder von Tieren gezeigt.«

Mein Hinweis, ob man so ein Tablet, wenn es altersgemäß benutzt wird, nicht auch als Weiterentwicklung eines Bilderbuches sehen könnte, macht sie nachdenklich.

»Aber die ganze Haptik der Buchseiten geht doch verloren«, hält sie dagegen. »Ich weiß, da bin ich altmodisch. Mein Sohn hat mir schon gesagt, wie viel praktischer und umweltschonender es ist, Bücher aufs Tablet zu laden. Aber ich kann mich einfach nicht daran gewöhnen.«

Identität

Emmo ist bisexuell. Er hatte lange eine Freundin und kann sich vorstellen, irgendwann eine Frau zu heiraten und mit ihr Kinder zu bekommen. Angezogen fühlt er sich aber auch von Männern, und er identifiziert sich stark mit der Schwulenszene.

»Meine Oma würde mich deshalb nie verstoßen, dazu ist unsere Beziehung zu innig. Doch ich merke, dass meine Sexualität ein Problem für sie ist. Sie kann sie nicht richtig einordnen. Irgendwann hat sie mich gefragt, ob ich vielleicht metrosexuell sei, weil ich mich so sehr für Mode interessiere. Sie hatte wohl einen alten TV-Beitrag über David Beckham gesehen. Ich habe ihr dann erklärt, dass diese Bezeichnung mittlerweile gar nicht mehr verwendet wird, weil sie politisch nicht korrekt ist. *Metro* besagt ja, dass ein heterosexueller Mann weiblich assoziierte Interessen pflegt. Sehr reaktionär. Eine total in alten Rollenbildern verhaftete Denkweise. Oma hat nur den Kopf geschüttelt und wollte rasch das Thema wechseln.«

Lebenseinstellung

Die neue Generation ist sehr auf eine ausgewogene Work-Life-Balance bedacht und prallt damit auf Großeltern, die extrem viel gearbeitet haben. Oft entsteht für die Alten der Eindruck, ihre Enkelkinder wären faul. Dass es sich um eine bewusste Entscheidung handelt, das Arbeitsleben nicht als oft im Burn-out endende Tretmühle zu verstehen, übersehen sie dabei häufig.

»Den Jungen geht es zu gut«, hört man dann.

»Ich habe schon etliche Male den Job gewechselt, weil ich nach einer Arbeit suche, die mir gefällt und guttut, die aber gleichzeitig auch möglich macht, dass ich genug Zeit für meine Interessen und Hobbys habe. Meine Großeltern halten mich daher für faul und unbeständig. Sie verstehen nicht, dass ich einfach andere Prioritäten setze, als sie es getan haben. Und dass die gesamte Arbeitswelt heute nicht mehr so funktioniert wie früher.«

Sittlichkeit

Ich erinnere mich gut, wie beeindruckt ich als Jugendliche von der israelischen Filmreihe *Eis am Stiel* war. Es ging darin um die erste Liebe und um Sexualität, also im Grunde um alles, was mich in jenen Jahren interessierte. Dass das dargestellte Frauenbild heute total überholt ist, hatte damals noch keine Relevanz für mich. Ich war begeistert. Und weil ich auch in den Achtzigern schon gern schrieb, verfasste ich meine eigene Kurzgeschichte. Benny aus *Eis am Stiel* war darin der *Love Interest*. Ich selbst die Heldin.

Eines Tages las ich die Story meiner Oma vor. Ich erinnere mich, wie sie an der Stelle, in der Benny mir in der Erzählung nachpfeift (nur zur Erinnerung: In den Achtzigern fand man das, was wir jetzt *Catcalling* nennen, beschämenderweise noch cool), brach sie in Gelächter aus und kommentierte: »Verdorben!« Ich war sehr gekränkt und entschied, dass meine Oma überhaupt keine Ahnung von Liebe hätte.

Was ist eine Generation?
Der Begriff »Generation« kommt aus dem Lateinischen. *Generatio* bedeutet Zeugung beziehungsweise Zeugungsfähigkeit. Der aktive Akt des Erschaffens einer neuen Generation durch die vorige ist also enthalten. Und dieses Hervorbringen beinhaltet natürlich ein gewisses Verantwortungsgefühl.
Früher war der Generationenabstand größer als heute. Für 1875 wurde eine durchschnittliche Dauer von 36,5 Jahren errechnet. Mitte des 20. Jahrhunderts betrug eine Generation rund 25 Jahre. Mittlerweile ist sie wieder gestiegen und wird mit 30 gerechnet.
Den Rekord der meisten Generationen, die gleichzeitig am Leben waren, hält die Familie Bunge aus

Wisconsin. Dort hat die hundertneunjährige Augusta 1989 die Geburt ihres Urururrurenkels erlebt. Sieben Generationen konnten somit zusammen fürs Foto posieren.

Bullshit-Bingo: Typische Großelternsätze

Haben Sie Lust auf ein Spiel? Wunderbar! Wie wäre es mit Bingo?

Kreuzen Sie einfach jeden dieser Sätze an, den Sie von Ihren Großeltern kennen. Oder den Sie, falls Sie selbst Oma oder Opa sind, schon mal zu Ihren Enkelkindern gesagt haben. Sobald eine Reihe voll ist – egal, ob waagerecht, senkrecht oder diagonal –, rufen Sie laut: »Bingo!«

Das war schon immer so!	Wenn ich noch mal jung wäre …	Hast du Hunger?	Schiel nicht so, sonst bleiben die Augen stehen.	Wie läuft's in der Schule?
Vegetarisch? Wie wär's dann mit Hühnchen?	Du siehst aber abgemagert aus!	Nimm lieber eine Jacke mit!	Hier zehn Euro für …	Ich glaub, ich hab da was im Internet verstellt …
Du bist ja schon wieder gewachsen!	Ein Eis passt doch immer noch rein.	Zu meiner Zeit hätte es das nicht gegeben!	Sprich mal ein bisschen lauter …	Schrei doch nicht so!
Da ist auch nur ganz wenig Zucker drin.	Verdirb dir nicht die Augen!	Hast du meine Lesebrille gesehen?	Wie geht es dir *wirklich*?	Warum meldest du dich nie?
Wenn du den Teller leer isst, gibt's gutes Wetter!	Schön, dass wir uns endlich wiedersehen!	Na, wie ist dein Zeugnis ausgefallen?	Isst du auch genug?	Möchtest du etwas naschen?

Und das ist nur eine kleine Auswahl an typischen Sprüchen. Vielleicht haben Sie ja Lust, unsere Sammlung zu erweitern?

Teil 5

Jenseits aller Klischees

Mehr Diversity im Großelternbild

Alte und junge Großeltern

Ursi

Elsa ist sehr spät Großmutter geworden. Ihre Söhne ließen sich bei der Familienplanung alle Zeit der Welt, und sie dachte schon, Omaglück bliebe ihr für immer verwehrt. In ihren Siebzigern war es dann aber doch noch so weit. Jetzt ist sie knapp achtzig und betreut zweimal die Woche ihren vierjährigen Enkelsohn.

»Es ist wunderschön, aber auch wahnsinnig beschwerlich, weil ich nicht mehr so viel Kraft habe«, sagt sie.

Das interessiert mich natürlich genauer. Hier ist die Geschichte, die sie mir erzählt:

Sagen wir es, wie es ist: Vierjährige sind anstrengend. Noch dazu arbeitet Elsas Schwiegertochter einige Stunden. Und Zeit für sich selbst braucht sie auch, immerhin ist sie nicht als belastbare Zwanzigjährige schwanger geworden, sondern um die vierzig, und da benötigt man nun mal ab und zu eine kleine Pause. Da traf es sich gut, dass Oma Elsa das Angebot machte, Linus dienstags und freitags für einen halben Tag zu sich zu nehmen. Sie freut sich, möglichst viel von ihrem Enkelsohn zu haben, solange sie noch fit ist.

Die Besuche laufen immer gleich ab: Linus wird von seinem Vater mittags ins großelterliche Haus gebracht. Elsa steht am Herd und kocht, wenn sich der Dreikäsehoch vor der Tür auf die Zehenspitzen stellt und klingelt. Also öffnet Opa und hilft Linus beim Ausziehen der Schuhe, bevor sie gemeinsam zu Oma in die Küche schauen.

Linus liebt Rituale, daher irritiert es ihn maßlos, wenn Elsa zum Begrüßen ins Vorzimmer kommt. Dann ruft er: »Oma, Küche!«, und ist erst zufrieden, sobald sie wieder verschwunden ist. Vermutlich steckt in ihm nicht der Antifeminist von morgen, den man hier vielleicht wittern könnte. Wäre er daran gewöhnt, dass sein Opa am Herd steht, würde er bestimmt ihn dorthin schicken. Er mag es einfach, wenn alles seine Ordnung hat.

Deshalb fordert er auch ein, dass sie dann um den Tisch sitzen und zusammen zu Mittag essen, selbst wenn er gar keinen Hunger hat und die Speisen auf dem Teller nur hin und her schiebt.

Im Anschluss gibt es ein Mittagsschläfchen auf dem Wohnzimmersofa. Die bereits etwas erschöpfte Oma versucht die Augen zuzumachen, während Linus eine Kinderserie auf dem iPad ansieht. Wenn Elsa Glück hat, döst er dabei ein. Aber das passiert nicht immer. Falls er wach bleibt, muss Elsa ohne aufgeladene Batterien alles für die Kaffeetafel vorbereiten. Weil Linus zu Mittag meist nicht ordentlich isst, verputzt er nun gern ein riesiges Käsebrot, während Oma und Opa Espresso schlürfen. Und genau wie sie »schreibt« er dabei »Zahlen« in ein Sudoku. Auf der Nase hat er Omas Ersatzlesebrille.

Danach machen sich Großmutter und Enkel zu einem kleinen Ausflug auf. Linus liebt Züge, also fahren sie gern ein, zwei Stationen oder besuchen den Bahnhof. Neulich haben sie sich auf die Fußgängerbrücke gestellt und das Kommen und Gehen auf den Gleisen beobachtet. Immer wenn ein Zug kam, rannte Linus begeistert an die Stelle, von der aus er ihn besonders gut von oben sehen konnte. Oma stand sich daneben die Beine in den Bauch. Mit jeder planmäßigen Abfahrt spürte sie das Gewicht zehn weiterer Lebensjahre, die sie bereits auf dem Buckel hat. Die Aufregung des Kleinen fand sie zwar entzückend, aber nach und nach beschlich sie die Ahnung, dass sie sich mit dieser Expedition vielleicht ein wenig übernommen hatte. Sie mussten ja auch noch irgendwie heimkommen. Also beschloss sie irgendwann, Linus zum Aufbruch zu ermahnen. Davon wollte er natürlich nichts wissen. Versuche, an Linus' Vernunft zu appellieren, scheiterten. Auch die darauffolgenden Verhandlungsrunden (Eis!) liefen ins Leere. Also sah sich Oma zu diktatorischen Maßnahmen gezwungen, nahm den Enkel an die Hand und zog ihn fort.

Linus weinte und weinte. Ich stelle mir vor, wie ihm Omas Abgeschlagenheit angesichts der spannenden An- und Abreisen der Züge nicht einleuchten wollte. Er war doch auch müde, weil er gerade an diesem Tag die Möglichkeit zum Mittagsschlaf verpasst hatte. Aber machte er deshalb Theater wie sie?

Auf der Straße vor dem Bahnhof umarmte er trostsuchend den Stamm eines jungen Ahorns. Rau rieb die Rinde über seine nassgeweinte Wange. Als er ein Stück Borke abzupfte, um es genauer zu untersuchen, sagte Oma: »Linus, du tust doch dem Baum weh!« Das tat dem Kleinen so leid, dass die Tränen noch schneller kullerten. Und unter diesen Bedingungen konnte er erst recht nicht weitergehen.

Irgendwann erkannte Elsa, dass sie es an diesem Nachmittag nicht mehr zu Fuß nach Hause schaffen würden. Ihre

Kraft war aufgebraucht. Zum Glück gibt es Handys, und sie konnte ihren Sohn anrufen, der die beiden am Bahnhof abholte.

Am Abend saß Elsa vor dem Fernseher und war zu müde, um das Programm zu wechseln, als der »nervige Lanz« auf der Mattscheibe erschien.

»Mit sechzig, ja sogar noch vor zehn Jahren wäre mir das nicht passiert. Dann hätte ich mit Linus wahrscheinlich ganze Tage durchgepowert, wäre mit ihm am Boden zwischen Legos herumgekrochen und hätte ihn zur Not die gesamte Strecke vom Bahnhof heimgetragen. Bestimmt wäre ich nach wenigen Stunden mit ihm nicht so bleiern müde gewesen. Und doch: Es ist ein Glück, dass ich das noch erleben darf. Wenn er einmal nicht kommen kann, weil zum Beispiel ein Kinderarzttermin ansteht, geht mir die gemeinsame Zeit richtig ab.«

Jochen hingegen wurde schon mit achtzehn Vater. Seine Tochter machte ihn dann einundzwanzig Jahre später zum sehr jungen Großvater von Zwillingen. Zu dem Zeitpunkt hatte er sogar noch seinen vierzigsten Geburtstag vor sich. Als ich mit ihm spreche, ist er achtundvierzig. Mit seinem Sommersprossengesicht und dem vollen blonden Haar schätzt man ihn jedoch eher auf Mitte dreißig.

»Wenn ich mit meinen mittlerweile neunjährigen Enkeln auf dem Spielplatz bin, denken die Leute natürlich, ich sei ihr Vater, und zucken merklich zusammen, weil die zwei mich Opa nennen«, erzählt er mir. Er findet die Verwirrung meist lustig und hat kein Problem damit, die Familienverhältnisse wieder und wieder erklären zu müssen. »Ist doch normal, dass man bei uns aufmerkt. Ich habe einen Bekannten, der wurde mit sechzig Vater und war jedes Mal beleidigt, wenn jemand dachte, er sei der Opa. Ich denke aber, da darf man nicht böse sein.«

Was ihn eher stört, ist, dass er so selten Zeit für seine Enkelkinder hat. Als Mittvierziger steht er voll im Berufsleben, schiebt viele Überstunden und ist öfters tagelang im Ausland. Hat er dann doch mal frei, fahren er und seine Frau gern mit dem Camper durch Europa. »Wir sind einfach zu jung, um zu Hause zu hocken«, meint er. Auch wenn es dadurch schon mal sein kann, dass er die Enkelkinder wochenlang nicht sieht und sie inzwischen Entwicklungsschritte machen, die er gar nicht mitbekommt.

»Auf der anderen Seite kann ich wirklich alles mit ihnen machen, wenn ich dann mal Zeit habe. Wir gehen zusammen zum Reiten, ich buddle mit ihnen Grabensysteme im Sandkasten, wir testen im Erlebnisbad die wildesten Rutschen und unternehmen ausgedehnte Radtouren. Das alles konnte mein eigener recht betagter Opa nicht.«

Außerdem findet Jochen es prima, dass seine Enkelkinder ihn auch im Alltag erleben. Sie besuchen ihn ab und zu im Büro, und dann gibt er ihnen kleine Aufgaben. Während er noch schnell eine Mail schreibt, schreddern sie alte Akten oder kochen ihm mit der Nespresso-Maschine Kaffee. Er hat den Eindruck, dass sie es mögen, ihn in seinem »echten« Leben zu sehen und nicht immer nur in der auf sie abgestimmten Freizeit.

»Schön finde ich auch, dass ich höchstwahrscheinlich viel von ihrem Erwachsenenleben mitbekommen werde. Geht man nach der Lebensspanne, mit der man heute rechnen darf, werde ich erfahren, zu welchen Menschen sie sich entwickeln, wo sie beruflich landen und wen sie lieben.«

Insgesamt schätzt er sich glücklich, so nah an den Kindern »dran« zu sein. Er lebt mit derselben Technik wie sie, versteht, was bei ihnen gerade angesagt ist, und kennt die Sachen, die sie mögen. Probleme, die für ihre Zukunft bestimmend sein werden, wie zum Beispiel der Klimawandel, betreffen ihn genauso.

»Bei alten Leuten erlebt man ja oft genug, dass sie irgendwann ein wenig den Anschluss verlieren und die Welt ihrer Enkel gar nicht mehr richtig verstehen. Ich denke, das wird mir nicht so schnell passieren.«

Ich frage Jochen, ob er es also für besser hält, sehr jung Großeltern zu werden.

Er überlegt einen Augenblick, dann antwortet er. »Eigentlich finde ich es ideal. Aber meine Enkeltochter hat sich bereits beschwert, dass Oma und ich so wenig Zeit für sie und ihren Zwillingsbruder haben. Weißt du, wir versuchen schon, für die Kinder da zu sein, wenn sie uns wirklich brauchen. Doch manchmal ist es ein Balanceakt, die eigene Karriere, unsere Freizeitpläne und ihr Leben unter einen Hut zu bringen. Es liegt in der Natur der Sache, dass wir nicht dauernd zum Babysitten da sein können. Das machen wir dann eben in der Rente für die Urenkel.«

Wie alt sind Großeltern im Durchschnitt?
Die Studie von 2018 *Generationenübergreifende Zeitverwendung. Großeltern, Eltern, Enkel* des Deutschen Jugendinstituts e. V. München untersuchte, in welchem Alter Menschen Großeltern werden. Noch im Jahr 2008 waren Deutsche bei der Geburt ihres ersten Enkelkindes im Durchschnitt 51,6 Jahre alt. 2014 erlebten sie dieses Ereignis bereits ein ganzes Jahr später. Eine Rolle spielen dabei übrigens Geschlecht und Bildung: Männer werden etwa drei Jahre später Großvater als Frauen Großmutter, und Menschen mit niedriger Bildung bekommen allgemein früher Enkelkinder als jene mit hoher (2014: 49,7 Jahre versus 54,9 Jahre).

Das Leben mit Multikulti-Großeltern

Heike

Bei wie vielen Familien aus Ihrem Umfeld sind die Großeltern in einem anderen Land geboren als ihre Enkelkinder? Ich kenne beispielsweise Menschen, deren Oma und/oder Opa aus der Schweiz, Frankreich, Belgien, Luxemburg, den Niederlanden, England, Polen, Tschechien, Lettland, Ungarn, Albanien, der Türkei, Italien, Spanien, Portugal, Peru, den USA, dem Iran, Kasachstan oder Indien kommen. Und das sind bloß diejenigen, die mir spontan einfallen.

Auch Ursi und ich haben Kinder mit Großeltern aus verschiedenen Nationen – und zwar in den Kombinationen Österreich/Deutschland beziehungsweise Deutschland/Tunesien.

Ein bisschen Statistik – und eine Definition

Die Statistik besagt, dass nach dem Mikrozensus 2020 fast 27% der deutschen Gesamtbevölkerung einen Migrationshintergrund hatte, bei den Familien mit Kindern unter achtzehn Jahren waren es sogar noch etwas mehr.

Gezählt wurden alle Familien, bei denen mindestens ein Elternteil eine ausländische Staatsangehörigkeit besitzt, die deutsche Staatsangehörigkeit durch Einbürgerung erhielt oder Spätaussiedler ist. Unabhängig von Statistik und wissenschaftlicher Definition wird die Formulierung »mit Migrationshintergrund« übrigens häufig abwertend gebraucht – weshalb ich persönlich sie am liebsten gar nicht verwende und hier auch nur zitiere. »Mit Migrationshintergrund«, das klingt nach »bösen Eindringlingen« aus »gefährlichen Ländern«. Nach gängigem Sprachgebrauch würde man wohl meinen Sohn als Mensch mit Migrationshintergrund bezeichnen, Ursis Söhne aber nicht. Sie sehen: ganz dünnes Eis …

Auch unter meinen Interviewpartner*innen gab es so viele Beispiele von Mixed-Culture-Großeltern, dass ich mich dazu entschlossen habe, nur zwei davon herauszugreifen – die allerdings beide mit doppeltem Multikulti aufwarten können. Das heißt, nicht nur sie selbst haben Großeltern aus einem anderen Land, sondern auch ihre Kinder.

Venezuela, Curaçao, Niederlande, Deutschland

Isabel kennen Sie schon recht gut, aber hier noch einmal zur Erinnerung: Sie ist in Venezuela aufgewachsen, verbrachte ihre Ferien aber häufig bei den Großeltern auf Curaçao. Ihre Großmutter stammte ursprünglich aus den Niederlanden. Inzwischen lebt Isabel seit über zwei Jahrzehnten in Deutschland, sie hat drei Töchter und war mit einem Deutschen verheiratet.

Wie hast du als Kind die Kultur der Großeltern erlebt? Hast du die Unterschiede wahrgenommen?

»Da ich meine halbe Kindheit bei ihnen auf Curaçao verbracht habe, konnte ich die dortige Kultur gut kennenlernen. Mein Bruder und ich waren nicht nur in fast allen Ferien bei den Großeltern, sondern sind dort auch teilweise zur Schule gegangen. Da auf Curaçao unter anderem Spanisch gesprochen wird, wie bei uns zu Hause, gab es schon mal keine Sprachbarriere. Doch das Land ist mehrsprachig, das fand ich spannend: Man spricht auch Niederländisch, denn die Insel gehört zum Königreich der Niederlande, und die Kreolsprache Papiamentu.

Mein Vater, der in der Reisebranche tätig war und sehr viele Sprachen beherrschte, verbot uns Kindern, Papiamentu zu lernen. Weil dieses Kreol im 17. Jahrhundert unter den Sklaven entstanden ist, hat es bis heute kein gutes Ansehen. Allein schon der Name, der auf das spanisch-portugiesische *papear* zurückgeht, was so viel bedeutet wie Geplapper, zeigt die Geringschätzung.

Allerdings hielt ich mich nicht an das Verbot meines Vaters – im Gegenteil, das machte Papiamentu erst so richtig interessant. Auch mein Opa setzte sich über den Willen seines Sohnes hinweg und brachte mir die Kreolsprache heimlich bei. Wenn ich mit ihm einkaufen ging, zum Beispiel auf dem schwimmenden Fischmarkt in Willemstad, bestellte ich auf Papiamentu – und war ganz stolz, dass man mich verstand.

Ich bin meinem Opa sehr dankbar für seine Papiamentu-Lektionen. Denn ich bin der Meinung, wann immer man die Möglichkeit hat, eine Sprache zu lernen, dann sollte man das tun. Es geht nicht darum, wie angesehen oder nützlich sie ist, sondern darum, den eigenen Horizont zu erweitern.«

Und wie funktionierte die multikulturelle Großelternschaft, als du selbst Kinder bekamst?

»Das ist schwer zu beurteilen, denn vieles ist ja ganz individuell oder auch erziehungsbedingt. So fanden es meine deutschen Schwiegereltern beispielsweise befremdlich, dass wir unsere Töchter mit im Ehebett schlafen ließen oder dass ich sie relativ lange gestillt habe. Doch das hat wohl kaum mit kulturellen Unterschieden zu tun.

Übrigens hätten sie mich nie kritisiert oder sich eingemischt – ebenso wenig wie meine Mutter.

Sie kam mehrmals aus Venezuela, um uns zu besuchen, und blieb jeweils ein paar Monate. Wobei *besuchen* vielleicht das falsche Wort ist – meine Mutter verhielt sich nicht wie ein Gast, sondern war Teil der Familie. Unterstützte mich beim Kochen, kümmerte sich um die Enkelkinder, brachte sie abends ins Bett und verschaffte mir somit Freiraum, damit ich mal in Ruhe duschen, schlafen oder einkaufen konnte.

Das hatte natürlich mit der Dauer ihres Aufenthaltes zu tun, entspricht aber auch der venezolanischen Kultur: Wenn ein Familienmitglied Hilfe braucht, dann geht man einfach hin und packt mit an, ohne vorher groß zu fragen oder etwas zu vereinbaren.

In Deutschland ist das ein bisschen anders. Auch meine Schwiegereltern haben uns oft besucht, aber dann waren wir ihre Gastgeber und haben den Tagesablauf nach ihnen ausgerichtet, nicht umgekehrt. Und wenn sie uns mal unterstützt haben, erforderte das immer Absprachen und Terminplanungen. Es gab da weniger Spontaneität. Ich könnte mir gut vorstellen, dass dieser Unterschied kulturell bedingt ist. Obwohl es selbstverständlich auch in Deutschland spontanere Menschen gibt und in Venezuela welche mit durchorganisiertem Terminkalender.«

Lettland, Frankreich, Deutschland, USA

Claudias Lieblingsoma, die in Norddeutschland lebte, stammte ursprünglich aus Lettland. Deren Mutter wiederum war Französin. Claudia ist mit einem Amerikaner verheiratet. Sie ist inzwischen selbst Großmutter.

Wie hast du als Kind die Kultur der Großeltern erlebt? Hast du die Unterschiede wahrgenommen?
»Sie waren ja Baltendeutsche, und während mein Opa noch im Krieg war, musste Oma mit ihren fünf Kindern flüchten, als die Russen kamen, wie man es damals formulierte. Sie erzählte uns oft davon, auch von ihrer Jugend in Riga, und ich hätte ihrem baltendeutschen Akzent stundenlang zuhören können. Manchmal unterhielten sich meine Großeltern untereinander oder mit anderen Verwandten auf Lettisch, das klang ebenfalls schön, obwohl ich kein Wort verstand. Überhaupt spielten Fremdsprachen bei Oma und Opa eine große Rolle. Omas Mutter stammte aus Frankreich, also konnte sie auch Französisch. Außerdem Russisch und Englisch. Mein Großvater beherrschte noch mehr Sprachen, er unterrichtete sie sogar.

Meine Oma legte großen Wert auf die baltischen Bräuche und Traditionen. Eine große Rolle spielten dabei Feste, die in der Großfamilie gefeiert wurden. An Ostern beispielsweise gehörte das gemeinsame Backen von Speckpiroggen einfach dazu. Es gab auch Zwiebeleier, außerdem ein Gericht, das Wahnsinniger Hering hieß, und Pas'cha, eine gehaltvolle Süßspeise, deren Name vom jüdischen Pessachfest abgeleitet ist. Am Ostersonntag gingen wir zum Frühgottesdienst in die Friedhofskapelle, um dann gemeinsam an den Gräbern der Vorfahren zu singen. Manchmal hatten wir auch Picknickkörbe mit Piroggen und Zubrovka dabei, eine Art Wodka.

Ich fand das alles superspannend, denn es war so anders, als ich es von zu Hause kannte. Und ich glaube, es war für die Großeltern sehr wichtig, dass wir Enkelkinder ihre Traditionen wenigstens kennenlernten.«

Und wie funktionierte die multikulturelle Großelternschaft, als du selbst Kinder bekamst?

»Als mein Mann und ich heirateten, war klar vereinbart, dass unser Lebensmittelpunkt langfristig in Deutschland sein würde. Ich war bereit, eine Zeit lang in den Staaten zu wohnen, wenn das für ihn beruflich wichtig war, aber nicht auf Dauer. Dazu hatte ich eine viel zu enge Bindung zu meiner Mutter und Großmutter. Das war für Greg auch völlig okay.

Wir lebten in Texas, als ich schwanger wurde. Zum Glück war der Arzttermin, bei dem ich davon erfuhr, am späten Nachmittag, sodass ich sofort in Deutschland anrufen konnte, wo gerade Frühstückszeit war, um es der Familie zu erzählen.

Meine Mutter besuchte mich zum errechneten Geburtstermin, an den sich meine Tochter auch glücklicherweise hielt, denn schon eine Woche später war der Rückflug gebucht. Ich hätte mir sehr gewünscht, meine Mutter hätte länger bleiben können. Es war für mich schwierig, in dieser Lebensphase so weit weg von ihr zu sein.

Ich war also ziemlich auf mich allein gestellt. Das begann schon direkt nach der Geburt: Das Militärkrankenhaus, in dem ich entbunden hatte, behielt mich nur für eine Nacht. So etwas wie Nachsorge durch eine Hebamme gab es weit und breit nicht.

Das Verhältnis zur amerikanischen Großmutter war leider nicht so eng, dass ich von dieser Seite hätte Unterstützung erwarten können, zumal sie am anderen Ende des Landes wohnte. Meine Schwiegermutter war eine taffe Frau, die ihre vier Kinder allein ernährte, nachdem ihr Mann sie früh verlassen hatte. Das hat sie vielleicht auch hart gemacht. Wenn sie uns besuchte, wäre sie nie auf die Idee gekommen, mal mit ihrer Enkelin zu spielen oder ihr etwas vorzulesen. Allerhöchstens hat sie der Kleinen beim Spielen zugeschaut.

Erst als wir wieder nach Deutschland zogen, entstand ein enges Oma-Enkel-Verhältnis zwischen meiner Mutter und unserer Tochter. Die beiden Großmütter waren von der Art her grundverschieden, und ich glaube nicht, dass das viel mit der Kultur zu tun hatte.

Dennoch hat unsere Tochter die kulturelle Vielfalt geprägt – nicht durch die Großeltern, sondern durch das Aufwachsen in einem zweisprachigen Zuhause.«

Ich bin verblüfft, wie sehr sich die Erlebnisse und Erfahrungen dieser beiden Frauen ähneln, obwohl ihre Biografien und die ihrer Großeltern so unterschiedlich sind. Die Begeisterung für Fremdsprachen beispielsweise haben sie gemein.

Was ebenfalls auffällt, ist, dass beide die kulturellen Unterschiede aus ihrer Kindheit viel lebendiger beschreiben als die Erfahrungen, die sie als Mütter von Kindern mit multikulturellen Großeltern gemacht haben. Vermutlich nehmen Kinder so etwas intuitiver wahr und sind allem Neuen gegenüber extrem aufgeschlossen. Eine frischgebackene Mutter dagegen ist vollauf damit beschäftigt, den Alltag zu organisieren. Das wird im Großmutteralter wieder entspannter – und dann hat man auch Zeit und Muße, den Enkelkindern von alten Bräuchen und Traditionen zu erzählen.

Fazit: Multikulti-Großeltern zu haben, ist spannend und zeigt Kindern bereits in jungen Jahren, wie unterschiedlich Sprachen, Kulturen und Lebensweisen sein können. Den Blick über den Tellerrand lernen sie also schon bei Oma und Opa am Tisch kennen. Ist das nicht wunderbar bereichernd?

Großeltern in anderen Kulturen

Ursi

Während meiner Recherchen konnte ich feststellen, dass die Zuneigung zwischen Großeltern und Enkeln auf der ganzen Welt dieselbe ist. Kinder lieben die verwandtschaftlichen Ähnlichkeiten von Oma und Opa, wohingegen diese stolz und glücklich darüber sind, dass sie in ihren Kindeskindern weiterleben.

Selbstverständlich gibt es aber in der Großeltern-Enkel-Partnerschaft je nach Land und Kultur Unterschiede. Einige davon möchte ich in diesem Kapitel vorstellen. Natürlich erhebe ich keinen Anspruch auf Vollständigkeit, sondern will nur ein paar Schlaglichter auf kulturelle und gesellschaftliche Nuancen werfen. Dabei gilt es aber wieder zu betonen, dass sich die Beziehungen zwischen Alt und Jung dort wie da so vielfältig gestalten, wie es verschiedene Menschen gibt.

Italien

In der italienischen Gesellschaft ist es selbstverständlich, dass Großmütter ihre Enkelkinder betreuen. Sie füllen damit eine Lücke, die zu schließen der Staat verabsäumt hat. Denn Kinderkrippen sind rar und kostenintensiv. So ist der Alltag für junge Frauen ohne die Hilfe der Omas meist nicht zu schaffen. Dabei erwähne ich die Männer hier ganz bewusst nicht.

Die Mailänder Wirtschaftswissenschaftlerin Paola Profeta drückt es so aus: »Berufstätige Frauen arbeiten pro Tag im Durchschnitt achtzig Minuten länger als Männer, weil sie doppelte Arbeit leisten müssen. Die italienischen Männer beteiligen sich kaum an der Hausarbeit.«

So sind die Großmütter in Italien von Geburt an wichtige Bezugspersonen. Kinder haben dort übrigens insgesamt eine andere Stellung in der Gesellschaft, denn von klein auf bekommen sie viel Bewunderung und Lob – wesentlich mehr, als es in unseren Breitengraden üblich ist.

Australien

Kinderbetreuung in Australien ist ähnlich gelöst. Auch dort ist *child care* extrem teuer. Umgerechnet kosten Tagesmütter fünfzig bis sechzig Euro am Tag, weshalb die Omas – und hier genauso die Opas – oft Vollzeit nach den Kleinen schauen. Während in Italien keine große Notiz von vergleichbaren Umständen genommen wird, ist das großelterliche Babysitting Down Under mittlerweile ein viel diskutiertes politisches Thema geworden.

Japan

Bei uns wird von Eltern und Großeltern akribisch darauf geachtet, wie es den Kleinsten der Familie geht, wohingegen Kinder in asiatischen Gesellschaften eher nebenbei mitlaufen. Betont wird die Gemeinschaft, weniger das einzelne Individuum. Es gilt als erstrebenswert, sich der Gruppe anzupassen – auch für Enkelkinder. Der in Japan hochgehaltene Konfuzianismus beinhaltet die Achtung der Älteren. Eltern und Großeltern ist unbedingt Gehorsam zu leisten. In den meisten Familien gibt es ein Oberhaupt, das *daiko-*

kubashira (»große schwarze Säule«, sinngemäß: Stützpfeiler) genannt wird. In der Regel handelt es sich hierbei um den Großvater. Begleitet wird er von seiner Ehefrau, die ebenso viel zu sagen hat.

China

Auch in China bestimmt grundsätzlich der Konfuzianismus die Kindererziehung. Ausschlaggebend für die Großeltern-Enkel-Beziehung ist dort aber noch stärker die 1979 eingeführte Ein-Kind-Politik. Sie hat eine Generation von Einzelkindern hervorgebracht, die in materiellem Überfluss aufgewachsen und von ihren Eltern und Großeltern maßlos verzogen worden ist. Auf ihnen lastet zusätzlich großer Erwartungsdruck, schließlich wollen Oma und Opa ja stolz auf die schulischen und beruflichen Leistungen der Enkel sein. Ab 2016 durften Paare in China zwei Kinder haben. Seit 2021 sind bis zu drei gestattet. Aufgrund der hohen Lebenshaltungskosten steigen die Geburtenraten dennoch nicht an.

Äthiopien

In Afrika haben Großeltern die Rolle, Traditionen an ihre Enkelkinder weiterzugeben. Sie erklären ihnen, woher sie kommen und was sie wissen müssen. Ein Sprichwort besagt, wie hoch der Wert dieser mündlichen Kulturvermittlung eingeschätzt wird: Wenn ein Ältester stirbt, ist eine ganze Bibliothek verloren.

Dass dabei nicht nur Gutes weitergegeben wird, betont die Äthiopierin Sara Aduse. Als sie etwa sieben Jahre alt war, veranlasste ihre Großmutter, dass sie beschnitten wurde. Wissentlich, wie schmerzhaft und traumatisierend das

Ritual der weiblichen Genitalverstümmelung ist, da sie diese grauenvolle Prozedur in jungen Jahren selbst erlebt hatte, fügte sie dasselbe Leid ihrer Enkelin zu.

Ägypten

In muslimischen Gesellschaften sind Großeltern mit Respekt zu behandeln und werden in der Großfamilie in Ehren gehalten. In manchen Angelegenheiten bestimmen sie sogar noch über ihren erwachsenen Nachwuchs. Alte, gebrechliche Omas und Opas in bezahlte Fremdbetreuung zu geben, ist nicht üblich. Die Kinder und Kindeskinder wechseln sich bei der Pflege ab.

Einer meiner Gesprächspartner ist Moslem. Kurz vor unserem Gespräch ist sein Großvater in Ägypten verstorben. Wie jeder Enkel ist er traurig über den Verlust, gleichzeitig tröstet ihn sein Glaube. »Ich sehe meinen Opa später ja wieder. Wenn ich sterbe, wird er schon auf mich warten.«

USA

Anders als bei uns stieg in den Siebzigern bis Neunzigern in den Vereinigten Staaten der Anteil der Drei-Generationen-Haushalte stark an. Die Großeltern leben dort nicht bei der Jungfamilie, sondern umgekehrt: Oma und Opa übernehmen oft die Hauptverantwortung für ihre Enkelkinder. Als Grund dafür werden eine schwächere sozialpolitische Unterstützung von Familien und eine höhere Rate von Teenager-Schwangerschaften angegeben. Studien belegen, dass die amerikanische Alten-Generation diesen Zustand als belastend empfindet.

Russland

Da man in Russland schon früh in Rente gehen kann (mit fünfundfünfzig bis sechzig Jahren), ist auch dort das großelterliche Betreuungssystem stark ausgeprägt. Ein eher niedriges durchschnittliches Heiratsalter (zwischen achtzehn und fünfundzwanzig Jahren) führt dazu, dass die Menschen jung Oma und Opa werden. Sie begleiten das Leben ihrer Enkelkinder also sehr lange und werden häufig noch Urgroßeltern.

Malawi

Auch wenn weltweit aufgrund wirksamer Aufklärungskampagnen die jährlichen HIV-Neuinfektionen zurückgehen, ist die Lage in Subsahara-Afrika nach wie vor schlecht. Beinahe siebzig Prozent aller Aids-Todesfälle ereignen sich dort. Insgesamt leben fast zwölf Millionen Aids-Waisen in diesen Ländern. In einigen Regionen Malawis ist jeder zweite Erwachsene an der Krankheit gestorben. Das führt dazu, dass eine Heerschar von Großeltern Ersatzeltern für ihre Enkel wurden.

Brasilien

Im brasilianischen Amazonasgebiet gibt es noch sehr ursprüngliche indigene Gemeinschaften, zum Beispiel den Stamm der Kisêdjê. Bei ihnen lernen Kinder alles von den Großeltern. Dazu gehören kulturelle Werte wie der Respekt vor anderen Menschen, gutes Benehmen und die Wertschätzung für die Natur. Aber auch Jagen und Fischen wird unterrichtet. Zusätzlich geben die Alten die Techniken des traditionellen Kunsthandwerks an die Enkel weiter. Eine wichtige Rolle fällt der Großelterngeneration im Amazonasgebiet zu, weil oft nur noch sie die traditionellen Sprachen beherrschen. Während der Corona-Krise, in der die Sterblichkeitsrate für betagte Einwohner dort besonders hoch war, wuchs das öffentliche Bewusstsein dafür, wie viel Kulturgut sie tragen, das mit ihnen verloren geht. Im brasilianischen Amazonasgebiet leben etwa neunhunderttausend Indigene.

Vietnam

In Vietnam spielen verstorbene Großeltern im Alltag der Familien eine große Rolle. Für sie gibt es in den Häusern, meist in den oberen Stockwerken, einen mit Fotos bestückten Altar. Dort werden Räucherstäbchen abgebrannt, Obst, Reis und Alkohol werden hingestellt, und es werden Devotionalien, wie aus Papier nachgebaute Smartphones und Autos, angezündet. Dafür gibt es eine ganze Industrie und spezielle Läden. Geglaubt wird, dass die Ahnen in einer Parallelwelt leben, die der hiesigen ähnlich ist. Der Rauch bringt den Verstorbenen die Dinge ins Jenseits. Teil dieses Ahnenkults ist auch, dass die Todestage der Großeltern zu wichtigen Feiertagen innerhalb der Familie werden.

Griechenland

Eine Sitte, die bei uns langsam in Vergessenheit gerät, ist in Griechenland noch weit verbreitet: Kinder werden nach ihren Großeltern benannt. Traditionell tragen griechische Erstgeborene die Namen der Eltern ihres Vaters, nachfolgende Söhne und Töchter erhalten dann die der übrigen Großeltern. Eine Missachtung dieses Brauchs wird nach wie vor als Beleidigung gegenüber den Omas und Opas empfunden. Der Name des Neugeborenen wird nicht schon bei der Geburt festgehalten wie bei uns, sondern erst nach der Taufe offiziell registriert. Während des Rituals der orthodoxen Taufe bestimmen übrigens ausschließlich die Paten die Namensgebung. Traditionell sind die Eltern des Babys nicht einmal anwesend, sondern warten außerhalb der Kirche, bis ihnen der Name des Kindes mitgeteilt wird.

Der Großelternfaktor im eigenen Leben: von Ähnlichkeit bis Vorbildfunktion

Heike

Wie bereits erwähnt, habe ich die Nase von einer der Uromas geerbt, das Schreibtalent wohl von meiner Oma, die planvoll-strukturierte Arbeitsweise von Opa.

Natürlich wollte ich wissen, ob auch andere ihre Großeltern in sich selbst entdecken. Hier eine bunte Mischung von Statements, zu denen Ihnen bestimmt auch jede Menge eigene Beobachtungen einfallen.

»Als ich mit zwölf anfing zu reiten, nahm meine Oma, die damals schon über siebzig war, ebenfalls Reitstunden. Ich fand das total klasse. Meine Freundinnen waren fast ein bisschen neidisch, weil meine Oma so unternehmungslustig ist und sich modisch kleidet. Ich will auch mal so eine coole Oma werden. Sie ist ein echtes Vorbild.« Laura, 22

»Von meiner Oma habe ich wahrscheinlich die Statur geerbt – ich bin, wie sie, eher klein. Außerdem hatte Oma ein supergutes, sehr herzliches Verhältnis zu ihrer Schwiegertochter, also meiner Mutter. Das ist etwas, was ich mir gerne von ihr abschaue – so eine tolle Schwiegermutter möchte ich auch sein.« Karin, 61

»Neulich war ich mit Freunden in den Bergen zum Wandern. Die anderen hatten Sportwanderstöcke dabei, ich dagegen fuhr extra zu meiner Oma und bat um den altmodischen Holzwanderstock von meinem verstorbenen Opa. Dieser Stock ist von oben bis unten voller Plaketten, die zeigen, wo er früher überall gewandert ist. Mir gefällt es, dieses Erinnerungsstück dabeizuhaben und das Hobby meines Opas fortzuführen.« Felix, 18 Jahre

»Mein Lieblingsopa galt immer als ein bisschen rebellisch und unkonventionell. Mir gegenüber war er unglaublich großzügig und verständnisvoll. Und er blieb bis zuletzt im Geiste jung, obwohl er sehr alt geworden ist. Ich schätze mich ebenfalls als toleranten und empathischen Menschen ein und denke, falls man so etwas vererben kann, könnte ich diese Eigenschaften von ihm haben. Oder ich habe sie mir von ihm abgeschaut – er hat mir jedenfalls Werte vorgelebt, die mir heute noch wichtig sind.« Torsten, 62

»Meine Eltern und die meisten meiner Großeltern sind vom Typ her eher hektisch und wuselig, nur die eine Oma blieb in jeder Lebenslage gelassen. Genauso bin ich auch. Man kann mich nur schwer aus der Ruhe bringen. In Stresssituationen bin ich oft dankbar, dass ich diese Eigenschaft von ihr geerbt habe.« Jette, 43

»Ich bin zum Glück gar nicht so wie mein Opa gestrickt. Er war nämlich ein unverbesserlicher Nazi. Davon zu erfahren, hat mich zutiefst schockiert. Auch dass ich ihm das nie angemerkt habe. Als ich ein kleiner Junge war, hat er mir oft vorgelesen. Für mich war er ein lieber Opa. Er starb, bevor ich das erfuhr. Ich weiß nicht, wie ich ihm sonst gegenübergetreten wäre.« Lars, 47

»Ich habe von meinem Opa die Hände geerbt – er hatte sehr lange, schmale Finger, ideal zum Klavierspielen. Er war auch echt ein guter Pianist. Meine ersten Klavierstunden hatte ich bei ihm, später wechselte ich dann zu einer Musikschule und nahm viele Jahre Unterricht. Manchmal haben Opa und ich vierhändig gespielt, das machte uns beiden besonders großen Spaß.« Neele, 28

»Ich würde mir wünschen, dass viel von meiner Großmutter in mir steckt, weil ich sie absolut bewundert und sehr geliebt habe. Sie war eine starke Frau, dabei ausgesprochen herzlich und fair. Sie hat nie schlecht über andere geredet. Und uns Enkelkindern hat sie immer vermittelt, dass sie sich wie verrückt freut, uns zu sehen, und dass wir, sobald wir da waren, für sie an allererster Stelle standen. Sie nahm sich ganz viel Zeit für uns, und das ist wichtiger als alles, was man mit Geld kaufen kann.« Claudia, 63

»Von meinem Opa habe ich definitiv den Humor – und die Fähigkeit, mit den Ohren wackeln zu können.« David, 34

»Ich habe von meiner Oma das ausgeprägte Kinn geerbt und ein Biedermeier-Kommödchen, das mir schon als Kind so gut gefiel. Vom Charakter her sind wir sehr verschieden, aber dieses Möbelstück zeigt, dass ich zumindest in dieser Hinsicht einen ganz ähnlichen Geschmack habe wie sie.« Kristin, 56

»Wenn ich mir alte Fotos meines Opas anschaue, auf denen er ungefähr so alt ist wie ich jetzt, entdecke ich mich selbst in ihm wieder. Es ist verblüffend. Opa war ein sehr gutmütiger Mann, aber konnte auch jähzornig werden. Diese Kombination beobachte ich manchmal an mir selbst. Ich hoffe, dass ich dank dieser Erkenntnis, die mir meine Schwäche überhaupt erst bewusst gemacht hat, den Jähzorn in mir besiegen kann.« Lucas, 27

»Wenn ich an meine Oma denke, dann fällt mir sofort ihr gutes Essen ein. Die Sauerampfersuppe oder die selbstgemachte Sülze sind unerreicht. Und ich habe noch nie eine Rahmsoße gegessen, die mir so geschmeckt hätte wie die von Oma. Ich wünschte, ich bekäme das auch hin. Denn ich liebte diese Gerichte ebenso, wie sie es tat.« Sabine, 44

»Als ich jünger war, habe ich mich stark von meiner Oma beeinflussen lassen. Dann wurde ich älter und erkannte, dass sie sehr viel Wert auf Äußerlichkeiten und Statussymbole legt – was mir nicht mehr behagte. Irgendwann begann ich zu rebellieren. Aber ich bin mir bewusst, dass mir ihre Meinung nach wie vor wichtig ist und ich das positive Bild, das sie von mir hat, nicht zerstören will. Deshalb darf sie nie erfahren, dass ich schon seit zwei Jahren ein Tattoo habe. Jedes Mal, wenn ich zu ihr fahre, kleide ich mich so, dass man es nicht sieht.« Chiara, 21

»Bei meinen Großeltern war immer viel los. Sie hatten die Haustür nie verschlossen und freuten sich, wenn Freunde vorbeikamen – auch die ihrer Kinder oder Enkel. Ich liebte diese Atmosphäre schon damals und habe es heute noch gern, wenn bei uns die Bude voll ist. Das habe ich definitiv von Oma und Opa übernommen.« Edda, 57

»Als ich jünger war, wollte ich auf keinen Fall so werden wie meine Eltern. Klar, in dem Alter grenzt man sich von Vater und Mutter ab. Stattdessen nahm ich mir meinen Opa zum Vorbild. Heute ist mir bewusst, dass mein Vater vom Typ her ganz ähnlich ist. Ich hätte mich also ebenso gut an ihm orientieren können, doch das tat ich aus Prinzip nicht. Inzwischen können wir alle drei herzlich darüber lachen.« Simon, 32

Über die Großeltern sich selbst besser kennenlernen

Der Psychotherapeut Wolfgang Krüger empfiehlt in seinem Buch *Die Geheimnisse der Großeltern*, sich mit den Vorfahren auseinanderzusetzen, wenn man beispielsweise an psychischen Problemen wie Ängsten arbeiten will. Denn dabei kann es helfen zu wissen, was die Großeltern für Werte und Normen hatten, welche Tabus, Streitthemen und Familiengeheimnisse es gab, wodurch die Stimmung in der Familie geprägt war und wie die finanzielle Situation aussah. Wie angepasst waren die Großeltern? Wie gingen sie mit Konflikten um? Gibt es unerledigte Aufgaben, die von Generation zu Generation weitergegeben werden? All diese Details tragen dazu bei, sich selbst und eigene Verhaltensmuster besser zu verstehen.

Er betont, dass in der Auseinandersetzung mit den Großeltern eine gewisse »Ambivalenzfähigkeit« notwendig ist. Man muss es aushalten können, dass Oma und Opa zugleich positive und schwierige Eigenschaften besitzen oder besaßen. Man darf sie lieben, auch wenn man Unschönes über sie herausfindet.

Wir alle entdecken Parallelen zwischen unseren Großeltern und uns selbst. Die Ähnlichkeiten betreffen nicht nur das Aussehen, sondern auch Verhalten, Charakterzüge, Werte, Ausdrucksweisen, Hobbys, Talente, Humor …

Jeder Mensch ist das Produkt seiner Vorfahren, aber natürlich auch seiner Umwelt und all seiner Erfahrungen.

Die Oberflächlichkeit der Oma oder die Anfälligkeit für Nazi-Propaganda des Opas bedeuten noch lange nicht, dass man selbst auch so ist. Doch es hilft, sich damit auseinanderzusetzen, um vielleicht von den Fehlern der Vorfahren zu lernen. Und was die eigene Persönlichkeit betrifft, konzentrieren wir uns am besten auf das Positive, das wir von unseren Großeltern geerbt oder übernommen haben, und freuen uns darüber!

Patchwork – ein bunter familiärer Flickenteppich

Ursi

Laut statista.com lag die Scheidungsrate in Deutschland im Jahr 1960 bei etwas mehr als zehn Prozent. 2005 gipfelte sie bei fast zweiundfünfzig Prozent. In den letzten Jahren hat sie sich zwischen fünfunddreißig und vierzig Prozent bewegt. Im Durchschnitt hält in unseren Breitengraden eine Ehe vierzehn bis fünfzehn Jahre – wobei zu bemerken ist, dass sich dieser Mittelwert durch zwei Pole ergibt: Entweder trennen sich die Paare nach fünf bis sieben Jahren, oder aber sie waren über sechsundzwanzig Jahre verheiratet. So spät finden die meisten Scheidungen statt.

Egal ob Scheidung oder früher Tod für eine Trennung verantwortlich sind, in den Familien ergeben sich oft bunte Mixturen – die berühmten Patchwork-Konstellationen. Natürlich hat das auch auf die moderne Großelternschaft immense Auswirkungen.

Wenn Eltern sich scheiden lassen,
ist das ein Einschnitt für die gesamte Familie. Am härtesten trifft es natürlich den aus der Ehe hervorgegangenen Nachwuchs. Das Leben, das sie zuvor gekannt haben, endet, weil ein Elternteil auszieht. Dieses traumatische Ereignis erschüttert die Kinder. Als verlässliche Konstante bleiben oft die Großeltern übrig. Die Resilienzforschung gibt

Hinweise darauf, wie wichtig es für die Widerstandskraft der Kinder ist, dass ihnen eine Mut machende erwachsene Person zur Seite steht. Dann kommen sie gut über so eine Krise hinweg. Ganz oft erfüllen die Großeltern diese Rolle.

Rudolphinas Sohn ließ sich scheiden, als ihre Enkeltochter Edita die Grundschule besuchte.

»Von heute auf morgen war plötzlich das ganze Leben anders für das arme Geschöpf, denn die Mutter brannte mit einem Lover durch«, erzählt Rudolphina. »Mein Sohn fiel aus allen Wolken und reagierte depressiv auf den Schock.«

Rudolphina und ihr Mann versuchten so viel wie möglich abzufangen. Sie kamen täglich, um im Haushalt und bei Editas Betreuung zu helfen.

»Natürlich wäre es einfacher gewesen, sie zu uns zu nehmen, aber wir wollten sie nicht auch noch aus ihrer gewohnten Umgebung reißen.«

Die Ruhe und Konsequenz, mit der die Großeltern hier eingriffen, machte sich bezahlt, denn bald erholte sich der verlassene Ehemann. Und auch die Enkeltochter schien schnell wieder einigermaßen stabil im Leben zu stehen.

Johannes hingegen konnte als Opa nicht für seine Enkelkinder da sein. Nach der Scheidung unterband seine ehemalige Schwiegertochter nämlich jeden Kontakt, was Großeltern väterlicherseits in so einer Situation häufiger passiert als denen mütterlicherseits (nachzulesen in Heikes Kapitel *So nah und doch fremd*).

»Ich habe mich echt bemüht und viel probiert, doch die Mutter meiner Enkel wollte den Bruch zu unserem Teil der Familie wirklich mit allen Konsequenzen«, berichtet er.

Ihm ist klar, dass er als Großvater Rechte hat, aber im Grunde bestehen diese nur auf dem Papier.

»Wenn ich sie daran erinnere, gibt es immer nur Ausreden. Die Kinder seien auf einem Schulausflug oder krank und so weiter. Mittlerweile wollen meine Enkel offensichtlich auch keinen Kontakt mehr. Ich glaube, die Mutter hat ihnen ganz fürchterliche Sachen über mich erzählt.«

Wenn Eltern wieder heiraten,
haben die Kinder plötzlich mehr als vier Großeltern, denn die neuen Partner*innen haben ja auch Vater und Mutter, die sich oft genug großelterlich für die angeheirateten Enkelkinder engagieren. Die sogenannte soziale Großelternschaft kommt hier ins Spiel.

Felicitas' Tochter hat einen Mann geheiratet, der aus einer früheren Beziehung schon ein Mädchen hatte. Wenn diese übers Wochenende bei ihm war, besuchten sie Felicitas oft in ihrem großen Garten.

»Besonders als sie klein war, gab es engen Kontakt«, erzählt Felicitas. »Aber ich muss sagen, ich habe nie eine echte Bindung zu ihr aufgebaut. Sie blieb mir immer fremd, und es hat sich nicht so angefühlt wie mit meinen leiblichen Enkelkindern. Das finde ich jedoch nicht schlimm. Wichtig ist, dass ich so lieb zu ihr bin, wie ich nur kann.«

»Meine Eltern sind geschieden«, höre ich auch vom vierzehnjährigen Leon. »Papa und Mama haben wieder neue Partnerschaften, aber wir wohnen alle in derselben Straße. So sehe ich beide oft.«

Er betont, dass er die Situation mittlerweile »okay« findet.

Am Anfang sei es nicht lustig gewesen. Er ist einfach froh, wenn nicht mehr dauernd gestritten wird.

»Durch den neuen Mann meiner Mutter habe ich jetzt noch ein zusätzliches Großelternpaar. Das ist cool. Vor allem, weil sie selber keine Enkelkinder hatten und sich total über mich gefreut haben.«

Wenn Großeltern sich scheiden lassen,
sind sie meist in einer Phase, in der ihr Leben schon ruhiger geworden ist. Oft haben sie mit der Trennung gewartet, bis die Kinder erwachsen sind und eigene Familien haben. Auch wenn ihre Entscheidung keinen direkten Einfluss auf den Alltag ihres Nachwuchses mehr hat, trifft es diesen natürlich trotzdem hart. Es braucht viel Kreativität und Ausdauer, um die neuen Verhältnisse zu sortieren.

Hilde und ihr Mann leben seit einiger Zeit getrennt.

»Unsere Ehe war in Ordnung, aber irgendwie konnte ich es mir nicht vorstellen, den ganzen Lebensabend mit ihm zu verbringen. Die Rollenmuster waren festgefahren, und ich musste da raus.«

Sie weiß, dass sie mit diesem Schritt nicht nur ihre Kinder, sondern auch die Enkelkinder durcheinandergebracht hat.

»Natürlich ist mein Ex stinksauer. Obwohl ich ihm jahrelang immer wieder gesagt habe, ich will ihn nicht mehr bedienen, war er fassungslos, als ich mich trennte. Er meinte, ich sei verrückt geworden.«

Seine Gekränktheit lässt er auch alle Anwesenden spüren, wenn das ehemalige Paar aufeinandertrifft. Schmollend sitzt er dann in einer Ecke.

»Er bringt einfach eine miese Atmosphäre rein, die den Enkelkindern nicht guttut. Darum ist meine Tochter dazu übergegangen, uns an verschiedenen Tagen einzuladen.«

Hildes Geschichte ist ein Beispiel dafür, wie es nach so langer Ehe noch zu einer Scheidung kommen kann – was laut Statistik, wie erwähnt, recht häufig vorkommt.

»Meine Schwester hat übrigens denselben Schritt gewagt«, erzählt Hilde weiter. »Aber ihr Mann hat irgendwie gelassener darauf reagiert. Er meinte, sie seien weiterhin gemeinsam Eltern und Großeltern und hätten sich diesbezüglich zusammenzureißen.«

Wenn Großeltern wieder heiraten,
ist das für ihre Umgebung oft ein wenig befremdlich. Ich beleuchte das auch im Kapitel *Wenn Großeltern sich neu verlieben* etwas näher. Es ist dann sicher von Vorteil, wenn sich die Erwachsenen in der neuen Konstellation nicht zu wichtig nehmen und das Wohl der Enkelkinder in den Vordergrund stellen.

Norberts Eltern trennten sich mit über siebzig. Das fand er irritierend. Vor allem, als sie beide umgehend neue Partnerschaften eingingen, verletzte ihn das.

»Egal wie alt du bist, du bleibst der Sohn dieser Eltern und willst, dass sie zusammenbleiben und nicht plötzlich die Familie einstampfen. Darum habe ich ziemlich unreif reagiert und die vier zu Weihnachten ausgeladen. Ich war wild entschlossen, nur meine Schwiegereltern im Haus zu dulden.«

Irgendwann wurde Norbert jedoch klar, dass sein Verhalten am meisten den Kindern schadete, die das Fest gern mit allen Omas und Opas feiern wollten. Also nahm er sich und seine Gefühle zurück.

Gundi ist eine angeheiratete Oma. Die Enkelkinder ihres Partners waren noch recht klein, als sie zur Familie kam.

»Was empfindest du für deine Stiefenkeltöchter?«, frage ich sie.

»Nun, ich sehe sie selten, aber wenn dann doch mal, kommen durchaus Oma-Gefühle in mir hoch. Doch mir ist bewusst, dass sie ihre leiblichen Großeltern haben, und ich will mich da nicht reindrängen. Ich bin nicht ihre Oma und werde es nie sein.«

Auch Großeltern haben Rechte

In § 1685 des deutschen Bürgerlichen Gesetzbuchs Absatz 1 steht: *Großeltern und Geschwister haben ein Recht auf Umgang mit dem Kind, wenn dieser dem Wohl des Kindes dient.*

Dieses Umgangsrecht besteht unabhängig davon, wie die Eltern sich bezüglich des Sorgerechts für ihr Kind geeinigt haben und ob es sich um die Eltern der Mutter oder des Vaters handelt. Auch ob die Großeltern selbst noch verheiratet sind, spielt keine Rolle. Voraussetzung ist aber, dass die Verbindung zu den Großeltern dem Kind guttut. Haben Großeltern und Enkelkinder in der Vergangenheit schon viel Zeit miteinander verbracht, ist der Fall meist klar. Wird der Kontakt erstmals aufgenommen, muss jedoch sorgfältig geprüft werden. Alters-

abhängig spielt dabei natürlich auch der Wille des Kindes eine Rolle.
Festgehalten ist ebenso, dass die Großeltern die Erziehung des sorgeberechtigten Elternteils zu respektieren haben. Näheres dazu steht in § 1684 Absatz 2. Dort geht es um die Umgangsloyalität: Großeltern dürfen nichts tun, was das Kind von seinen Eltern entfremdet.
Auch wirtschaftliche Folgen des Kontaktes zwischen Großeltern und Enkeln sind übrigens geregelt: Kosten für Besuche (Eintritte, Übernachtungen usw.) tragen die Großeltern, und sie sind verpflichtet, ihr Enkelkind abzuholen und wieder nach Hause zu bringen.

Wenn Sie sich näher für die deutsche Gesetzeslage interessieren, empfehle ich Ihnen das Büchlein *Ihre Rechte als Großeltern* von Christa Klein.
Die Regelungen in Österreich sind ähnlich.

Oma und Opa in den besten Jahren – eine Lovestory

Heike

Dieses Kapitel widme ich der Liebesgeschichte meiner Großeltern. Und auch wenn es von der Partnerschaft »in den besten Jahren« handeln soll, muss ich sie von Beginn an erzählen, denn wie Oma und Opa im Alter miteinander umgingen, nahm Jahrzehnte zuvor schon seinen Anfang und geschah nicht grundlos.

Meine Großeltern waren noch recht jung, als sie sich kennen und lieben lernten. Während ihrer Verlobungszeit – Oma war gerade mal neunzehn, Opa Anfang zwanzig – verreisten sie zum ersten Mal miteinander. Es ging in den Schwarzwald. Selbstverständlich bewohnten sie in der Pension zwei separate Zimmer, alles andere wäre unsittlich und absolut undenkbar gewesen.

Einen Skandal gab es dennoch – nachdem Omas Eltern zufällig die Fotos entdeckten, die während dieses Kurzurlaubs entstanden waren. Eins davon zeigte meinen Opa in einer ziemlich unerotischen Badehose und meine Oma in einem züchtigen Einteiler. Er legt seinen Arm um sie, beide lehnen an einem Weidegatter. Wie schamlos!

Neulich ist mir dieses »unmoralische« Foto in die Hände gefallen, und es erscheint mir geradezu absurd, dass es deswegen einen Eklat gab. Aber so waren die Zeiten damals.

Verständlich, dass die beiden nicht lange verlobt blieben – wenn vorehelich sogar ein harmloses Urlaubsfoto verteufelt wurde.

»Sobald es Krieg gibt, heiraten wir«, sagte mein Opa. Er wollte, dass Oma im Fall der Fälle abgesichert war und wenigstens Witwenrente bekam.

Und so kam es, dass sich meine Oma über die Nachricht, dass Deutschland am 1. September 1939 Polen überfallen hatte, irrsinnig freute. Am 5. September fand die Hochzeit statt.

Im Nachhinein konnte sie es selbst nicht fassen, wie naiv sie damals gewesen war. Nicht wegen ihrer Vorfreude auf die Ehe, denn die hat sie keine Sekunde bereut. Aber wie viel Leid und Unglück der Krieg bringen würde, hatte sie im Überschwang der Gefühle nicht bedacht.

In den ersten Ehejahren sahen sie sich wenig. Mein Opa musste in den Zweiten Weltkrieg ziehen, zunächst an die Westfront nach Frankreich, später nach Russland, wo er in Gefangenschaft geriet. Dort blieb er fast fünf Jahre lang – und nach drei davon erhielt meine Oma ein erstes Lebenszeichen von ihm. Bis dahin wusste sie nicht, ob er gefallen war, wie ihre beiden Brüder, oder noch lebte.

Ich mag mir gar nicht vorstellen, wie furchtbar das für sie war – all dieses Leid, die Ungewissheit, die Zerstörung, der Hunger, die trauernden Eltern, die beide Söhne verloren hatten, ihre eigene Trauer … und mittendrin meine Mutter als Kleinkind.

Der Tag, an dem mein Opa nach Hause kam, war der 13. Dezember 1949. Sein Heimkehrertag war ihm von nun an wichtiger als sein Geburtstag – nur der Hochzeitstag konnte da mithalten. Ab diesem Datum waren meine Großeltern keine Minute freiwillig ohneeinander.

Auch wenn ich schon als Heranwachsende fand, dass in einer Beziehung jeder seinen Freiraum braucht, verstand ich, warum es bei Oma und Opa anders war. Nach der langen Zeit der Trennung und Entbehrung wollten sie das Leben genießen, und zwar gemeinsam.

Ich war inzwischen alt genug, die Ehe meiner Großeltern interessiert zu beobachten. Sie waren ein wundervolles Paar um die sechzig, das sehr liebevoll miteinander umging.

Aber es gab auch einiges, was mich wunderte und was ich nie akzeptiert hätte. Beispielsweise dass meine Oma nicht mal einen eigenen Geldbeutel besaß und meinen Opa, wenn sie etwas kaufen wollte (selbst ein Geschenk für ihn), um seinen bitten musste. Ihr machte das jedoch nichts aus – und ihm noch viel weniger.

Auch dass meine Oma mit ihrer Rolle als Hausfrau zufrieden war, wollte mir nicht in den Kopf gehen. Damit war sie doch zu einhundert Prozent von Opa abhängig! Aber selbst dieser Umstand beunruhigte sie kein bisschen. Und was die Selbstständigkeit betraf – während des Krieges und in der Nachkriegszeit hatte Oma ja zur Genüge bewiesen, dass sie ihre Familie mit ihrer Hände Arbeit durchbringen konnte. Das war schlicht eine Notwendigkeit gewesen und nichts, was sie erstrebenswert fand. Kaum war mein Opa aus Russland zurück, hörte sie auf, für Geld zu nähen, und wurde Hausfrau. Denn das war es, was sie wirklich wollte.

An der Aufgabenteilung änderte sich auch wenig, als mein Opa in Rente ging. Hin und wieder half er zwar im Haushalt mit, doch überwiegend beschäftigte er sich mit Arbeiten, die eher seinen Interessen und Stärken entsprachen: Er reinigte die Dachrinnen, reparierte das Gartentor, verputzte ein Mäuerchen, flickte den Zaun … Es gab im und ums Haus immer was zu tun, auch wenn seine Projekte inzwischen etwas kleiner und weniger spektakulär waren als früher. Währenddessen machte meine Oma den Haushalt und widmete sich in der Freizeit ihren Hobbys: Sie malte Blumen- und Landschaftsbilder in Öl oder Ölkreide, schrieb ihre Lebenserinnerungen nieder und verfasste Mundartgedichte. Einige davon wurden in der regionalen Presse veröffentlicht, oft trug sie diese Gedichte live vor, etwa auf Geburtstagen und anderen Festen. Bei der 850-Jahr-Feier unseres Dorfes beispielsweise trat sie – in einen Kartoffelsack gewandet – als Bewohnerin von einst auf, die über all die Veränderungen der vergangenen Jahrhunderte staunte. In Momenten wie diesen war Opa ihr allergrößter Fan. Wobei – eigentlich war er das immer.

Wie bereits erwähnt – ich kannte meine Großeltern nur im Doppelpack. »Omaopa« haben wir sie als Kinder genannt, ohne überflüssiges »und«, weil sie eine Einheit bildeten.

Sogar zum Arzt gingen sie gemeinsam. Einmal wurde bei meinem Opa ein Leistenbruch auf der linken Seite festgestellt, der operiert werden musste. Da sagte meine Oma: »Schauen Sie mal, Herr Doktor, ich hab da auch was Merkwürdiges.« Und tatsächlich: Sie hatte ebenfalls einen Bruch. Natürlich links. Im Krankenhaus lagen sie im Doppelzimmer, was für das Personal eine kleine Sensation war, denn so etwas hatte es noch nie gegeben. Ich fand das damals ziemlich amüsant. Von wegen »keinen Tag getrennt sein« – das haben meine Großeltern echt auf die Spitze getrieben.

Nach der OP bettelte Oma um eine frühe Entlassung, denn sie hatte einen wichtigen Termin – eine Faschingsveranstaltung stand an, bei der sie eine Büttenrede halten wollte. Das nächtelange Grübeln über dem Text sollte ja wohl nicht umsonst gewesen sein. Sie setzte sich durch, hielt ihren Vortrag, bekam reichlich Applaus – und Opa war wieder einmal furchtbar stolz auf sie.

Ich habe nie erlebt, dass meine Großeltern Langeweile hatten. Sie arbeiteten viel – aber wussten auch das Leben zu genießen. Sie wanderten, feierten Feste mit Freunden, veranstalteten Würfelabende … Ich erinnere mich daran, dass es gar nicht so einfach war, Termine mit ihnen zu vereinbaren. Bevor mein Opa in Rente ging, musste er immer erst seinen Dienstplan checken. Danach wurde es noch schwieriger, denn Oma und Opa hatten ständig etwas vor. Ich fand das toll.

Vor allem reisten sie viel. Anfangs in Kurorte wie Bad Tölz, später ging es auch ins Ausland. Jesolo, Bibione, Molveno, Schenna, Plattensee, Opatija … In einigen Jahren verreisten sie tatsächlich drei oder vier Mal, wir verloren schier den Überblick. Aber sie ebenfalls, wie bei den regelmäßigen Dia-Abenden festzustellen war, bei denen sie manchmal selbst nicht mehr wussten, ob ein Bild aus Italien oder Ungarn stammte.

Das war allerdings auch schwer zu unterscheiden, denn Opa knipste immer ähnliche Motive: Oma vor Landschaft oder Oma vor Bauwerk. Ich höre noch Opas Kommentar: »Was stellt diese Dame vor? Den linken Fuß.« (Ein Spruch nicht ohne Witz, der sich aber relativ schnell abnutzte – spätestens bei dem hundertsten Foto dieser Art.)

Einmal reisten sie sogar nach Moskau, und zwar noch vor dem Fall des Eisernen Vorhangs. Das war für beide eine echte Mutprobe, nicht nur, weil es ihre erste Flugreise war, sondern weil mein Opa nach seiner Kriegsgefangenschaft eigentlich nie wieder einen Fuß auf russischen Boden setzen wollte.

Sie waren fasziniert von der Stadt, in der selbst U-Bahn-Stationen die reinsten Museen waren. Und sie besuchten einen prachtvollen Brunnen, den mein Opa als Kriegsgefangener mitgebaut hatte. Das muss für ihn sehr bewegend gewesen sein.

Oma und Opa kannten einander wirklich gut. Daher war ich hundertprozentig davon überzeugt, bei dem Ehepartner-Quiz, das wir auf unserer Hochzeitsfeier zur Erbauung der Gäste veranstalteten, würden die beiden haushoch gewinnen. Wir hatten uns lustige Fragen überlegt wie »Was ist sein/ihr Lieblingsessen?«, »Wovon träumt er/sie?« oder »Kann er/sie den Unterschied zwischen Stricken und Häkeln bzw. zwischen Backbord und Steuerbord erklären?« Leider vermasselten Oma und Opa alles, indem sie versuchten, sich gegenseitig die richtigen Antworten vorzusagen, was aber aufgrund ihrer Schwerhörigkeit mächtig in die Hose ging, sodass sie am Ende hinter meinen Eltern auf Platz zwei landeten.

Ein paar Jahre später, als ich Mitte zwanzig war, zogen mein Mann und ich bei meinen Großeltern im Haus ein. Wir bewohnten das obere Stockwerk, sie hatten ihre Räume unten. Eine Abschlusstür gab es nicht, aber das war kein Problem, wir kamen gut miteinander zurecht und respektierten gegenseitig die Privatsphäre – jedenfalls größtenteils.

Sprich: Oma und Opa waren froh, wenn wir bei ihnen hereinschneiten – und wenn sie es bei uns taten, warnte uns die knarzende alte Holztreppe rechtzeitig vor.

Von da an bekamen wir viel mehr von ihrem Zusammenleben mit als bisher, und ich kann wirklich sagen, dass sie ein harmonisches Paar waren.

In all den Jahren habe ich nur einen einzigen Streit zwischen meinen Großeltern miterlebt. Dabei ging es um die Frage, was passieren würde, wenn einer von ihnen zuerst sterben würde. Beide beteuerten, ohne den anderen nicht leben zu können. Doch dann dehnte sich das theoretische Gedankenspiel auf rein praktische Fragen aus, denn meine Oma konnte beispielsweise nicht Auto fahren und mein Opa nicht kochen. Das Ganze eskalierte, als mein Opa beim Einkaufen ein Fertiggericht in den Einkaufswagen legte.

»Warum willst du so was kaufen? Ich koche doch immer frisch«, wunderte sich meine Oma.

»Na ja, ich wollte bloß probieren, wie so was schmeckt. Nur für den Fall, dass ich einmal ohne dich zurechtkommen muss«, erwiderte mein Opa.

»Du kannst es wohl nicht erwarten?«, konterte sie und war stinksauer.

Die Krise dauerte nicht länger als ein paar Stunden. Denn selbstverständlich war meiner Oma klar, dass das Gegenteil der Fall war – mein Opa hatte immer furchtbare Angst um sie. Und einige Jahre später kam dann ja auch alles anders – mehr dazu im Kapitel *Wenn ein Großelternteil allein zurückbleibt*.

Was für ein tolles Paar die beiden waren, belegt eine weitere Anekdote, die ich ganz zauberhaft finde. Meine Großeltern waren im Urlaub und ließen es sich in einem Restaurant gut gehen. Ein Rosenverkäufer kam herein, und selbstverständlich kaufte Opa nicht nur eine Rose für Oma, sondern gleich einen ganzen Strauß.

»Das ist sicher Ihre zweite Frau, jungverliebt, wie Sie wirken«, kommentierte der Restaurantbesitzer.

»O nein«, erwiderte er, »wir feiern demnächst unsere Goldene Hochzeit.«

Ist das nicht ein wunderschönes Beispiel dafür, dass man auch nach vielen Jahren noch so innig miteinander sein kann?!

In dieser Hinsicht sind meine Großeltern ein echtes Vorbild für mich. Mein Mann und ich sind jetzt seit vierunddreißig Jahren verheiratet und eifern ihnen nach. Im Grunde sind wir inzwischen auch ein Paar in den besten Jahren, nur eben noch keine Großeltern. Gemeinsam das Leben genießen, verreisen, viel lachen und aktiv sein, das ist ein gutes Rezept für eine glückliche Partnerschaft, das ich mir gerne von OmaOpa abgeschaut habe. Und ich fände es wundervoll, wenn unsere Enkelkinder irgendwann einmal Ähnliches über uns sagen könnten.

Wenn Großeltern sich neu verlieben

Ursi

Meine Oma war weit über zwei Jahrzehnte lang Witwe. Mir tat es immer leid, dass sie allein war – vor allem als ich im Teenageralter begann, mich für Partnerschaften zu interessieren. Spätestens ab dem Zeitpunkt wurde mir bewusst, dass sie keinen Mann zum Liebhaben in ihrem Leben hatte. Einmal fragte ich sie, ob sie gern wieder jemanden kennenlernen würde.

Da lachte sie und sagte: »Lieber keine Uhr geschenkt!« Und ich wusste, dass dieser Spruch bei ihr so viel hieß wie: »Nein danke, da geht es mir ohne besser.«

Da ich, während ich dies schreibe, feststelle, dass ich null Ahnung habe, woher die geflügelten Worte mit der Uhr stammen, frage ich in unserer Familien-WhatsApp-Gruppe nach.

Meine Tante antwortet:

Liebe Ursi, wahrscheinlich hat Mutter damit Vater zitiert. Ich weiß noch, dass er diesen Spruch ab und zu auf den Lippen hatte. Und er hat mir einmal erklärt, dass Uhren schenken Unglück bedeutet. Das sei ein Symbol dafür, dass jemandes Zeit abgelaufen wäre. Er hat es, soweit ich mich erinnern kann, im Sinne von »Eh schon so viel am Hals!« verwendet.

Ich persönlich brauche einiges an Freiraum, aber im Endeffekt bin ich so ungern länger allein, dass ich es bis heute nicht verstehe, warum Oma eine neue Beziehung für sich derart rigoros ausschloss. Vielleicht hatte es etwas damit zu tun, wie unausweichlich eine Partnerschaft in ihrer Generation für Frauen bedeutete, den Mann umsorgen und bedienen zu müssen. Dass man davon irgendwann die Nase voll hat, kann ich natürlich nachvollziehen.

Henrietta ist zwanzig und hat in den letzten Jahren den zweiten Frühling ihres Großvaters miterlebt. Mir gefällt ihre Erzählung so gut, dass ich sie hier verschriftet wiedergeben will:

Ich war dreizehn, als Oma an einem Herzinfarkt starb. Ihr Tod kam plötzlich und traf uns alle völlig unvorbereitet. Am meisten natürlich Opa. Nicht nur, dass er die Liebe seines Lebens verlor – von heute auf morgen war er auf sich gestellt. Ich weiß noch gut, wie meine Mutter pausenlos Anrufe mit Fragen zu Alltäglichem entgegennahm.

»Ich habe mir Wiener Würstchen zum Abendessen gekauft. Wie mache ich die denn jetzt am besten warm?«

»Wenn ich Socken wasche, kann ich da eigentlich auch Unterhosen dazugeben?«

»Wo in meinem Haus könnten sich Heftklammern befinden?«

Meine Mutter versuchte alles in Ruhe zu beantworten, fuhr aber auch pausenlos zu ihm, um sich zu vergewissern, dass es ihm gut ging. Meist saß er dann in sich zusammengesunken vor dem Fernseher. Große Lust, etwas zu unternehmen, hatte er nicht. Das bereitete uns allen Sorge. Natürlich verstanden wir, dass er Zeit zum Trauern brauchte, aber als er nach zwei Jahren immer noch dort hockte, versuchten wir ihn mit Nachdruck vor die Tür zu scheuchen. Friedhofsbesuche, das Notwendigste einkaufen und ab und zu ein paar Stunden mit uns verbringen – mehr wollte er nicht.

Da meine anderen Großeltern auch nicht viel umtriebiger sind, dachte ich, dass das Leben im Alter eben so aussieht.

Drei Jahre nach Omas Tod veränderte sich Opas Alltag jedoch auf einmal radikal. Als Erstes fiel uns auf, dass er öfters nicht zu Hause war, wenn wir anriefen. Auf unsere Nachfragen, was er denn unternommen hätte, antwortete er immer, er sei auf dem Friedhof gewesen.

Meine Mutter versetzte das in höchste Alarmbereitschaft. »Meinst du, er ist depressiv und will jetzt auch sterben?«, fragte sie meinen Vater. »Warum latscht der plötzlich ständig zum Grab? Oder denkst du, er lügt uns an und macht irgendwas anderes? Trinken zum Beispiel?«

Papa winkte nur ab und brummte: »Lass ihn doch!« Oder: »Jetzt mach dir nicht dauernd so viele Sorgen! Er ist ein erwachsener Mann.«

Damit konnte man meine Mutter jedoch nicht im Geringsten beruhigen. Immer wieder versuchte sie Opa am Telefon oder bei Besuchen zum Reden zu bringen, aber er wich ihr aus. »Es ist alles in Ordnung«, war die einzige Auskunft, die er gab.

Irgendwann wurde es Mama zu blöd. »Du fährst jetzt mit dem Rad rüber zu Opa und folgst ihm heimlich«, sagte sie zu mir.

Ich starrte sie mit weit aufgerissenen Augen an. »Ich soll *was* tun, bitte? Opa beschatten?«

»Quatsch, doch nicht beschatten! Einfach heimlich rausfinden, was er macht.«

»Also beschatten.«

Meine Mutter zuckte nur mit den Schultern, und mir war klar, dass sie keine Ruhe geben würde, bevor sie wusste, was mit Opa los war. Daher machte ich mich auf den Weg, auch wenn ich mich lieber mit Tim treffen wollte. Den hatte ich einige Wochen zuvor im Freibad kennengelernt, und er war mein erster fester Freund. Während ich rüber zu Opa fuhr, musste ich mehrere Male anhalten, um Tims süße WhatsApp-Nachrichten zu beantworten. Und als er mir ein Selfie aus seinem Zimmer schickte, machte ich umgehend eins von mir auf dem Rad. Schräg von oben, weil ich fand, dass ich von dieser Perspektive am besten aussehe. Beinahe hätte ich mich verbummelt, aber dann erinnerte mich meine Mutter mit der Nachricht *Bist du schon dort?*, was die eigentliche Mission war.

Als ich schließlich in Opas Straße einbog, verließ er gerade das Haus. Ich kam mir ziemlich dumm vor, als ich ihm, hinter Büschen und Hausecken geduckt, folgte. Vor allem, als er tatsächlich den Friedhof ansteuerte. Fröhlich pfeifend!

Ich war gerade dabei, meiner Mutter zu schreiben, was für eine hirnverbrannte Aktion das Ganze sei, als ich Opas Stimme hörte und deshalb vom Handy hochsah. Mittlerweile saß er auf einer Bank nahe Omas Grab, neben ihm eine lachende alte Frau in einem strahlend gelben Kleid. Verblüfft starrte ich zwischen den Ästen einer Hainbuchenhecke zu den beiden hinüber. Opa drückte seiner Begleitung gerade einen Kuss auf den Handrücken.

Mein Opa war neunundsiebzig und seit fast drei Jahren Witwer, als er auf dem Friedhof Renate kennenlernte. Ihr verstorbener Mann lag vier Gräberreihen von Oma entfernt. Zuerst sahen sich Opa und Renate also nur von Weitem. Irgendwann trafen sie sich am Brunnen beim Füllen der Gießkannen und grüßten sich. Noch ein paar Wochen später kamen sie am Komposthaufen zum ersten Mal ins Gespräch. Daraufhin spazierte Opa wesentlich öfter zum Friedhof, weil er hoffte, die gute Laune versprühende Person dort wieder anzutreffen.

Nach meiner Beschattungsaktion dauerte es noch etliche Wochen, bis er uns von ihr erzählte. Merklich beschämt, druckste er herum und verwendete Begriffe wie »Bekannte« und »harmlos«. Offensichtlich traute er sich gegenüber seiner Tochter nicht zuzugeben, dass er sich neu verliebt hatte.

Aber meine Mutter antwortete: »Papa, das ist doch super, wenn du jemanden kennengelernt hast. Stell sie uns doch mal vor!«

Mama fand es toll, dass Renate ihn dazu brachte, wieder regelmäßig sein Haus zu verlassen, freiwillig zum Frisör zu gehen und gebügelte Hemden zu tragen.

Ich fand den Gedanken vom frisch verknallten Opa hingegen gewöhnungsbedürftig.

Sitzt er jetzt sehnsüchtig zu Hause und wartet auf einen Anruf von ihr?, überlegte ich. Genauso wie ich darauf warte, dass sich mein Tim meldet? Und liegt er ebenso nachts wach und träumt vom nächsten Kuss?

Dass mein fast achtzigjähriger Großvater eventuell Ähnliches durchmachte wie ich, wollte einfach nicht in mein

Weltbild. Opa war steinalt! Dazu passte es doch nicht, dass man sich verliebte, fand ich.

Klar gewöhnte ich mich letztendlich an den Gedanken. Ich sah ja auch ein, dass es ihm wesentlich besser ging, wenn er nicht länger allein und einsam sein musste. Was mir jedoch gar nicht schmeckte, war, dass Renate nach und nach Omas Platz einnahm. Sie begleitete ihn immer öfter, war irgendwann bei jedem Familientreffen dabei und zog schließlich sogar bei ihm ein. Als ich sah, dass ihr Nachthemd auf Omas Bettseite lag, schnitt mir der Anblick tief ins Herz.

»Tut dir das eigentlich weh, dass sie jetzt an Omas Stelle gerückt ist?«, fragte ich meine Mutter.

Sie schüttelte den Kopf. »Weißt du, als meine Oma damals gestorben ist, hat sich mein Opa ebenfalls eine neue Partnerin gesucht. Diese Frau sah aus wie Oma. Sie war wie eine schlechte, billige Kopie von ihr. Und hat auch bald begonnen, ihre Klamotten anzuziehen. Das fand ich richtig schlimm. Aber bei Renate ist es anders. Sie hat überhaupt nichts von Mama. Und mit ihrer Unternehmungslust tut sie Papa einfach nur gut.«

Das stimmte, Renate ließ Opa aufblühen. Auch für mich überwog bald die positive Gewissheit, dass er jetzt wieder jemanden hatte, mit dem er alles teilen konnte. Und dass Renate nie versuchte, sich als neue Oma aufzuspielen, half ungemein dabei, sie zu mögen. Sie war immer lieb zu mir, aber Enkel waren für sie die Kinder ihrer eigenen Tochter. Dazu brauchte sie mich nicht, und wir konnten über die zwei Generationen hinweg einfach Freundschaft schließen.

Einmal saß ich mit Opa auf der Bank vor seinem Haus. Renate war ein paar Tage zu ihrer Tochter gefahren.

Ich hatte Opa zum Kartenspielen besucht und wartete jetzt darauf, dass Tim mich abholte. Wir wollten ins Kino gehen.

»Was gefällt dir denn besonders gut an deinem Freund?«, fragte Opa.

Da musste ich nicht lange überlegen. »Dass er so schlau ist und alles weiß.«

»Und was magst du nicht so gern an ihm?«

»Na ja. Er spielt ziemlich oft Ego-Shooter am Computer. Das ist doof.«

Opa nickte verständnisvoll.

»Und wie ist es bei Renate? Was findest du gut an ihr und was schlecht?«, packte ich die Gelegenheit beim Schopf, endlich mehr darüber zu erfahren, wie eine Beziehung zwischen Senioren wohl so aussah. Ich war mir unsicher, was ich mir darunter vorzustellen hatte. Eigentlich hatte ich gedacht, es wäre so eine Nebeneinander-sitzen-und-plaudern-Kiste, aber das Nachthemd auf dem Bett schien nicht dazu zu passen.

Opa wiegte seinen Kopf hin und her, dann antwortete er: »Wie sie auf Menschen zugeht, dass sie positiv eingestellt ist und viel lacht. Das finde ich toll. Aber der riesige Busen müsste nicht unbedingt sein.«

Bullshit-Bingo: Typische Enkelsätze

Wie unser Spiel funktioniert, wissen Sie ja von unserem Bullshit-Bingo mit Großelternsprüchen. Hier die umgekehrte Perspektive: typische Enkelsätze. Viel Spaß!

Echt, ihr hattet keine Handys früher?	Kann ich was Süßes haben?	Wollen wir shoppen gehen?	Erzähl mir von früher!	Gab es in deiner Jugend schon Fahrräder?
Nein, ich brauche keine Mütze!	Das sagt man jetzt so.	Deine Brille? Ist auf deinem Kopf ☺	Das schmeckt sooo super, Oma!	Kannst du das reparieren, Opa?
Liest du mir was vor?	Hilfst du mir bei den Hausaufgaben?	War Mama/Papa wirklich so gut in der Schule?	Holst du mich nachher ab?	Es ist Kirmes, aber ich bin pleite …
Backst du zu Weihnachten wieder Kipferl?	Warum hast du eigentlich weiße Haare?	Zeigst du mir, wie man strickt?	Das macht man jetzt so.	Fahren wir in den Freizeitpark?
Aber das steht doch im Internet!	Ich brauche unbedingt dieses Kuchenrezept	Der Pulli ist warm genug. Wirklich!	Das hab ich dir doch schon gesagt!	War bei euch Fernsehen wirklich schwarzweiß?

Nachwort Heike: »Liebe Enkelkinder in spe …«

Eins schon mal vorab: Ich freue mich riesig auf euch! Und bin ganz gespannt darauf, euch eines Tages kennenzulernen.

Eigentlich wollte ich an dieser Stelle flott formulieren, wie ich mir das Omasein so vorstelle. Doch dann hatte ich einen Hänger. Woher soll ich das denn jetzt schon wissen? Obwohl ich mich für dieses Buch über Monate so intensiv mit dem Thema Großeltern befasst habe, ist in meinem Kopf immer noch kein Bild von mir als Oma entstanden.

Spontan googele ich nach Antworten auf »Was werde ich wohl für eine Oma?« – und stoße auf einen Psychotest, der garantiert völlig haltlos und kein bisschen fundiert ist, aber Spaß macht. Flugs klicke ich mich durch. Freue mich, dass bei der Frage nach der Lieblingsfarbe tatsächlich Türkis zur Auswahl steht (juhu!), und ärgere mich darüber, dass ich »Als welches Tier möchtest du wiedergeboren werden« nicht mit Grizzly beantworten darf, weil nur Katze, Zebra, Eichhörnchen und Fuchs zur Auswahl stehen.

So kann ich nicht arbeiten!

Ein Grizzly zu sein, ist mein heimlicher Traum. Ich dürfte den ganzen Tag Lachs essen, würde mich über jede Gewichtszunahme freuen und dürfte den Winter komplett verpennen. Herrlich.

Aber wie gesagt, ich muss mich auf die Vorgaben beschränken – und entscheide mich für Fuchs.

Vermutlich liegt es daran (und an meiner Vorliebe für Krimis), dass am Ende das Urteil »Miss-Marple-Oma« herauskommt. Was absurd ist, denn Miss Marple hatte nicht mal Kinder, also erst recht keine Enkelkinder. Und dass ich angeblich furchtbar neugierig bin, mich ständig in Dinge einmische, die mich nichts angehen, ziemlich alt aussehe (unverschämt!), aber trotzdem sehr scharfsinnig bin (immerhin), kann ich so nicht auf mir sitzen lassen.

Ich mache den Test erneut und wechsele von »Krimi« zu »Romantische Komödie«, ersetze eine London-Reise durch ein Wellness-Wochenende (ist eh viel entspannter) und gebe zu, dass ich nach dem Aufwachen nicht als Allererstes dusche, sondern noch ein bisschen im Bett liegen bleibe und vor mich hin träume (sehr zur Nachahmung empfohlen!).

Resultat: Ich bin eine »Bilderbuch-Oma«! Angeblich kann ich nichts wegwerfen (kann ich wohl!), koche und backe permanent (ernsthaft?), versorge sogar den Briefträger mit Muffins (der würde sich wundern) und bin furchtbar liebenswert.

Okay, mit diesem letzten Punkt bin ich einverstanden. Aber außerdem wäre ich gern ein bisschen verrückt, lustig, verständnisvoll, hilfsbereit, inspirierend, fit, gesellig, unternehmungslustig, unaufdringlich, herzlich, clever, up to date, zuverlässig, nachsichtig, eigensinnig, unberechenbar, unterhaltsam, begeisterungsfähig, mobil, genießerisch, spendabel, kommunikativ und vor allem total hingerissen von meinen Enkeln und meinem Omasein.

Darauf könnt ihr euch gern schon mal einstellen, liebe Enkelkinder in spe – und vor allem auf die Tatsache, dass ich euch pausenlos vorlesen werde. Und dieser Punkt ist nicht verhandelbar. 😊

Nachwort Ursi: Wenn ich einmal Oma bin, dann …

Am Ende meiner Gespräche habe ich alle Interviewpartner*innen, die noch keine Großeltern sind, gebeten: Bitte vollende den Satz »Wenn ich einmal Oma/Opa bin …«

Ich habe viele verschiedene Antworten bekommen.

»Dann werde ich eine lustige Oma sein.«

»Dann werde ich ganz sicher sehr schräg sein.«

»Dann werde ich meinen Enkelkindern ihren ersten Alkohol geben.«

»Dann werde ich alles erlauben.«

»Dann werde ich mit meinen Enkelkindern in die Disco gehen.«

»Dann werde ich ihnen ganz viel Geld schenken.«

Oft hörte es sich so an wie exakt das, was die Leute gerade umtrieb. Junge Eltern beteuerten zum Beispiel, sie würden sich später nicht einmischen oder ihren Enkelkindern niemals wegen irgendetwas ein schlechtes Gewissen machen.

Erstaunlich häufig will man auch – trotz des Generationenabstandes – genauso sein wie die eigenen Großeltern.

Nach allem, was mich die Gespräche und die Recherchen für dieses Buch gelehrt haben, würde ich sagen, dass ich, wenn ich einmal Oma bin, kein Hauptmittelpunkt im Leben meiner Enkel sein muss. Sie sollen nie das Gefühl haben, sie wären mir irgendetwas schuldig. Auf der anderen Seite werde ich mich auch nicht rund um die Uhr als Babysitterin einteilen lassen. Aber ganz bestimmt können sie stets darauf vertrauen, dass ich für sie da sein werde, wenn sie mich brauchen.

Egal wie es wird, ich bin sicher, Enkel zu haben, ist einer der ganz besonders erfüllenden Lebenshöhepunkte. Sehr schön in Worte gefasst hat diese Zukunftsaussichten Peter Fox in seinem Song *Haus am See* von 2008:

Hier bin ich geborn, hier werd ich begraben.
Hab taube Ohrn, nen weißen Bart und sitz im Garten.
Meine hundert Enkel spielen Cricket aufm Rasen.
Wenn ich so dran denke, kann ichs eigentlich kaum erwarten.

Danke

Am fertigen Buch in Ihren Händen haben zahlreiche Menschen mitgewirkt. Es ist uns ein Bedürfnis, ihnen allen zu danken.

Anja, unserer Agentin und Freundin, die ebenso für unsere Projekte brennt wie wir selbst und ein großartiges Gespür für gute Ideen hat.

Elisabeth Schmitten, unserer Verlagslektorin, die sich spontan für das Großelternthema begeistert hat.

Verlagsleiterin Karen Guddas und Programmleiterin Annette Anton: Danke, dass wir mit unseren Sachbuchthemen beim Penguin Verlag ein Zuhause gefunden haben.

Katharina Rottenbacher, unserer Außenlektorin, für die wie immer wunderbar unkomplizierte Zusammenarbeit, ihr gutes Auge und die wertvollen Hinweise.

Unseren Testleserinnen Steffi Emrich, Susanne Sinz, Julia Mayerhofer-Lillie und Friederike Lillie – danke für die unglaublichen Fehlerfunde (Friedhofstabelle! Ersthafte Gefahr! Lebenserhaltungskosten!) und das motivierende Feedback!

Heike Habermann für die kompetenten Auskünfte in juristischen Fragen.

Frank Bauer für unsere schönen Autorinnenfotos. Inzwischen haben wir uns zwar schon ein wenig verändert, aber wir lieben die Aufnahmen noch immer.

Nicht zu vergessen all diejenigen, die sich um Schriftsatz,

Korrektorat, Covergestaltung, Druck, Vertrieb, Pressearbeit, Social Media und Marketing gekümmert haben – dafür, dass sie aus unserem Manuskript dieses Buch gemacht haben.

Unser ganz besonderer Dank gebührt all den großartigen Menschen, die uns in zahllosen Interviews und Gesprächen bereitwillig ihre Geschichten erzählt haben. Für das Buch haben wir die meisten Namen geändert und nennen sie auch hier nicht, um ihre Privatsphäre bestmöglich zu schützen. Aber sie wissen, dass sie gemeint sind. Umarmung!

Wir danken auch unseren lieben Freundinnen und Kolleginnen bei DELIA und Texttreff. Zu zweit ist das Autorinnenleben schon viel weniger einsam als allein, aber mit all diesen wunderbaren Frauen vernetzt zu sein, macht aus jedem Schreibplatz ein fröhliches, virtuelles Großraumbüro.

Ein Riesendank geht an unsere Familien, die uns unglaublich unterstützen, immer an uns glauben und für uns da sind. Sie sind einfach die Besten!

Und schließlich danken wir von Herzen Ihnen für Ihr Interesse an diesem Buch. Wir hoffen, dass Sie beim Lesen viel Spaß hatten und in eigenen Erinnerungen schwelgen konnten. Für Sie haben wir *Großeltern sind wie Eltern, nur mit Zuckerguss* geschrieben!

Herzlichst
Ursi Breidenbach
Heike Abidi

Instagram:
@ursibreidenbach
@heikeabidi

Facebook:
@BreidenbachRomane
@AbidiBooks

Websites:
www.breidenbach-romane.at
www.abidibooks.de

Literatur

Bücher:

Anton A. Bucher, *Lebensernte. Psychologie der Großelternschaft*, Berlin 2019

Berthold Brecht, *Die unwürdige Greisin*, Kurzgeschichte 1939, in: Berthold Brecht, *Die unwürdige Greisin und andere Geschichten*, 1990

Sabine Bode, *Die vergessene Generation*, Stuttgart 2004

Sabine Bode, *Kriegsenkel. Die Erben der vergessenen Generation*, Stuttgart 2009

Sabine Bode, *Nachkriegskinder. Die 1950er Jahrgänge und ihre Soldatenväter*, Stuttgart 2011

Bundesministerium für Familie, Senioren, Frauen und Jugend, *Familien mit Migrationshintergrund. Analysen zur Lebenssituation, Erwerbsbeteiligung und Vereinbarkeit von Familie und Beruf*, Berlin 2016

Erhard Chvojka, *Geschichte der Großelternrolle. Vom 16. bis zum 20. Jahrhundert*, Wien, Köln, Weimar 2003

Per Olov Enquist, *Großvater und die Wölfe*, München Wien 2003

Alexandra Fröhlich, *Gestorben wird immer*, München 2016

Arun Gandhi, *Wut ist ein Geschenk. Das Vermächtnis meines Großvaters Mahatma Gandhi*, Köln 2021

Peter Härtling, *Oma*, Weinheim 1991

Tippi Hedren, *Tippi: A Memoir*, New York 2016

Günter Heisterkamp, *Vom Glück der Großeltern-Enkel-Bezie-*

hung. Wie die Generationen sich wechselseitig fördern, Gießen 2015
Hape Kerkeling, *Der Junge muss an die frische Luft*, München Zürich 2014
Christa Klein, *Ihre Rechte als Großeltern*, Bonn 2019
Jürgen Kleindienst und Ingrid Hantke (Hrsg.), *Damals bei Oma und Opa*, Band 1, Berlin 2010
Marianne und Reinhard Kopp, *Typisch Oma, typisch Opa?!*, Edition Großeltern Akademie, Norderstedt 2019
Regine Kölpin, *Oma zeigt Flagge*, München 2015
Oma geht campen, München 2017
Oma wird Oma, München 2018
Oma tanzt auf Wolke 7, München 2018
Oma kriegt die Kurve, München 2020
Oma macht klar Schiff, München 2022
Wolfgang Krüger, *Die Geheimnisse der Großeltern. Unsere Wurzeln kennen, um fliegen zu lernen*, Norderstedt 2015
Anneliese Kühn, *Mein Opa Karl Valentin*, Rosenheim 2008
Michael Lehofer, *Alter ist eine Illusion: Wie wir uns von den Frenzen im Kopf befreien*, München 2020
Mariana Leky, *Was man von hier aus sehen kann*, Köln 2019
Olivia Newton-John, *Hör nie auf zu träumen*, Innsbruck 2019
Brita Schönwälder, *Enkelkinder und Großeltern. Eine wichtige Beziehung fürs Leben*, Norderstedt 2020
Alice Schwarzer, *Lebenslauf*, Köln 2011
Jana Simon, *Sei dennoch unverzagt. Gespräche mit meinen Großeltern Christa und Gerhard Wolf*, Berlin 2013
Miriam Stein, *Die gereizte Frau*, München 2022
Sabine Trenk-Hinterberger, *Das Zusammenspiel der Generationen – Von der Bedeutung der Großeltern in psychoanalytischen Behandlungen*, Gießen 2022

Statistisches Bundesamt, *Zusammenleben von Generationen*, Wiesbaden 2016
Elfriede Wagner, *Als die Knaben noch Röckchen trugen*, Otterbach 1983
Brigitte Zwenger-Balink, *Zum Glück gibt's Oma und Opa*, Leipzig 2020

Online-Artikel:

Stefan Atz, *Kinder bei einer Beerdigung – Sollten Kinder bei einem Begräbnis dabei sein?*, online: benu.at, 10. 2. 2022
Tina Baier, *Elefantenbabys brauchen Omas*, online: sueddeutsche.de, 19. 1. 2016
Micky Beisenherz, *Ein Hoch auf die* Queen, online: stern.de, 2015
Micky Beisenherz, *Meine Omma*, online: stern.de, 2016
Nils Brock, *»Unsere Großeltern sterben« – ein Hilferuf aus dem Amazonas*, online: npla.de, 12. 5. 2020
Geraldine Capaul, *Funkstille: Wenn der Kontakt zwischen erwachsenen Kindern und ihren Eltern abbricht*, online: grosseltern-magazin.ch
Pat Christ, *Wenn es zum Kontaktabbruch zwischen Großeltern und Enkeln kommt*, online: sonntagsblatt.de, 2022
Moritz Dege, *Welche Rolle Großeltern in afrikanischen Ländern spielen – »Wenn ein Ältester stirbt, ist eine ganze Bibliothek verloren«*, online: domradio.de, 12. 9. 2021
Christiane Gelitz, *Warum Großeltern so wichtig sind*, online: spektrum.de, 2019
Elisabeth C. Gründler, *Erzählen, vorlesen, selber lesen*, online: familienhandbuch.de, 2013

Ankita Gulati, *Amy Winehouse wäre 37 Jahre alt geworden: Rückblick auf ihr Leben und ihre letzten Tage*, online: amomama.de, 14.09.2020

Ralf Harder, *Karl May*, online: reisen-zu-kral-may.de

Kristin Hausen, *Italien – Großeltern als Vollzeitjob*, online: deutschlandfunk.de, 9.2.2016

François Höpfinger: *Großeltern und Enkelkinder*, online: vbgv1.orf.at, 3.4.2010

François Höpfinger, *Beziehungen zwischen Großeltern und Enkelkindern – aus der Perspektive beider Generationen*, online: bildung.uni-siegen.de

Natalie Kettinger, *Karl Valentins Enkelin ist tot*, online: abendzeitung-münchen.de, 24.08.2014

Jane Lavender und Zoe Forsey, *13 reasons behind Amy Winehouse's tragic death – from broken home to losing her voice*, online: mirrir.co.uk, 28.06.2020

Menkens Sabine, *Jedes Jahr verlieren 150 000 Kinder Kontakt zu ihren Großeltern*, online: welt.de, 2021

Hans-Joachim Neubauer, *Großeltern: »Die Alte soll doch tot sein!«*, online: zeit.de, 2014

Bengt Pflughaupt, *Mit 14 Jahren schon »Professor«*, online: waz.de, 11.8.2008

Matthias Reich, *Die Rolle der Familie in Japan*, online: japandigest.de, 8.7.2017

Kristina Reiss, *Weshalb Grosseltern auf der Achterbahn die besseren Begleiter sind*, online: grosseltern-magazin.ch, 2019

Amelie Richter, *Eine von Fünfhundert: Wenn Frauen ihre Schwangerschaft nicht bemerken*, online: welt.de, 2016

Sandgathe Laura, *Kein Kind sollte solche Schmerzen erfahren müssen*, online: unicef.de, 28.6.2021

Carolin Seilbeck und Alexandra Langmeyer, *Ergebnisse der*

Studie »Generationenübergreifende Zeitverwendung: Großeltern, Eltern, Enkel«, Deutsches Jugendinstitut e. V., München 2018, online: dji.de
Franziska Sperr und Jan Weiler, *»Sie geben keine Interviews mehr?« – »Nur noch dieses hier«*, online: sz-magazin.sueddeutsche.de, 23. 8. 2011
Eckart Voland und Jan Beise, *Bilanzen des Alters: oder: Was lehren uns ostfriesische Kirchenbücher über die Evolution von Großmüttern?*, online: d-nb.info, 2005
Die Großmutter-Hypothese, online: tagesspiegel.de, 17. 6. 2003
Winehouse wird neben ihrer Großmutter beigesetzt, online: morgenpost.de, 26. 07. 2011
»Er hat meine Oma terrorisiert« – Dakota Johnson macht Hitchcock Vorwürfe, online: n-tv.de, 16. 11. 2021
Scheidungsquote in Deutschland bis 2021, online: de.statista.com, 26. 7. 2022
Verteilung der Bevölkerung in Deutschland nach Migrationshintergrund im Jahr 2020, online: de.statista.com, 24. 1. 2022
www.grosseltern-magazin.ch